U0520459

入选"十四五"时期国家重点出版物出版专项规划项目

丹曾人文通识丛书
黄怒波 主编

西方现代思想十三讲

汪民安 著

北京大学出版社
PEKING UNIVERSITY PRESS

图书在版编目(CIP)数据

西方现代思想十三讲 / 汪民安著；黄怒波主编. —— 北京：北京大学出版社，2025.8. ——（丹曾人文通识丛书）. —— ISBN 978-7-301-36279-2

Ⅰ. B5

中国国家版本馆CIP数据核字第2025711X2D号

书　　　名	西方现代思想十三讲
	XIFANG XIANDAI SIXIANG SHISAN JIANG
著作责任者	汪民安　著　黄怒波　主编
责任编辑	张亚如
标准书号	ISBN 978-7-301-36279-2
出版发行	北京大学出版社
地　　　址	北京市海淀区成府路205号　100871
网　　　址	http：//www.pup.cn　新浪微博：@北京大学出版社
微信公众号	通识书苑（微信号：sartspku）　科学元典（微信号：kexueyuandian）
电子邮箱	编辑部 jyzx@pup.cn　总编室 zpup@pup.cn
电　　　话	邮购部 010-62752015　发行部 010-62750672
	编辑部 010-62767346
印　刷　者	大厂回族自治县彩虹印刷有限公司
经　销　者	新华书店
	650毫米×980毫米　16开本　25印张　彩插2　300千字
	2025年8月第1版　2025年8月第1次印刷
定　　　价	92.00元

未经许可，不得以任何方式复制或抄袭本书之部分或全部内容。
版权所有，侵权必究
举报电话：010-62752024　电子邮箱：fd@pup.cn
图书如有印装质量问题，请与出版部联系，电话：010-62756370

"丹曾人文通识丛书"
学术委员会

主　席：谢　冕
副主席：柯　杨　杨慧林

"丹曾人文通识丛书"
总　序

　　在我国国民经济和社会发展"十四五"规划开始的时候，人文学者面临从知识的阐释者向生产者、促进者和管理者转变的机遇。由"丹曾文化"策划的"丹曾人文通识丛书"，就是一次实践行动。这套丛书涵盖了文、史、哲等多个学科领域，由近百位人文学科领域优秀的学者著述。通过学科交叉及知识融合探索人类文明的起源、人类与自然的和谐共生、人类的生命教育和心理机制，让更多受众了解中国传统文化与文学，形成独具中华文明特色的审美品格。

　　这些学科并没有超越出传统的知识系统，但从撰写的角度来说，已经具有了独特的创新色彩。首先，学者们普遍展现出对人类文明知识底层架构的认识深度和再建构能力，从传统人文知识的阐释者转向了生产者、促进者和管理者。这是一种与读者和大众的和解倾向。因为，信息社会的到来和教育现代化的需求，让学者和大众之间的关系终于有了教学互长的机遇和可能。在这个意义上，我们不能再教"谁是李白"了，而是共同探讨"为什么是李白"。

　　所以，这套丛书的作者们，从刻板的学术气息中脱颖而出，以流畅而优美的文本风格从各自的角度揭示了新的人文知识层次，展现了新时代人文学者的精神气质。

　　这套丛书的人文视阈并没有刻意局限，每一位学者都是从自身的学术积淀生发出独特的个性气息。最显著的特点是他们笔下的传统人文世界展现了新的内容和角度，这就能够促成当下的社会和大众以新的眼光来认识和理解我们所处的传统社会。

最重要的是，这套丛书的出版是为了适应互联网社会的到来。它的知识内容将进入数字生产。比如说，我们再遇到李白时，不再简单地通过文字的描写而认识他。我们将会采取还原他所处时代的虚拟场景来体验和认识他的"蜀道"，制造一位"数字孪生"的他来展现他的千古绝唱《蜀道难》的审美绝技。在这个意义上，这套丛书会具有以往人文知识从未有过的生成能力和永生的意境。同时，也因此而具备了混合现实审美的魅力。

当我们开始具备人文知识数字化的意识和能力时，培育和增强社会的数字素养就成了新时代的课题。这套丛书的每一个人文学科，都将因此而具有新的知识生产和内容生发的可能性。更重要的是，在我们的国家消除了绝对贫困之后，我们的社会应当义不容辞地着手解决教育机会的公平问题。因此，这套丛书的数字化，就是对促进教育公平的一个解决方案。

有观点认为，当下推动教育变革的六大技术分别是：移动学习、学习分析、混合现实、人工智能、区块链和虚拟助手（数字孪生）。这些技术的最大意义，应该在于推动在线教育的到来。它将改变我们传统的学习范式，带来新的商业模式，从而引发高等教育的根本性变化。

这套丛书就是因此而生成的。它在当前的人文学科领域具有了崭新的"可识别性"和"可数字性"。下一步，我们将推进这套丛书的数字资产的转变，为新时代的人文素质教育和终身教育的需求提供一种新途径、新范式。而我们的学者，也有获得知识价值的奖励和回报的可能。

感谢所有学者的参与和努力。今后，你们应该作为各自学术领域 C2C 平台的建设者、管理者而光芒四射。

"丹曾人文通识丛书"主编

黄怒波

2021 年 3 月

目 录

导　论　　　　　　　　　　　　　\ 1

第一讲　启　蒙　　　　　　　　　\ 1

第二讲　契约国家　　　　　　　　\ 33

第三讲　平　等　　　　　　　　　\ 61

第四讲　理性的铁笼　　　　　　　\ 89

第五讲　规　训　　　　　　　　　\ 121

第六讲　治理术　　　　　　　　　\ 147

第七讲　上帝之死　　　　　　　　\ 175

第八讲　民族主义　　　　　　　　\ 205

第九讲　种族主义　　　　　　　　\ 231

第十讲　商品社会　　　　　　　　\ 259

第十一讲　景观社会　　　　　　　\ 293

第十二讲　现代主义：文学　　　　\ 321

第十三讲　现代主义：艺术　　　　\ 351

后　记　　　　　　　　　　　　　\ 383

导 论

这本书是一部关于西方现代思想的讲稿。"现代"一词到底意味着什么？人们会从不同的角度来讨论和解释"现代"。人们会说，现代首先是一个历史时期。但作为一个历史时期，有关它的起源，人们的说法也不同。有人说文艺复兴是现代的开端，有人说新教改革是现代的开端，也有人说，启蒙时期才是现代的开端。同样地，人们也可能说，现代是一种新的知识观念，一种从笛卡尔到康德以来的欧洲理性主义所主导的新的哲学精神，一种抛弃了上帝视角的新的认识论，以及由此而催生出的科学观念；与此相关的是，这种理性主义的哲学观念对人性还有自己的定义和判断。当然，还有人将现代看作是一种新的理性化的社会组织方式，一种新的以工业技术为基础的经济生产方式，一种新的关于社会和国家的政治构想——也就是说，存在着一种新的社会治理方式。最后，人们也将现代看作是现代人所具有的某种特殊气质，一种不同于古人的气质。所谓的现代，无非是人的现代——按康德的说法，现代人就意味着欧洲人的成熟。这种成熟意味着独立思考而不人云亦云。现代人就是成年人。

所有这些说法和解释都有它的合理性。这些彼此不同的解释当然和现代这个复杂而曲折的历史进程密切相关，置身其中的人们会从不同的角度去感受这一漫长而丰富的历史进程。因此，不同的解释与其说是存在显而易见的冲突和矛盾，不如说是一种差异性的互补和参照。我们当然可以将文艺复兴看作是现代的开端——文艺复兴之所以是现代的，正是因为它开始强调世俗生活，强调人性的创造力，强调感性的自然正当性。而这是以前的天主教欧洲所要竭力压抑和抹去的。如果现代意味着对神圣而冷酷的宗教的偏离而启动世俗化和感官化潮流的话，文艺复兴就是这样一个现代开端。

差不多与文艺复兴同时期，世俗化潮流在反对天主教的宗教改革那里也开始出现了。不过这是与文艺复兴不同的另一种世俗化潮流。如果说，文艺复兴是用感性生活来抵制神圣生活，用感性来调和天主教的话，那么，宗教改革则是用理性生活来抵制神圣生活，所谓的新教就是用理性来调和天主教。也就是说，宗教改革在无所不在的神圣生活中嵌入了理性的楔子，从而让神圣性向世俗性让步。基督教开始落地于尘世而变成了基督新教——这样一种宗教的世俗性过程也被认为是现代的另一个源头。现代，首先就意味着对全盘笼罩的神圣生活的挣脱。可以说，这是现代的第一个时期，在这个时期，上帝仍旧存在，但世俗生活开始显露出非神圣性曙光——无论是感性投射的曙光还是理性投射的曙光。

理性不仅侵蚀了宗教的神圣性，它还贯穿了整个17世纪的观念论和认识论。笛卡尔的哲学推崇理性——这是一种强调推理和逻辑的演绎理性。而17世纪科学兴起的内在根基仍旧是理性。同样，在法国文学和荷兰绘画中也开始看到了理性秩序的渗透。这是理性的时代。此时，理性和科学的结合让人们的目光逐渐从天国转向大地和自然。对大地要进行理性的知识挖掘，并要让大地服务于人类的利益——理性就这样成为培根的新工具。18世纪继续将理性的重要性推到了无以复加的地步，理性不仅要像17世纪那样开掘大地，现在，理性还要质疑上帝的神秘启示，还要质疑现在的各种各样未经检验的权威——无论是知识的权威、法律的权威还是政治的权威。在这个意义上，理性不仅仅是17世纪意义上的形式推理和逻辑推理，在18世纪它还意味着实验和尝试，意味着对任何偶像和权威的质疑和批判（其中当然隐含着对平等和民主的推崇）。真理必须经过理性的检验和批评才能得到肯认。也只有这样一个运用理性的检验过程，才是人成熟的标志。而这样成熟的欧洲人，才称得上是现代人，即能自己运用公共理性进行推断而不是盲目被他人引导的人。欧洲启蒙思想就这样诞生了。

在这个意义上，我们不仅可以在16世纪文艺复兴和宗教改革的意义上来理解现代，也可以在18世纪启蒙的意义上来理解现代。或者说，正是在启蒙时代，欧洲人开始进入现代；也可以说，这是现代的第二个阶段。启蒙是由理性所推动的一次巨大的观念变革，它直接导致了社会和政治的转型和断裂。法国大革命的爆发就是这样一个历史性的断裂，一个最重要的现代事件的发生。正是从这里开始，权利、自由、平等和民主这样的观念产生了，人们也正是根据这样的自然权利的观念去想象一个政治框架：17世纪的洛克和18世纪的卢梭先后将人的自由和平等诉求作为现代政制的确立根基。这样，原先的君主视角，也就是马基雅维利和霍布斯所推崇的绝对君主制就遭到了否弃。这是欧洲历史上的一个全新的政制想象。如果君主不再是国家的主宰者和合法根基，那么，取而代之的当然是人民。人民又是由哪些人组成的呢？当个体不再从属于一个宗教共同体，也不从属于一个君主时，他当然就会置身于一个新的文化和语言共同体，一个新的民族共同体。个体只有在共同体中才能感到踏实稳靠，于是，民族就诞生了。而这样的文化民族势必要获取一个新的政治框架，这就催生出了现代民族国家。

此外，科学的发展——它仍旧以理性为根基——导致了工业革命的兴起，这是和法国大革命差不多同时发生的事件。工业革命使得欧洲在技术生产方面也进入现代。由机器主宰的工厂制度提高了生产效率，并让商品的大规模生产和销售成为可能，一个让商品四处奔波的市场也使得社会和人口流动起来。这种工厂同时还要配备大量一无所有的工厂工人。马克思说这种工人是因为被剥夺而变得一无所有，他不得不将自己的劳动力作为商品出售给资本家从而成为现代工人。但是，对韦伯来说，这样的工人和工厂主之所以愿意勤勉劳动积累资本，完全是因为新教徒特殊的理性化的人格气质——他们是由新教徒演变而来的。但无论如何，一种资本主义的生产方式诞生了。马克思在这个资本主义社会中看到的是一个阶级剥削和压迫另一个阶级的血汗工厂，而韦伯看到的是令所有人都黯然神伤的牢不可破的铁笼——理性编织了这个铁笼的内在脉络。这样，受到马克思和韦伯双重影响的法兰克福学派就同时攻击现代社会的理性组织和压迫功能。或者说，理性组织和压迫功能密不可分，它最极端的后果就是种族主义的死亡工厂。大屠杀，就是启蒙现代性的暗面结果。

福柯对欧洲现代社会的描述既不是血汗工厂，也不是铁笼，而是监狱。他用权力的视角取代了韦伯的理性视角和马克思的经济视角。现代社会的治理技术采用了特殊的权力机制。在启蒙时代之前，欧洲主要采用重商主义模式的规训权力，一种无处不在的全面干预模式；而在启蒙时代之后的现代欧洲，又发明出了重农主义模式的生命权力，一种自发调节模式的治理技术，这样的治理技术同时是政治的和经济的，或者说，它遵循的是政治经济学——它相信总的人口和市场都有自然性。治理应该遵循这种自然性，让自然的人口和市场自发调节而不要过多地干预。尽管如此，规训权力在社会的肌体层面并没有因此而退出历史。两种权力在现代社会结合在一起从而形成了社会的安全配置，这个安全配置在保护生命的同时，也在囚禁生命和杀死生命。生命权力最终会导致死亡权力——这是对大屠杀的另一种生命政治解释。对福柯和法兰克福学派而言，大屠杀是现代社会最极端和最根本的恶症。

马克思、韦伯、法兰克福学派和福柯这些现代思想家都看到了启蒙现代性的两面。但是，最早作出预警的是尼采——尼采甚至没有看到启蒙现代性的积极一面。启蒙宣告了上帝之死，但并不意味着一种理想的欧洲文化的到来。对尼采来说，启蒙运动是一种新的束缚、新的蒙昧和新的宗教，现代只有向希腊轮回、向往昔轮回才有真正的未来。就如同本雅明说的，未来的目标就是作为起源的过去。尼采对他的时代，即所谓的现代充满憎恨。他没有在他自己的时代得到哲学的共鸣，但是，他在文学和艺术方面得到了遥远的响应——一个由波德莱尔到马拉美开创的现代主义文学诞生了，一个由马奈到塞尚开创的现代绘画传统也诞生了。它们放弃了对本体的再现，放弃了超越性的二元论，就像尼采放弃了隐秘的上帝的决定论一样。文学和艺术回到了它的自主的内在性方面，一如尼采抛弃天国而向大地回归一样。这是现代文学和艺术的第一个阶段，一个反再现的阶段。接下来，它们进入第二个阶段：不仅仅是反再现，它们还要对抗理性。就像尼采重新将欲望、意志和身体召回来对抗理性一样，20世纪被命名为现代主义的一个激进而辽阔的文学艺术潮流，在不屈不挠地撕咬启蒙现代性。它们既是暴虐的现代社会的马刺，也是这个社会开始衰弱的征兆。今天的人早就感受到了这种衰弱，但是，他们并不知道如何使其变得更健康、更强壮。

第一讲

启蒙

一

我们可以从康德（Immanuel Kant）对启蒙的定义开始："启蒙运动就是人类脱离自己所加之于自己的不成熟状态。不成熟状态就是不经别人的引导，就对运用自己的理智无能为力。当其原因不在于缺乏理智，而在于不经别人的引导就缺乏勇气与决心去加以运用时，那么这种不成熟状态就是自己所加之于自己的了。Sapere aude！（要敢于认识！）要有勇气运用你自己的理智！这就是启蒙运动的口号。"①

我们怎么解释这段话呢？康德的意思是，启蒙是一个走向成熟的过程。启蒙是一个历史阶段，是康德身处其中的历史阶段，是一个通向成熟的历史入口。他的意思是，在他的时代之前的人，或者说，启蒙时代之前的人，就是不成熟的人。所谓不成熟的人，就是需要被别人引导、甘愿被别人引导的人。这些被别人引导的人，就不能运用自己的理智。反过来说，能够运用自己的理智也就意味着他不被别人引导。

康德在这篇文章中，举了几个被他人引导的例子：一个牧师、一个医生、一本书的作者，他们都是引导者，分别引导你

---

① 康德：《答复这个问题："什么是启蒙运动？"》，载《历史理性批判文集》，何兆武译，商务印书馆，1990，第22页。"敢于认识"亦可译为"敢于认知"。

的良心、饮食和知识见解。康德在这里隐含地指示出：未被启蒙的人，启蒙时代之前的欧洲人到底在什么意义上是被引导的？或者说，在什么意义上是甘愿被别人引导的呢？被别人引导意味着什么呢？

康德所说的被别人引导，非常接近福柯（Michel Foucault）所说的被人治理。福柯在《什么是批判》中非常具体地指出了启蒙运动之前欧洲人被引导或者说被治理的几种主要形式。首先就是牧师的引导和治理。如果说是被牧师引导的话，这当然主要指的是基督徒：基督教牧师或基督教教会发展了这种观念，"即，每个个体，无论年龄和地位，从生到死，他的每一个行动，都必须受到某个人的支配，而且也必须让自己受支配，即是说，他必须在那个人的指引下走向拯救，他对那个人的服从是全面细致的"①。我们可以说，这就是牧师对良心的引导。这是引导，但也是一种治理人的艺术。它从中世纪开始，贯穿了漫长的历史时期，直至现代。

不仅是这种牧师的治理，"从15世纪直到宗教改革前夕，可以说出现了一次治理人的艺术的真正勃兴"②。由于文艺复兴时期的世俗化进程，治理开始出现在教会之外的世俗领域。这更多是对公民的治理，即对孩子、乞丐、穷人、家庭、军队甚至城市和国家的治理。这是治理艺术的大爆发。它包括政治治理、经济治理、教育治理等各种各样的社会治理。

在福柯看来，这些治理艺术充斥在16世纪的西欧社会。不过，有多少治理艺术，显然就有多少"如何不被治理"这样的

---

① 米歇尔·福柯：《什么是批判：福柯文选Ⅱ》，汪民安编，北京大学出版社，2016，第172页。
② 同上书，第173页。

质疑。福柯的意思是，随着治理艺术的爆发，就会出现这样的问题："如何才不被那样治理，即如何不以那些原则的名义，不以心中的某某目标，不依照诸如此类的程序来被治理"①。也就是说，如何才能不被这些人、不被这些手段、不被这些目标治理？治理和对治理的质疑是相辅相成地出现的。

这样的不想被治理，或者说不想被如此这样地治理，实际上也意味着不想被引导，不想被他人引导。福柯将这样的不想被治理和引导，称为批判。对福柯来说，批判就是和康德的启蒙相差无几的东西。或者说，启蒙的工具就是批判。如果说，康德认为启蒙就是不被人引导，那么福柯这样的批判，就是启蒙。"我们可称之为批判态度的东西……它蔑视、挑战、限制这些统治艺术，对它们作出评判，改变它们，寻找摆脱它们的方式，或至少是取代它们的方式，从根本上怀疑它们，但也正因此而成为统治艺术的发展线索；这是一种普遍的文化形式，既是政治的也是道德的态度，是一种思想方式等，我简单地称之为不被统治的艺术，或更恰当地说，不像那样和不付出那种代价而被统治的艺术。因此，我将提出这个一般特征，以作为对批判的初步界定：批判是不被统治到如此程度的艺术。"② 福柯这样的批判，实际上是对康德这种批判的注解："我们的时代是真正的批判时代，一切都必须经受批判。通常，宗教凭借其神圣性，而立法凭借其权威，想要逃脱批判。但这样一来，它们就激起了对自身的正当的怀疑，并无法要求别人不加伪饰的敬重，理性只会

---

① 米歇尔·福柯：《什么是批判：福柯文选Ⅱ》，汪民安编，北京大学出版社，2016，第174页。
② 同上。

把这种敬重给予那经受得住它的自由而公开的检验的事物。"①

康德在这里指出了两种批判，即宗教批判和法律批判。他在《答复这个问题："什么是启蒙运动？"》中举的三个例子里还提到了知识批判。宗教批判是最主要的批判，这包括一系列的质疑。其一，人和《圣经》的关系不再是借助教会这样的中介机构达成的，这是对教会教义的质疑和批判。这是众所周知的宗教改革运动，也是一次重大的宗教批判运动。其二，如果摆脱了教会的阐释，如果《圣经》的教义不再为教会和神职人员所把控，那么，如何理解《圣经》的教义和真理？这会导致进一步的质疑，即《圣经》有真理吗？《圣经》是真实的吗？无论如何，这就抵达了宗教批判的核心。

其次是法律批判。16世纪爆发出来的世俗治理主要是靠法律来维持的，但是这些法律并不公正，它们或是年代久远、不符合当下的现实，或是依靠权力来维系运转。因此，批判就是试图指出这些法律的不公正性和不合法性。这些批判的支点在于，人有一种普遍权利和自然权利，比如生命权利、财产权利、寻求自由的权利等，它们不可剥夺不可否定，任何削弱和禁止这些权利的法律和权力都要遭到抵制和批判。法律批判是以人的天赋权利（自然权利）为支点展开的。因此，法律批判要问的问题是："统治的权力的界限是什么？"

还有第三种批判类型，即知识或者真理权威批判。这意味着知识不是听信既定的权威而获得的，也不是毫无保留地听信先人的教诲而获得的，也不是根据习俗和传统的界定而获得的。相反，只有自己经过实验、探究和认证而获得的知识，只有凭

---

① 康德：《纯粹理性批判》，邓晓芒译、杨祖陶校，人民出版社，2017，"第一版序"第2页。

借自己的经验认知而获得的知识，才是真正的知识。也就是说，知识凭靠的是人的自主性。这意味着对知识权威的不服从。

二

这是福柯从康德那里发现的对三种批判类型的描述。如果说，启蒙时代之前的欧洲人，就是通过对基督教的完全服从、对既定权力和法律的完全服从、对先在的知识权威的完全服从而将自己绑上了锁链的话，那么，康德"把他的整个时代设想为启蒙的时代，从而规定了他自己的哲学的历史地位。不是单个的个人，而是整个时代必须通过启蒙而从束缚了此前全部历史的那些锁链中挣脱出来。启蒙的工具是批判"[①]。康德说，启蒙是一种总体性的历史进程，它实际上是一种与妨碍启蒙过程的斗争。这种斗争是从16世纪开始就在欧洲展现出来的一个漫长的历史过程。斗争表现在宗教中，即反教权，拒绝宗教裁判和迷信；表现在法律政治中，即追求思想自由、人人平等和公共福利；表现在知识中，即自然科学中的经验主义和科技的扩张，并要用自然科学的形式和方法去分析全部的世界规律，包括整个社会的规律。而哲学开始和神学分道扬镳，哲学建立了自己的内在性、自主性和合法性。这三种斗争同时创造出启蒙的伟大观念："人权，权力的分离，宽容，支配自然，依赖科学和技术的政治世界；但最重要的一个伟大思想是全人类实现跨文化、跨宗教的团结。"[②] 只有这样的启蒙内容和目标，才能

[①] 格奥尔格·皮希特：《什么是启蒙了的思维？》，载詹姆斯·施密特编《启蒙运动与现代性——18世纪与20世纪的对话》，徐向东、卢华萍译，上海人民出版社，2005，第378页。

[②] 同上书，第379页。

称之为成熟，而放弃这些启蒙目标，就是退回到野蛮和非人的状态。

我们知道了启蒙的手段是批判，也知道了启蒙到底要批判什么，启蒙是对哪一种引导和哪一种统治的不服从——这是批判和启蒙的目标和内容。但是，怎样才能完成这样的批判呢？或者说，通过什么样的手段才能达致启蒙呢？这样的批判和启蒙需要什么样的条件和前提呢？

康德说，不成熟、未达成启蒙、被别人引导，是人的咎由自取，是自己施加于自己的状态，人应该对自己的不成熟负责，那么，反过来，要成熟，或者说要启蒙，就只能靠人自己来解决了，"人只有自己对自身进行改变才能摆脱这个状态"[①]。也就是说，启蒙的条件、成熟的条件，就是要自己改变自己，自己摆脱过去的自己，启蒙依赖启蒙者本身的自我改变。但是这样的改变非常难，这是因为很久以来被他人引导是一种习惯和天性，人们因为懒惰和怯懦而拒绝运用自己的理智。康德说："任何一个个人要从几乎已经成为自己天性的那种不成熟状态之中奋斗出来，都是很艰难的。他甚至于已经爱好它了，并且确实暂时还不能运用他自己的理智，因为人们从来都不允许他去做这种尝试。条例和公式这类他那天分的合理运用、或者不如说误用的机械产物，就是对终古长存的不成熟状态的一副脚梏。谁要是抛开它，也就不过是在极狭窄的沟渠上做了一次不可靠的跳跃而已，因为他并不习惯于这类自由的运动。因此就只有很少数的人才能通过自己精神的奋斗而摆脱不成熟的状态，并

[①] 米歇尔·福柯：《何为启蒙》，载杜小真编选《福柯集》，上海远东出版社，2003，第530页。

且从而迈出切实的步伐来。"① 也就是说，只有极少数人能够走向成熟，这些极少数的启蒙者必须有一种特殊的品格，一种特殊的人格，一种特殊的气质，这实际上也就是一种决心和勇气。康德说，人要有勇气运用自己的理性。只有这样才意味着成熟，才能实现和完成启蒙。启蒙的首要前提和条件是勇气。

按照康德的说法，启蒙的座右铭就是"敢于认知"。"敢于认知"在此既要求勇敢，也要求认知。启蒙者同时要有这种气质（勇气）和能力（认知）。不论是对《圣经》的批判，对不合理的法律和权力的批判，还是对真理权威的批判，都既需要勇气也需要认知。光有认知和理性而没有勇气，就无法行动起来，就不敢去批判和启蒙；但是，只有勇气而没有真正的认知和理性，也没有能力去批判和启蒙。尽管勇气和认知是一体化的，但我们还是分别来看看，到底什么是勇气，什么是认知。

我们先来看看勇气。康德所说的自己改变自己，而不是通过他人来改变自己，这就是勇气。勇气就是自己和过去陈旧的、不成熟的、听命于他人的自己决裂，这是作为现代人的启蒙者的一种特殊气质和人格。将启蒙和一种气质、人格结合起来，这是福柯从康德那里得到的有关启蒙的一个重要观点。这种不服从和批判的勇气，到底意味着什么呢？这样有勇气的现代人到底流露出一种怎样特殊的气质和风格呢？康德将这样的勇气和成熟结合在一起，认为只有成熟的人才有勇气，或者说，有勇气的人才是成熟的人。而对福柯来说，具有摆脱他人律令的勇气，并改变自己，不仅仅意味着成熟，还意味着创造自己和发明自己。因此，勇气还是一种自我创造，就是将自己作为一

---

① 康德：《答复这个问题："什么是启蒙运动？"》，载《历史理性批判文集》，何兆武译，商务印书馆，1990，第23页。

个制作对象去创造,这就是启蒙者的特征。这样的启蒙者,这样自己改变自己的启蒙者,这样富有勇气的启蒙者,因为和过去完全不同,他们不是过去的人,所以福柯称之为现代人。这种具有特殊品质的现代人,这种勇于改变自己的现代人,才可能成熟,才可能完成启蒙。这也是启蒙和现代性的连接,只有启蒙和启蒙者才是现代的,启蒙是现代性的门槛。福柯实际上将现代的波德莱尔(Charles Baudelaire)视为这样的启蒙者的化身,对波德莱尔来说,"成为现代人,并非接受身处消逝的时光之流中的那种自己本身,而是把自己看作一种复杂而艰难的制作过程的对象"[1]。波德莱尔说,这些现代人会对自身进行必然反抗,他们有所谓的"高雅的教义"。波德莱尔"还有谈及花花公子的苦行主义的段落,花花公子把自己的身躯、行为举止、感情、激情以及生存变成艺术品。对于波德莱尔来说,现代人并不是那种去发现自己、发现自己的秘密和他的隐藏的真理的人;他是那种设法创造他自己的人。这个现代性并不在人的自己的存在中解放人,它强制人完成制作自身的任务"[2]。也就是说,现代人试图突破自己的界线,或者说,他在不断僭越自己的界线,这是一种界线尝试,是在寻找自己的可能性,他将自己作为一个试验品来实验,来发现自己不可能性和可能性的界线。也就是说,他意识到了必然性的束缚,但同时下定决心要摆脱这种束缚。

只有这样不停地僭越界线的现代人,这些不被统治、不服从,不被界线框定的人,不被引导的人,才是有勇气的人,才

---

[1] 米歇尔·福柯:《何为启蒙》,载杜小真编选《福柯集》,上海远东出版社,2003,第536页。
[2] 同上。

可能改变自己，才可能完成启蒙。对福柯来说，这才是康德意义上的"有勇气运用自己的理智"的人。福柯是从19世纪的波德莱尔和尼采的角度来提出这样充满勇气的自我创造的人的。或者说，他所说的勇气，囊括了康德的"成熟"和尼采的"生命作为艺术品"这样的多重观点。但是，康德说的敢于认知的启蒙者，如果非要具体地说的话，指的应该是18世纪启蒙时代的英雄，即百科全书派的英雄。正是伏尔泰、卢梭和狄德罗等启蒙者充满勇气地展开了宗教批判、法律批判和知识批判。① 而福柯笔下的波德莱尔和尼采之所以充满勇气，之所以是现代的，不仅仅是因为他们批判这些自我之外的宗教、法律和知识，还因为他们也在努力地批判自我本身。他们之所以成熟，就在于他们还把自己视为艺术作品反复地锻造。

但即便这样，也还不是勇气的全部内容。敢于改变、反抗和发明自己的人，他还应该改变现时，他应该关注自己的时代从而改变自己的时代。也可以说，改变自己和发明自己同时意味着改变自己的时代，这二者紧密相关。这是18世纪启蒙者身上开始出现的特征。启蒙者不仅仅是想创造一个新的自我，他还想创造一个新的时代。启蒙者有独一无二的改变现时和历史的意愿和态度，这才是现代人的完整的勇气特征。正是在这个意义上，福柯说，现代性不应被看作是一个时代，不是说在它之前有一个前现代，在它之后有一个后现代，现代性不是一个

---

① 百科全书派，就是所谓的启蒙派。当时最重要的启蒙思想家是伏尔泰、卢梭、狄德罗等充满勇气和敢于认知的人。伏尔泰对基督教进行了持续的攻击，他是一个多产的作家，他的笔胜过千军万马，他通过各种写作形式反复地攻击当时的各种丑事，为此蹲过两次监狱并不断地流亡；而狄德罗也因为写作和主编《百科全书》而被投进监狱；卢梭更是因为《爱弥儿》等著作被迫长期流亡。这是启蒙思想者共同具备的勇气，虽然在具体的观念上他们存在巨大的分歧。

置身于时间序列中的概念:"我自问,人们是否能把现代性看作为一种态度而不是历史的一个时期。我说的态度是指对于现时性的一种关系方式:一些人所作的自愿选择,一种思考和感觉的方式,一种行动、行为的方式。它既标志着属性也表现为一种使命,当然,它也有一点像希腊人叫作 êthos(气质)的东西。"①

这种针对现在的态度,就是波德莱尔所说的"你无权蔑视现在",就是将现在英雄化的意志,就是将现在看作是某种永恒的东西而不是轻飘飘的流逝的瞬间,只有这样才有意志去改变现在。但这种改变现在"不是毁掉现时,而是在现时所处的状态中把握住它。波德莱尔的现代性是一种运作,在这种运作中,对现实的极度关注同自由的实践是对立的,后者既是对现实的尊重又是对现实的冒犯"②。波德莱尔是这样一个关注现在的英雄,他笔下的画家居伊也是关注现在的英雄。康德的《答复这个问题:"什么是启蒙运动?"》同样是关注现在的。康德写这篇文章的时候,正好是启蒙的时代,他在哲学论文中讨论当时的启蒙,在报纸上发表这种论述启蒙的文章,这就是对启蒙的介入,也是对现在的介入。在这个意义上,康德本身就流露出现代人的气质:哲学第一次关注它置身其中的时代。所以,福柯说:"不应忘记,'启蒙'是一种事件或事件以及复杂的历史性进程的总体,这总体处于欧洲社会发展的某个时期。这总体包含着社会转型的各种因素,政治体制的各种类型,知识的形式,对认知和实践的理性化设想——所有这些,难以用一句

---

① 米歇尔·福柯:《何为启蒙》,载杜小真编选《福柯集》,上海远东出版社,2003,第 534 页。
② 同上书,第 535—536 页。

话加以概括。在这些现象中，有许多在今日依然具有其重要性。至于我所指出的那种现象，在我看来是哲学思索的整个形式的基础，它仅仅涉及同现时的反思关系的模式。"①

这些现代启蒙者重新创造和发明自己，介入现时，他们因此而成熟，而充满勇气。但这并不独独是启蒙时代的人的特性。启蒙时代的人有勇气，但是，在古代同样有充满勇气的人，同样有毫无畏惧地对强权说真话的人，同样有第欧根尼这样通过说真话来塑造自己并试图改变时代的人。福柯晚年特别强调了古代人所表现出来的勇气。只是到了基督教时代，服从和驯化才内化为欧洲人的人格特质，人们才丢失了勇气。到了启蒙时期，这种古代的不服从、批判，这种自主性和改变时代的勇气才重新开始出现。这样的勇气看起来是一种回归：如果启蒙仅仅意味着现代人塑造自己和改变现时的勇气的话，那么，启蒙就不是一个历史的独创阶段，也并非历史的一个全新的开端。

三

启蒙之所以是独一无二的历史时期，除了这种勇气之外，还在于特殊的认知方式。正是这个独特的认知方式，将启蒙者和古代的勇士区分开来。勇气不独属于启蒙时代，但是，这个认知方式是独属于启蒙时代的。讨论完勇气，接下来我们讨论认知。

康德说："这一启蒙运动除了自由而外并不需要任何别的东西，而且还确乎是一切可以称之为自由的东西之中最无害的东西，那就是在一切事情上都有公开运用自己理性的自

---

① 米歇尔·福柯：《何为启蒙》，载杜小真编选《福柯集》，上海远东出版社，2003，第537页。

由。"[1] 摆脱了先前的各种羁绊和束缚实际上就获得了自由,但是,自由是"公开运用自己理性的自由"。如果说"敢于认知"的"敢于"是表示勇气的话,那么,"认知"就意味着要自由地公开运用理性,即不受约束地根据理性去思考。

但理性又意味着什么呢?或者说,康德所说的理性、启蒙意义上的理性指的又是什么呢?我们来看17世纪的理性概念。17世纪和18世纪的理性,意义并不相同。17世纪的理性是演绎理性,这是笛卡尔意义上的理性。就像笛卡尔是将"我思"作为一个最稳定的根基来逐步推论一样,这样的理性都是先假定一个确定性命题,然后从这个确定性命题出发,一步步地推论,从而建立一个推论的严密链条,链条上的每一个要素环环相扣,没有任何的偏移、意外和分叉,它们只有置放在这个链条之中才有意义,只有沿着这个严密的链条推论才有意义,最后的结论也只有在这个链条结束的时候才能确定。这是一种从普遍原理到个别结论的演绎性推论。这是根据一般原理去解释具体事物、去获得具体知识的道路。

但是,18世纪的理性与此相反,这是牛顿开辟的方法,它在自然科学中被应用。这样的理性是从自然科学中习得的。这不是从一般原理和假设着手,而是从具体经验和现象着手,对这些经验现象和个案进行分析、归纳、总结,从而得出普遍原理。17世纪的理性是从普遍原理到具体现象,18世纪的理性是从具体现象通向普遍原理,这是两个完全不同的推理路径。"与17世纪的用法相比,理性概念的意义发生了一种独特的变化。在17世纪的那几大形而上学体系——笛卡尔、马勒布朗士、斯

---

[1] 康德:《答复这个问题:"什么是启蒙运动?"》,载《历史理性批判文集》,何兆武译,商务印书馆,1990,第24页。

宾诺莎和莱布尼茨的体系里，理性是'永恒真理'的王国，是人和神的头脑里共有的那些真理的王国。……18 世纪在一种不同的、比较朴素的意义上看待理性。理性不再是先于一切经验、揭示了事物的绝对本质的'天赋观念'的总和……而是一种引导我们去发现真理、建立真理和确定真理的独创性的理智力量。……整个 18 世纪就是在这种意义上理解理性的，即不是把它看作知识、原理和真理的容器，而把它视为一种能力，一种力量，这种能力和力量只有通过它的作用和效力才能充分理解。理性的性质和力量，仅从它的结果是无法充分衡量的，只有根据它的功用才能看清。"① 这也就是说，理性实际上是一种分析力量，是面对经验材料和现象的一种分析和推理能力，它能把各种材料、知识、先在的成见进行分解，"理性最重要的功用，是它有结合和分解的能力。它分解一切简单的事实，分解所有简单的经验材料，分解人们根据启示、传统和权威所相信的一切；不把所有这一切分解为最简单的成分，不把关于这些事物的信念和见解分解为最终因素，它是决不罢休的。分解之后就开始建设。理性不能在这一堆支离破碎的废墟前停步；它不得不从中建立起一座新的大厦，一个真正的整体"②。也就是说，18 世纪的理性意味着对各种各样的材料进行事无巨细的分解、分析和归纳，进而总结出一般性的科学真理。"因此，思想的道路不是从概念、公理到现象，而是相反。观察提供科学论据；而科学研究的对象则是原理和规律。"③ 对于 18 世纪而

---

① E. 卡西勒：《启蒙哲学》，顾伟铭、杨光仲、郑楚宣译，山东人民出版社，1988，第 11 页。
② 同上。
③ 同上书，第 6 页。

言，这种分析和归纳式的思维方式至关重要，这显然是经验意义上的理性，这种理性被看作是从经验出发的发现真理的能力，它的反面就是盲从和迷信。既然是要从经验出发来推理，那么，一切先在的理论假设就要存疑。18世纪的经验理性颠覆了17世纪的演绎理性。

不过，尽管这两种理性的推理方向不同，但是，它们并不是截然对立的。卡西尔（Ernst Cassirer，一译卡西勒）说："这两个思维领域不是对立的，而完全是一种关联关系。"[①] 无论是演绎理性还是经验理性，无论是从特殊推论到一般，还是从一般推论到特殊，理性的共同之处，就在于它的整个推理过程是要遵循形式逻辑的，也就是要强调推理过程中的统一性和同质性："理性的基本功用乃是发现统一性。没有严格的统一，就不可能合理地排列和把握经验材料。所谓对丰富多彩的经验的'认识'，就是这样来确定经验的各组成部分之间的相互关系：从某一点出发，我们能按某种恒定的、一般的规则把这些成分联系在一起。"[②] 环环相扣的逻辑推理达成了一种同质性的统一。理性有强烈的计算性、逻辑性和系统性，它遵循数学模式，环环相扣，没有遗漏，没有偏差，没有意外，没有悖谬，没有偶然。一切只能在这样的同质性关系推理中才有意义，一切也必须符合形式逻辑才有意义，而一切不在这个系统中的异质性和多样性都要被排斥在外。只有这样，计算和推理才能顺利地抵达它的终点。也就是说，这样的理性总是包含着严格的统一性、普遍性和系统性。这就是霍克海默（Max Horkheimer）和阿多诺

---

① E. 卡西勒：《启蒙哲学》，顾伟铭、杨光仲、郑楚宣译，山东人民出版社，1988，第21页。
② 同上。

（Theodor W. Adorno，一译阿道尔诺）的《启蒙辩证法——哲学断片》中所讲的，"启蒙进而把只有在整体中才能被理解的东西称之为存在和事件：启蒙的理想就是要建立包罗万象的体系。理性主义和经验主义对于启蒙的理解在这一点上是没有什么差别的。即使是个别学派对这个公理的解释有所不同，其科学的整体结构也相互一致"①。一旦只强调代数式的推理和演算，就不会强调事物本身的个性和品质（品性），这样就会对事物的丰富性进行抽象化和简化，其特点就是"各式各样的形式被简化为状态和序列，历史被简化为事实，事物被简化为物质"②。这就是高度的简化、抽象化和还原，"对启蒙运动而言，不能被还原为数字的，或最终不能被还原为太一（Eine）的，都是幻象；近代实证主义则把这些东西划归文学虚构领域。从巴门尼德到罗素，同一性一直是一句口号，旨在坚持不懈地摧毁诸神与多质"③。这就是启蒙理性所推崇的统一性和同质性。它最后也是通向一个单一的结论和原理，它要获得一个具体的知识。

尽管这两种理性分享了共同特征，但是，启蒙理性主要指的是 18 世纪从自然科学中发展出来的经验理性或批判理性。这种经验理性就是要人从先前迷信、蒙昧和教条的统治中摆脱出来，就是要对教会、国王和知识权威进行批判性的理性审视。这是理性对过去进行否定和批判的一面。没有经验理性的检验，任何假设的权威都是值得怀疑的，只有经验理性所产生的知识才是可以信任的知识。这就是理性的意义。不仅如此，从根本上来说，不屈从就是摆脱束缚，摆脱他人的引导，而这就是对

---

① 马克斯·霍克海默、西奥多·阿道尔诺：《启蒙辩证法——哲学断片》，渠敬东、曹卫东译，上海人民出版社，2006，第 4 页。
② 同上。
③ 同上书，第 5 页。

自由的寻求，就是要自我做主，人类开始要自己掌握自己的命运。所以启蒙的座右铭"敢于认知"，除了勇气和理性之外，还内在包含着对自由和自主的追求。只有"敢于认知"才能够获得自由，或者说，只有自由了才能够"敢于认知"。自由就是认知的自由，就是使用理性的自由。在启蒙中，勇气、理性（认知）和自由是三位一体的。这也正是《启蒙辩证法》开头所说的："就进步思想的最一般意义而言，启蒙的根本目标就是要使人们摆脱恐惧，树立自主。"[1]在这里，启蒙意味着充满勇气并富有理性地去批判权威、介入现时，并因此而创造一个新的自我，即一个自主和自由的自我。也正是在这个意义上，启蒙才是通向现代的。

那么，这个主体的自主性包括哪些内容呢？或者说，这些自由的主体所着手的理性批判和启蒙思想会产生哪些与启蒙之前不同的东西呢？如果说，启蒙理性一方面是对过去的否定，那么，反过来说，另一方面，它也会有一种积极的对现在和未来的肯定。如果说，启蒙批判过去教会的残忍压制，结果当然就是寻求宽容和博爱（不仅仅是上帝之爱）；如果说，启蒙批判过去的等级制王权和不合理的律法，结果就是要求每个人的平等，要求人的基本权利得到保障——这就是法国大革命的自由、平等和博爱主张的启蒙来源。这是启蒙在政治和思想领域的效果。但是，启蒙理性还要批判神秘的知识权威，还要拒绝未经理性证实的知识和假说，这样的结果就是对自然的科学探究，对自然魔法的去蔽，就是要通过自己的经验去认识自然从而获得自然的知识。但是，如何去认识自然呢？或者说，新的

---

[1] 马克斯·霍克海默、西奥多·阿道尔诺：《启蒙辩证法——哲学断片》，渠敬东、曹卫东译，上海人民出版社，2006，第1页。

批判理性如何和自然打交道并且获得关于自然的知识呢？

培根（Francis Bacon）认真地考虑了这个问题，尽管他是17世纪的人，但他是以启蒙的方式来思考自然的，或者说，他是启蒙知识批判的先驱，《启蒙辩证法》就把他当作启蒙的一个典范人物。培根的方法非常接近18世纪的批判理性思维，他的《新工具》探讨的就是认识自然的新工具和新方法。

培根的新方法是这样的："从感官和特殊的东西引出一些原理，经由逐步而无间断的上升，直至最后才达到最普通的原理。"① 这是典型的18世纪批判理性的方式：从感性经验出发，循序渐进地达到一般真理。而在培根的时代，由感性经验获得的知识被认为是不可靠的，因为它太随意、太偶然了，根本无法抵达一般知识。这种观点的潜台词是拒绝从感官出发，而且世界是不可知的，因此也就拒绝认识自然。还有一种相反的情况是，从感官出发，但是，"是从感官和特殊的东西飞越到最普遍的原理，其真理性即被视为已定而不可动摇，而由这些原则进而去判断，进而去发现一些中级的公理"②。也就是说，从感官快速地飞升到普遍原理，感官得到的知识就是最后的知识和最后的真理。从感官经验到普遍知识，这里面缺乏中间的论证环节，直接将偶然的知识等同于最后的知识和普遍的真理，并加以信奉和运用。

这后一种实际上是亚里士多德的工具论，就是先建立理论体系，然后根据这种粗糙的理论体系去探索自然的奥秘；这也是一种演绎推理，即从概念出发，对自然进行推理和沉思。对培根而言，沉思是无用的。培根认为这是诡辩的形而上学，他

---

① 培根：《新工具》，许宝骙译，商务印书馆，1984，第12页。
② 同上。

辩驳了这两种观点,即感官的不可知论和感官的绝对知识论。他自己建立一种新的方法,即他所谓的新工具——还是从感官出发,但是,培根解释说:"我提议建立一列通到准确性的循序升进的阶梯。感官的证验,在某种校正过程的帮助和防护之下,我是要保留使用的。至于那继感官活动而起的心灵动作,大部分我都加以排斥;我要直接以简单的感官知觉为起点,另外开拓一条新的准确的通路,让心灵循以行进。"[1]培根的意思就是,不是像不可知论那样去否定感官和观察的基础,而是要从感官和观察开始;但又不是将感觉和观察到的偶然知识普遍化和概念化,因为单凭感觉和观察无法洞悉自然的精细巧妙,无法获得自然的知识。因此,恰当的做法是从感官开始,在此基础上遵循逻辑,层层推理,循序渐进,像登上一个有依据的梯子一样逐步攀登到最后的真理。这实际上就是用归纳的方式来获得科学规律:"我们的唯一希望乃在一个真正的归纳法。"[2]"我们的传授方法只有一条,简单明了地说来就是:我们必须把人们引导到特殊的东西本身,引导到特殊的东西的系列和秩序;而人们在自己的一方面呢,则必须强制自己暂把他们的概念撇在一边,而开始使自己与事实熟习起来。"[3]

简单地说,培根的新工具就是18世纪的经验理性,这种新工具就是对自然新的认识方式,即放弃现在的抽象概念,放弃单纯的理论沉思,而是从感官开始,从具体的对象经验开始进行归纳和计算,逐渐获取自然的规律和知识。这是哲学的首要任务。这也意味着,"一个无限的世界,在这里也是一个理想的

---

[1] 培根:《新工具》,许宝骙译,商务印书馆,1984,第2页。
[2] 同上书,第11页。
[3] 同上书,第17页。

世界，被设想为这样的一个世界：其对象不是单个地，不完全地，仿佛偶然地被我们获知的，而是通过一种合理的连贯的统一方法被我们认识的。随着不断的发展，每个客体都会依据其内在的完满存在而得到彻底澄明……然而通过伽利略对自然的数学化，这种自我在现代数学的指导下被理念化了：即用现代方式把其本身表达为一种数学集合"[1]。启蒙就这样把思想设定为计算机器。"启蒙事先就把追根究底的数学世界与真理等同起来，启蒙以为这样做就能够避免返回到神话中去。"[2] 这样的理性也意味着，"思维把自身客体化为一种不由自主的自我推动过程，客观化成一种机器的化身，这种机器是在这个过程中形成的，以便最后思维能够被这种机器彻底替代"[3]。数学"把思想变成了物，变成了工具"[4]。思想就是计算，就是计算机器，在这个意义上，人也被简化为自动运算的机器、遵循同一律的数学机器。而这个意义上的启蒙，即将一切进行同一化计算的启蒙，在某种意义上就是反辩证法的，因为它抹平了一切，将辩证的复杂性高度地抽象化、平面化和简化。这是反辩证法的单调启蒙。

而这也是培根的新工具的特征。但是，为什么要认识自然呢？在培根之前，对自然的认识和兴趣一直存在，但是，只有培根将认识自然看作是至关重要的。苏格拉底认为，生活的

---

[1] 胡塞尔：《欧洲科学的危机与超验现象学》，转引自马克斯·霍克海默、西奥多·阿道尔诺《启蒙辩证法——哲学断片》，渠敬东、曹卫东译，上海人民出版社，2006，第19页。

[2] 马克斯·霍克海默、西奥多·阿道尔诺：《启蒙辩证法——哲学断片》，渠敬东、曹卫东译，上海人民出版社，2006，第19页。

[3] 同上。

[4] 同上。

奥秘比自然的奥秘更紧迫；中世纪的人没有兴趣认识自然，认为自然是上帝的产物，只有上帝才能洞悉自然；在文艺复兴时期，自然经常被看作是魔法，人们强烈地感受自然，但并未认真地探索自然和认识自然。而17世纪的培根，则对认识自然充满了强烈的欲望。培根说："凡值得存在的东西就值得知道。"[①]这是非常典型的启蒙态度，这也是人自信的开端。毫无疑问，自然是最显而易见地承载和包围着人的东西，它当然应该被探究。

培根在《新工具》的开篇就写道："人作为自然界的臣相和解释者。"[②]这句话我们可以从三个方面来理解。

第一，培根实际上将人看作是和自然发生关系的动物，人是对自然界进行解释的动物。人的知识，就仅仅是关于自然的知识，他的行为就是针对自然的行为，他的所知所为仅仅是自然的所知所为。培根说，人"所能做、所能懂的只是如他在事实中或思想中对自然进程所已观察到的那样多，也仅仅那样多；在此之外，他是既无所知，亦不能有所作为"[③]。人只有和自然发生关系才有知识，人的行为中也只有针对自然的行为才能被称为行为。自然成了人的唯一客体对象和唯一知识对象。在培根这里，关于人本身的知识，关于人生的知识，关于社会、道德和伦理的知识，甚至有关上帝的知识，都没有关于自然的知识重要，或者说，知识就是有关自然的知识。这是17世纪出现的全新的观点，这既不同于古代苏格拉底和柏拉图高度发达的有关伦理和政治的探讨，也不同于中世纪关于上帝的探讨。正

[①] 培根：《新工具》，许宝骙译，商务印书馆，1984，第93页。
[②] 同上书，第7页。
[③] 同上。

是在这里，人的主要关注点都放在自然上面来了。培根将认识自然作为哲学最重要的原则。

第二，人只有臣服于自然，才能解释自然。按照培根自己宣扬的新工具，做自然的臣相，就是要去贴近自然、感知自然、经验自然，只有从这里开始，只有这样通过形式逻辑的阶梯，才能去解释自然，获得有关自然的知识。但是，解释自然并获得有关自然的知识还不是最后的目标，科学并不是为了知识而知识，也不是为了解释秘密而展开研究，解释自然并获得自然知识的最终目的是去支配自然。如果说，人是索取自然知识的动物，是和自然发生行动关系的动物的话，那么，这个过程就是这样的：服从自然，解释自然，最后支配自然。人还是支配自然的动物。也就是说，获得自然知识就能获得控制自然的权力。这就是培根著名的观点：知识即权力，权力即知识，知识不能脱离权力。培根说："人类知识与人类权力归于一；因为凡不知原因时即不能产生结果。"[①]反过来，了解了自然的知识（原因），就可以产生支配它的结果。而且，必须有最后支配自然的结果，这是人类的目标，是可以帮助人类为人类谋福利的目标。因此，从根本上来说，"人们从自然中想学到的就是如何利用自然，以便全面地统治自然和他者。这就是其唯一的目的"[②]。"权力与知识是同义词。培根与路德都认为，'知识不是满足，也不是像交际花那样去寻求某种快乐，而不考虑有什么结果'。知识并不满足于向人们展示真理，只有'操作'，'去行之有效地解决问题'，才是它的'真正目标'：'在我看来，知识的真

---

① 培根：《新工具》，许宝骙译，商务印书馆，1984，第8页。
② 马克斯·霍克海默、西奥多·阿道尔诺：《启蒙辩证法——哲学断片》，渠敬东、曹卫东译，上海人民出版社，2006，第2页。

正目的、范围和职责，并不在于任何貌似有理的、令人愉悦的、充满敬畏的和让人钦慕的言论，或某些能够带来启发的论证，而是在于实践和劳动，在于对人类从未揭示过的特殊事物的发现，以此更好地服务和造福于人类生活。'"① 这必须是实用的知识，必须是对人类有用的知识。知识就是权力，同时也就意味着知识就是工具。只有这样有用的工具性知识，才能给人类带来具体的作用和帮助，进而让人类摆脱苦难和无力。抽象的纯粹的知识是没有用的。

第三，自然到底是什么呢？自然是由单个的物体所组成，而每个物体都有自己的活动法则。"在自然当中固然实在只有一个一个的物体，依照固定的法则作着个别的单纯活动，此外便一无所有"②，对自然的探究就是探究这一个个自然物体的法则。但是，自然物体的法则还不是自然知识，因为自然知识和自然规律是隐蔽的，是躲在自然物体现象背后的，个别的自然物质的法则只能从这个隐秘的自然规律而来，自然规律和知识只能通过单个自然事物的运转来显现，因此，这些自然知识实际上是潜伏在自然物体更深处的，自然事物依附于它、取决于它，自然规律因此是一种隐蔽的、潜伏的规律，它决定了自然物体的变化性质。因此，认识自然规律和知识，只能从自然事物的外在显现的部分着手，也就是说，只能通过对自然事物的感官经验和自然事物的可感特质来着手。培根区分了自然规律和自然事物，前者是后者的隐蔽根基，因此，感官经验只能通过认识后者才能最后抵达前者的知识。

---

① 马克斯·霍克海默、西奥多·阿道尔诺：《启蒙辩证法——哲学断片》，渠敬东、曹卫东译，上海人民出版社，2006，第 2—3 页。
② 培根：《新工具》，许宝骙译，商务印书馆，1984，第 107 页。

培根在这里就提出了三个关键点，三个关键点密切相关。第一点是自然知识对人来说是隐秘的结构，它是通过个别自然物体的运作来显现的，因此，要获得自然知识不是一蹴而就的，必须有一个培根意义上的新工具。第二点是所谓的归纳理性或者说经验理性，就意味着人是一个计算机器，这个计算机器要把自然打开，要获取有关自然的知识。第三点是，获得自然知识的目的就是对自然进行支配，获得了关于自然的知识，就是获得了支配自然的权力。这三个环节，也可以说三个特征，牢牢地镌刻在启蒙的内在性中。这是启蒙在自然维度上的过程：人借用理性这种工具来支配自然。人是一个对自然进行计算的数学机器，同时也是一个对自然进行统治的权力机器。简单地说，人是一个单一性的计算统治机器，他能够计算就是为了能够更好地统治。这就是培根的新工具的内核。

四

霍克海默和阿多诺将培根这种对自然进行支配的观念视作启蒙思想的核心。但是，它仍旧有隐秘的起源，这就是西方的神话传统。看起来，启蒙是在攻击神话，是借助理性来攻击各种各样的神话想象进而获得真理和知识。但是，它也从神话那里吸收了很多东西。因为在希腊神话时期，众神已经开始掌管世界，他们已经站到了自然的对立面而不再是自然的一部分，他们表达了对自然的把控权力，他们和自然、世界一分为二。在权力支配的意义上，启蒙可以说是对神话的继承。启蒙抛弃了神话的想象，但继承了众神的把控。在这个意义上，启蒙变成了它攻击的东西，变成了它厌恶的神话。霍克海默和阿多诺就此说，神话就是启蒙，启蒙就是神话。"如同神话已经实现了启蒙一样，启蒙也一步步深深地卷入神话。启蒙为了粉碎神话，吸取了神话中的一切东西，甚至把自己当作审判者陷入了神话的魔掌。"① 也就是说，诸神本身就是审判者，诸神和世界的关系就是审判和被审判的关系，同样地，人也是审判者，人和自然的关系也是审判和被审判的关系；诸神拉开了和世界的距离，就像人拉开了和自然的距离一样。启蒙体现出的支配原则就是神话的支配原则。不仅如此，"启蒙运动推翻神话想象依靠的是内在性原则，即把每一事件都解释为再现，这种原则实际上就是神话自身的原则"②。这所谓的再现，就是柏拉图主张的，理念和表象之间存在着距离，表象是理念的再现。而神话原则也是这样的再现的原则，神话就是将神和人、自然区分开来，让它们保持距离，让自然成为神话的再现。

神话、柏拉图哲学和启蒙理性在再现这个方面达成了一致，它们都是二分的，都是再现性的。一旦有了等级，它们就存在着优先性和决定等级。在神话那里，优先的是具有强大权力的诸神；在柏拉图哲学那里，诸神转化为哲学中的理念，因此，优先的是绝对的控制性的理念；而在启蒙这里，优先的是作为主体的人。它们的共同特征是都保有权力的支配性。霍克海默和阿多诺说："造物主与秩序精神在统治自然的意义上是相似的，人类与上帝的近似之处体现在对生存的主权中，体现在君主的正言厉色中，也体现在命令中。"③ 在这个意义上，启蒙重

---

① 马克斯·霍克海默、西奥多·阿道尔诺：《启蒙辩证法——哲学断片》，渠敬东、曹卫东译，上海人民出版社，2006，第8页。
② 同上。
③ 同上书，第6页。

写了古老的神话。看起来，启蒙是在用理性驱除和瓦解各种神话，启蒙让诸神退隐，但是，启蒙者变成了新的神。这同样也是启蒙的辩证。这样，再用神话去反对启蒙也是无效的——这实际上暗含了浪漫主义的无效。荷尔德林式的浪漫主义是基于对启蒙理性的不满而发出的对神话的再次询唤，而这实际上根本不可能抵挡启蒙，因为神话本身就是启蒙，它们具有同样的支配原理。浪漫主义者用神话去指责启蒙原理的时候，就是去指责神话本身的原理。"任何抵抗所诉诸的神话，都通过作为反证之论据的极端事实，承认了它所要谴责的启蒙运动带有破坏性的理性原则。"[1] 在这个意义上，启蒙是无法抵抗的。"启蒙运动每一次所遭遇到的精神抵抗，都恰恰为它增添了无穷的力量。"[2] 在这个难以抵抗的意义上，"启蒙带有极权主义性质"[3]。起初以反对极权为目标的启蒙最后变成了极权主义，这还是启蒙的辩证。

启蒙理性开始解释自然、支配自然了，"从那时起，物质便摆脱了任何统治或固有权势的幻觉，摆脱了潜在属性的幻觉，而最终得到控制。对启蒙运动而言，任何不符合算计与实用规则的东西都是值得怀疑的"[4]。这样可计算的自然，就变成了统一的有序的有规律的自然，也是一定可以被探究出规律的自然、可以被合理化解释的自然。这样，它的丰富性和异质性就被剥夺了，即便它看起来是混沌的，但也一定有一种内在的同一性

---

[1] 马克斯·霍克海默、西奥多·阿道尔诺：《启蒙辩证法——哲学断片》，渠敬东、曹卫东译，上海人民出版社，2006，第4页。
[2] 同上。
[3] 同上。
[4] 同上。

和可计算性。"自然就这样改变了它的形象。在前泛灵论时代，自然的形象是可怕的、凌驾一切的存在者玛那：那时候，它戴着许多特征模糊、难以分辨的神灵的面具。"① 但是现在，"作为对人与自然之间关系的一种差强人意的表达的神话消失了，力学和物理学取代了它。自然失去了作为有生命力的独立存在物的一切残迹，失去了它自身的一切价值。它成了僵死的物质，成了一堆东西"②。

这种自然的单一性在呼应和配合人的理性同一性。这种没有神秘感的单一的自然，再也不是自在地存在的，它是为人而存在的，是作为被支配的对象、为了服务于人而存在的，它就是被人制造和利用的对象，是人统治的根基。

人对待自然的这种支配性和计算性的启蒙思维，也会用在人对待人的社会领域中。启蒙并非单一事件，它作为一种综合性的实践系统，"隶属于三个大的领域：对物的控制关系领域，对他人的行为关系领域，对自身关系的领域"③。如果说，对自己的关系就是让自己成为一个独立而自由的主体，对事物的控制关系就是对自然的掌控，那么，对他人的行为关系，就意味着一个新的社会支配关系的确立。这三种关系密切相关，只有将自我确立为一个理性主体，才能展开对自然的控制，而这个理性主体对自然的支配是借助科学和技术来完成的。17、18世纪这个理性发展的时代，正是科技发展的时代。科技只能在

---

① 马克斯·霍克海默：《反对自己的理性：对启蒙运动的一些评价》，载詹姆斯·施密特编《启蒙运动与现代性——18世纪与20世纪的对话》，徐向东、卢华萍译，上海人民出版社，2005，第369页。
② 同上书，第369—370页。
③ 米歇尔·福柯：《何为启蒙》，载杜小真编选《福柯集》，上海远东出版社，2003，第541页。

计算理性的时代、只能凭靠理性突飞猛进，理性是技术发展的根基。启蒙主体对自然的支配就表现为技术对自然的支配，技术成为支配自然的手段。但当这种理性和技术的自然支配逐渐渗透到整个社会中，在社会的各个领域得以实践和运用时，就导致了一个新的社会关系的出现：对自然的支配最后转化为了对人的支配。对他人的行为关系也变成了人和人之间的支配关系。

"启蒙对待万物，就像独裁者对待人。独裁者了解这些人，因此他才能操纵他们……"[1] 人对人的态度，就是启蒙者对自然的态度。启蒙的支配权力的扩张，其结果就一定是让统治者和被统治者保持二分距离，就像启蒙者和自然保持二分距离一样。"人类为其权力的膨胀付出了他们在行使权力过程中不断异化的代价。"[2] 在这样的关系中，人对自然的理性支配会转化为人对人的理性支配。霍克海默和阿多诺在这里意有所指——这样的统治者对人保持距离的支配，在纳粹那里达到了顶点。纳粹的独裁体制，就是将犹太人看作是一个外在对象，一个有根本距离而不能接近的他者；就像技术理性将自然看作是僵硬而单调的物质一样，纳粹还将犹太人看作是单纯的、既没有权利也没有心灵的生命，并由此对他们任意地计算、宰制、剥夺和杀戮。大屠杀，就是理性和技术权力支配逻辑的疯狂顶点。也可以说，大屠杀就这样植入启蒙理性的传统之中。这就是大屠杀所特有的现代性，它的目标、过程、技术，无一不为技术理性所贯穿：启蒙理性只遵循同一性逻辑，犹太人的异质性不

---

[1] 马克斯·霍克海默、西奥多·阿道尔诺：《启蒙辩证法——哲学断片》，渠敬东、曹卫东译，上海人民出版社，2006，第6页。
[2] 同上。

能被容忍，所以要清除；集中营是一个现代工厂，一个生产死亡和尸体的高效工厂；屠杀犹太人的整个过程是一个规划严谨、步骤严密、环环相扣的计算程序；等等。

　　启蒙理性不仅扩大和强化了人对自然、人对人的统治力量，它在社会组织层面也锻造了一个更加严密的链条。启蒙理性的计算机器，"整个概念的逻辑秩序，概念的相互依赖、相互联系、相互发展、相互统一都表现为社会现实的相互关系，即分工"①。但是，这种分工并不意味着团结，而是意味着一种连贯的统治秩序。它不是一个活性的有机组织，而是一种绑缚性的机械链条，在各个方面都像齿轮一样咬合在一起，在功能上有完整的逻辑匹配。这个被充分规划和计算化的理性体系没有意外，没有偶然，它有自己的必然性和普遍性，它自动运转而不受他物的干扰。人置身其中，就会失去自由。这样高度理性化的社会体系让人变得被动、机械和空虚，真正的个性和特异性荡然无存。"理性在把自己客观化在国家、成文法和行政等结构中时，惹来了新的、无法撤销的他律，它屈从于自己的产物而限制了自己的自由"，"现在保留下来的自主性只是一个幻觉，或者只是主体的一种单纯的否定性，即在空洞的特殊性和无能的个性中逃避普遍。但是，在自身内部活动的那种自主性在失去理性自由的同时也失去了真理"。②在这种启蒙理性的顶点，"每个人都失去了他的独立自足性而对其他人物发

---

① 马克斯·霍克海默、西奥多·阿道尔诺：《启蒙辩证法——哲学断片》，渠敬东、曹卫东译，上海人民出版社，2006，第16页。
② 格奥尔格·皮希特：《什么是启蒙了的思维？》，载詹姆斯·施密特编《启蒙运动与现代性——18世纪与20世纪的对话》，徐向东、卢华萍译，上海人民出版社，2005，第382—383页。

生无数的依存关系。……他的每种活动并不是活的，不是各人有各人的方式，而是日渐采取按照一般常规的机械方式"[1]。这样，本来是让人获得自由、将人从各种束缚中解脱出来的启蒙理性，最后让人陷入了新的束缚之中。人们从教会的束缚，从王权律法的束缚，从自然的束缚中解脱出来，现在却又陷入秩序的束缚，陷入无处不在的理性的束缚。理性就这样变成宰制性的，让人再次失去自由。黑格尔的绝对理性本是以至高的自主性为目标的，但是，"绝对精神的王国现在呈现为一个影子王国"[2]。启蒙导向的不是光明，而是进一步的黑暗。这样，"现实国家中的情况是，个人的心理态度、主观意见和感受的每一个细节都不得不受这个立法秩序支配，不得不跟它保持一致"[3]。个人必须不断地调整自己，不断地削弱自己的个性，抑制自己的冲动，减少和社会的摩擦，将自己塑造为社会的标准物件。他也只好不断地让自己靠近精神医生的躺椅寻求帮助。

如果说启蒙之前的泛灵论为物赋予了灵魂，那么启蒙之后的工业主义则把灵魂物化了。"凭借大生产及其文化的无穷动力，个体的常规行为方式表现为惟一自然、体面和合理的行为方式。个人只是把自己设定为一个物，一种统计因素，或是一种成败。他的标准就是自我持存，即是否成功地适应他职业的

---

[1] 黑格尔：《美学》（第一卷），朱光潜译，商务印书馆，1979，第331页。
[2] 格奥尔格·皮希特：《什么是启蒙了的思维？》，载詹姆斯·施密特编《启蒙运动与现代性——18世纪与20世纪的对话》，徐向东、卢华萍译，上海人民出版社，2005，第383页。
[3] 同上书，第382页。

客观性以及与之相应的行为模式。"① 这样，启蒙时代的人被标准化了，只有均平化的同一种模式的人群，而没有独特的个体。如果说启蒙者是英雄，那么，启蒙时代之后的人，就是尼采深恶痛绝的"末人"，就是韦伯所说的没有灵魂的专家，就是穆齐尔（Robert Musil）意义上的没有个性的人。他们没有超越性，没有自我的激进实验，没有特殊的英雄主义。这就是18世纪开始的欧洲启蒙运动带来的均平化效果。

从培根开始，到18世纪，欧洲的启蒙者还有一种深信不疑的进步论，即启蒙以及启蒙理性一定会促使人类进步，而且人类会越来越进步，会知道得越来越多，甚至会知道一切，现在不知道的，将来一定会知道。这样的技术进步和知识进步，也会使人类越来越自由，促成人类的整体进步。现在，这样的进步论看起来过于乐观了，人的知识的增长，理性能力的增长，同时也伴随着各种支配权力的扩张。理性滋生了各种各样的新的规范、新的权力、新的制约。如果说，在启蒙理性之前的时代有各种非理性的统治——神话的统治、宗教的统治、国王权力的统治以及知识权威和习俗的统治等，而启蒙则试图通过"敢于认知"的理性来颠倒这些统治，人们不会想到，理性又诞生了新的统治，理性自身诞生了新的权力。霍克海默感叹道："理性似乎正经受着一类疾病。在个人生活和社会生活中都是如此。"② 启蒙的开端是充满勇气的、通过不懈努力打破自身界线追求自由的人，但是，启蒙带来的效果，却是让所有的人重

---

① 马克斯·霍克海默、西奥多·阿道尔诺：《启蒙辩证法——哲学断片》，渠敬东、曹卫东译，上海人民出版社，2006，第22页。
② 马克斯·霍克海默：《反对自己的理性：对启蒙运动的一些评价》，载詹姆斯·施密特编《启蒙运动与现代性——18世纪与20世纪的对话》，徐向东、卢华萍译，上海人民出版社，2005，第368页。

新陷入统治的界线之内。这就是启蒙的辩证法。让人从非理性的统治中获得自由的那个理性一旦完善和自我实现，一旦达到至高顶点，就会再次剥夺人的自由，就会通过理性来剥夺人的自由。这是启蒙的辩证法，这也是启蒙在另一个意义上的极权主义。

我们看到了启蒙以来的现代社会的三种批判。法兰克福学派的启蒙批判所表明的社会的理性控制，非常接近韦伯的铁笼和福柯的监狱。法兰克福学派将现代社会的铁笼归因于启蒙理性，甚至将它的起源回溯到古希腊时代的神话和哲学，启蒙的支配就是神话的支配，启蒙本身就是极权主义的神话。但是，韦伯将现代社会的铁笼起源归因于宗教改革，归因于加尔文教徒的自我克制的理性，归因于宗教背景下的人格的理性，这种人格的理性和技术理性的结合成就了资本主义的铁笼。而福柯的环形监狱，则是权力技术变化的结果，他并没有特别强调启蒙理性和权力技术的关联，但是，毫无疑问，这种规训的技术也是精心计算的结果，也是以理性的方式来运转的。只不过，福柯并没有将这种理性化的权力技术的起源归因于启蒙理性。对福柯来说，这是欧洲一个漫长的治理技术变化的结果，与其说它来自文化观念本身的变化，不如说它来自政治经济的历史性的治理实践，它是从国家理性到生命政治这些治理技术发展的必然逻辑后果。

第二讲

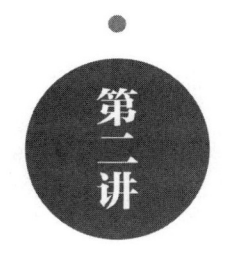

契约国家

一

我们接着启蒙继续讲。启蒙内在的推动力，或者说它的起源，跟科学有关系。17、18世纪科学的发展，让人们意识到自然是可以被认识的，自然是有规律的。那么，怎样去认识自然和自然的规律呢？怎样去获得一种科学的知识？于是，认知的问题就成了哲学中的重要问题。从17世纪开始，人们相信理性：人是通过理性来认识的。理性既包括笛卡尔的理性主义，也包括英国的经验主义。它们都是广义上的理性，都是人通过自己运用理性的能力，而不再是通过宗教启示、神的旨意或先在的权威去认识世界。也就是说，人开始独立地认知，开始公开地运用自己的理性去认识世界。这就是康德所讲的启蒙的要义。

通过理性认识世界，一方面是要认识大自然的规律，另一方面还要认识社会的规律。自然有规律，社会也应该有自己的规律。自然按照一定的规则运转，那么，社会、政治、国家形式也应该有自己的规律，也应该按照一定的规律去运转。这是社会科学和人文科学的基本前提，它们也有自己的科学规律。我们看看启蒙时代的人是如何构想他们的社会组织形态的，或者说，启蒙时代的人是如何设想一种理想的社会组织和社会架构的？同样是从17世纪开始，对社会和政治的理解和构想也是以理性的推论为基础的。这是理性主义在 17 世纪的压倒性思维胜利。

我们可以以《理想国》作为讨论现代政治哲学的一个简单背景。柏拉图对国家有自己的特殊理解，他认为应该存在一个理想的国家。这个国家不是一个现实应该存在的国家，不是一个本来就如此的国家，他讨论的是，一个理想的国家、一个最好的国家应该是一种什么形式？也就是说，理想国家的本性应该是什么？它的目标是什么？柏拉图说："我们建立这个国家的目标并不是为了某一个阶级的单独突出的幸福，而是为了全体公民的最大幸福；因为，我们认为在一个这样的城邦里最有可能找到正义，而在一个建立得最糟的城邦里最有可能找到不正义。等到我们把正义的国家和不正义的国家都找到了之后，我们也许可以作出判断，说出这两种国家哪一种幸福了。当前我认为我们的首要任务乃是铸造出一个幸福国家的模型来，但不是支离破碎地铸造一个为了少数人幸福的国家，而是铸造一个整体的幸福国家。"[1] 也就是说，理想国家的目标是全体公民的幸福以及与之紧密相关的正义。柏拉图基本上就是将幸福与正义等同起来。全体公民（而不是少数人）幸福的国家才是正义的。那么，这样一个国家应该是什么样的呢？

因为国家是一个政治组织，它应该有一个结构，这个结构分为三个层面，即最高的层面、中间的层面和下面的层面。国家最高的层面当然就是国王，是最高统治者。最高统治者应该是什么呢？应该是智者，是哲人、哲学家，他们是国家的大脑。一个理想的国家、最好的国家必须是由智者、哲人来统治的，这样的人人数极少。第二个层面，在国家最高统治者之下的应

---

[1] 柏拉图：《理想国》，郭斌和、张竹明译，商务印书馆，1986，第 133 页。

该是什么呢？柏拉图认为是军人、武士，是护卫者。因为国家时时刻刻会受到威胁，他们要保卫国家。这些护卫者最大的特点就是勇敢。还有第三个层面，即最底下的层面，是劳动者、生产者，他们要生产粮食和基本用具，提供衣食住行所需，提供人民的基本生活保障。柏拉图认为国家的构成必须是这么一个纵向的三层结构。智者、军人和劳动者，他们由高到低组成一个完整的结构关系。更重要的是，这三种类型的人，必须各司其职、互不干扰，这样的国家才是一个理想的国家。"现在，当城邦里的这三种自然的人各做各的事时，城邦被认为是正义的"[1]，这样，"整个国家将得到非常和谐的发展，各个阶级将得到自然赋予他们的那一份幸福"[2]。

为什么只有这样的国家形式，而不是别的国家形式，才能实现正义和幸福呢？或者说，为什么不是把劳动者放在最上层，把智者放在最下层呢？柏拉图认为，这是因为这样的治理安排和部署比较自然。为什么比较自然呢？因为一个合理的国家、一个理想的国家应该跟人的身体一样，人最自然的身体模型就是大脑在最上面，这也是智者应该占据的位置。下面就是胸脯，它很厚实、很坚固，可以抵挡外来的侵袭。这个胸脯就对应着军人的职能，它是保护性的，位于中间，这也是军人的位置。最下面的就是腹部，这是最基础的东西，就是要把肚子吃饱，要能生活，要有基本的生活工具。占据这个位置的只能是劳动者，只有他们能解决具体的衣食住行。所以，一个理想的国家是以身体作为模型的，它的合理性和合法性就在于它的自然性，就在于它吻合了自然身体的结构，因为身体是最自然而然的。

[1] 柏拉图：《理想国》，郭斌和、张竹明译，商务印书馆，1986，第157页。
[2] 同上书，第134页。

也就是说，对柏拉图来说，符合自然的、吻合自然法和自然规律的结构的国家就是最好的国家，就是正义的国家。理想的国家就是"一个按照自然建立起来的国家"①。

从身体结构上来说如此，从精神结构上来说同样如此。人的精神也有三个自然等级：灵魂、勇气和欲望。它们从高到低对应于身体的三个层级。智者具备灵魂，军人具备勇气，他们分别是统治者和护卫者所必需的精神要求，而劳动者则充满欲望。但欲望显然不利于国家的统治，柏拉图因此引入了节制这样一种美德。这种美德不仅是对劳动者的欲望进行节制，而且对统治者和护卫者也提出了要求。节制"贯穿全体公民，把最强的、最弱的和中间的（不管是指智慧方面，还是——如果你高兴的话——指力量方面，或者还是指人数方面，财富方面，或其它诸如此类的方面）都结合起来，造成和谐，就象贯穿整个音阶，把各种强弱的音符结合起来，产生一支和谐的交响乐一样。因此我们可以正确地肯定说，节制就是天性优秀和天性低劣的部分在谁应当统治，谁应当被统治——不管是在国家里还是在个人身上——这个问题上所表现出来的这种一致性和协调"②。三种类型的人都应该具有节制的美德。节制和智慧、勇气相结合，这样才能达到最终的正义："城邦也由于这三种人的其他某些情感和性格而被认为是有节制的、勇敢的和智慧的。"③只有城邦里的这三种自然的人各司其职时，城邦才被认为是正义的。

对于柏拉图来说，这样一个城邦之所以是正义的，就在于它是自然的。正义意味着自然，最自然的东西就是正义的、就

---

① 柏拉图：《理想国》，郭斌和、张竹明译，商务印书馆，1986，第147页。
② 同上书，第152页。
③ 同上书，第157页。

是善的，反过来，偏离自然的东西、违反自然法则的东西，既不是正义的也不是善的。所以，国家的正义目标、国家的合法性和合理性是以自然为根基的。这是柏拉图对国家的思考。

那么到了中世纪呢？中世纪的政治思想实际上是非常薄弱的。这一时期的政治思想是在神学的框架下展开的。在弥漫性和决定性的救赎宗教中，政治理论很难有自己的自主性。希腊城邦和中世纪的国家也非常不同。对基督教来说，一切都是上帝的造物。对13世纪的阿奎那（Thomas Aquinas）而言，国王要治理一个国家，必须符合上帝的意志："国王的治理必须仿效上帝的自然治理：国王应该像上帝创世那样创建城市；他必须引领着人走向自己的终点……"[①] 天国就是终点。因此，国王治理一个国家，就应该带领国家中的每一个人进入天国，这就是国王治理的目标。这同样也是至善。如果说柏拉图的正义和至善治理目标是要符合自然和自然法则的要求，那么，对基督教来说，治理国家的至善目标则应该符合神的要求，要符合神律、神法的要求，国王的治理要体现神的意志。我们可以看到，不管是古希腊的政治理想还是基督教的治理思想，都强调国家存在的目的是追求正义、寻求至善，目标是相似的。而且，这个目标都在国家之外：正义和至善都是超验的，超出国家这个实体本身。还有一点是相同的：柏拉图认为要达成这一目标，每个人的节制至关重要，节制贯穿在所有公民之间，只有节制才能让三个不同等级的公民和谐相处，让国家治理流畅自如；而基督教的核心也是节制，只有节制的人才能被引导进入天国，才能走向终点，才能最终获救。这样，古希腊的政治思想和基

---

① 米歇尔·福柯：《什么是批判：福柯文选Ⅱ》，汪民安编，北京大学出版社，2016，第365页。

督教的治理思想都以民众的节制为前提，这是它们底下的一条连贯线索。也就是说，一旦国家追求至善、追求正义，同时就意味着要压制个人的欲望，因为至善和正义总是和欲望相冲突的。这是古代人的政治要求的前提。

我大而化之地谈论了文艺复兴之前的政治思想的历史背景，这个背景可以帮助我们更好地理解16世纪的马基雅维利（Niccolò Machiavelli）。马基雅维利的《君主论》看起来非常简单，不是非常抽象和玄妙的理论著作，它主要就是讲君主的统治谋略和技巧。马基雅维利认为，君主作为一个统治者，他的君权并不是自然而然属于自己的，君主和君权之间的纽带可以随时松绑，君主可能随时失去他的统治权力。这种情况在历史上屡见不鲜，几乎所有的君主都有可能失去他的权力。因此，君主怎样才不会使他的权力失掉，怎样才能永久地统治，这是他所关心的。马基雅维利讨论了君主怎样和大臣打交道，怎样和民众打交道，如何处理向他献媚的人。他在书中提出了很多有意思的问题和答案。比如，作为君主，是让人民爱戴你更好，还是让人民恐惧你更好呢？因为无论是让人民爱戴还是让人民恐惧，实际上都有利于你的统治：如果大家都畏惧你，就不敢造反；如果大家都爱戴你，也不会造反。但是，到底是让大家爱戴你更好呢，还是畏惧你更好呢？马基雅维利的回答非常有意思，他说最好的方式就是让一部分人敬畏你，而让另一部分人爱戴你：让你周围的人敬畏你，让他们无时无刻不对你充满恐惧；让那些离得很远的人、让遥远的人民爱戴你，这样就可以确保你君权的稳定。马基雅维利的书中讲了很多这样的技巧和策略以及相关事例。

君主的统治确确实实有各种各样的花招、策略、计谋、诡计，这一点，我们每个人都不陌生。这本书我们现在看起来显得有些平淡无奇。但是，在文艺复兴时期，这样的著作的出现就有巨大的历史断裂性和颠覆性。首先，古代人的治理原则要么是自然原则，要么是神圣原则。他们是根据自然正义或者上帝至善来构想一个国家的。但是，到马基雅维利这里，国家既不是来自自然法则，也不是来自神的法则，国家不过是人为的、人造的产物，国家是君主谋略的产物。君主可以自己创造一个国家，可以通过人为的手段来创造和统治一个国家，自然法和神法被抛弃了。国家的合法性发生了变化，国家是人自己制造出来的。这就是典型的文艺复兴时代的产物。文艺复兴特别强调人的主动性，将人从神的无所不在的创造中解放出来，人的主动性和创造性得到了肯定。人可以积极生活，人可以主宰自己，人可以创造大地上的东西。既然人可以创造那么多伟大的艺术品，为什么不可以创造国家这样的作品呢？国家是人工的产品，这是现代人的观念。

还有一个颠覆性的观点是，古代国家的目的是追求善和正义，而如果君主就是为了追求自己的统治、为了实现自己的个人野心和欲望而不择手段的话，那么这个国家存在的目的肯定就不是善和正义，而是满足个人的欲望，满足君主的欲望，所以马基雅维利口中的国家的目的是欲望的满足，即便是一个人的欲望的满足。我们刚才讲过，以追求善和正义为目的的国家，显然是要求节制的，是要压制欲望的。但是马基雅维利反过来了，他认为，恰恰是这种自然欲望的满足，成了国家的目的。在古代，善和正义是国家的目的，但是在马基雅维利这里，善和正义是让君主实现个人欲望的手段。所以马基雅维利就跟君主说，你可以装作是追求善和正义的，你可以把国家的目的说成善和正义，也就是说，你可以打着善和正义的旗帜，把它作为手段来满足你统治的欲望。这是马基雅维利的独到之处，他把古人的目的颠倒为手段，把古人要节制的欲望颠倒为君主要实现的目标。这就是所谓的马基雅维利主义（Machiavellianism）。

将《君主论》放在古代的背景下来看待，就能知道它的特殊地位了：它脱离了整个古代的政治构想。除了国家目的不一样、合法性根基不一样，还有一点不同于古代的政治思想的是，柏拉图所说的那种构型的国家，即智者、军人、劳动者这三者各司其职的国家，不是一个现实的国家，它是一个理想的国家，一个应该如此的国家。柏拉图认为最好的国家就应该是这样的，但是在现实当中不一定有，它的出现也要靠机缘。基督教时期的国家，基督教要求国王带领每一个人走向天堂，这也是一个理想的国家状态；但实际上，有很多人下了地狱。古人对国家的政治思考都是对理想国家状态的思考，但是对马基雅维利来说，他不是要想象和构建一个理想国家，他面对的就是一个现实国家，一个具体的、此时此地的国家，也就是马基雅维利所在的 16 世纪早期的国家。其政治理论不是勾画出蓝图，而是完成现实的要求。

二

马基雅维利的这种观点，尤其是国家既不是按照自然律也不是按照神律构建的，而是人工创造的这一观点，产生了很大的影响，它直接影响了 17 世纪的英国哲学家霍布斯（Thomas Hobbes）。霍布斯有本伟大的书《利维坦》。"利维坦"实际上是

《圣经》里的一个怪兽，一个在海中的、巨大的、邪恶的、暴戾无比的怪兽，霍布斯将它比喻为国家。马基雅维利讲的国家是一个人造的现实国家，君主要靠技术和谋略来维护他的君权。但既然是一个人为的而不是神造的也不是理想的国家，这个国家是怎么形成的呢？人是怎样构造和组织这样一个国家的呢？实际上古代人没有考虑这个问题，马基雅维利只是讲掌权后的君主是怎样维持国家的统治的，他也没有思考国家最开始是如何形成和组织起来的。国家既然是人自己组织起来的，那它是怎么被组织起来的呢？霍布斯说，国家组织的方式是契约，就是大家一起协商着组成一个国家，大家坐在一起反复讨论，制定一些大家都能接受的规则，达成了一个契约和协议，这是一种国家形成的模式，即商谈式的契约论的国家模式。这就是霍布斯所讲的国家形成模式。

还有与之相反的另一种模式：一个国家或者一个政治组织之所以形成，从混乱无序的自然状态变成一个政治组织、一个有秩序的共同体，不是大家协商讨论的结果，不是因为大家认同某种契约，而是靠强者对弱者的征服和残暴统治，国家是暴力征服的产物。这是尼采讲的国家的形成理由。尼采说："我使用了'国家'一词，我的所指是不言自明的：有那么一群黄头发的强盗、一个征服者的主人种族，他们按照战争的要求自行组织起来，他们有力量进行组织。他们毫无顾忌地用可怕的爪子抓住那些或许在人数上占据优势，但却是无组织的漫游人种。地球上的'国家'就是这样起源的。我想，我们已经克服了那种让国家起始于'契约'的幻想。谁能发号施令，谁就是天然的'主人'，谁就在行动上和举止上显示粗暴。这种人要契约何用！"[①]

[①] 尼采：《论道德的谱系》，周红译，生活·读书·新知三联书店，1992，第64—65页。

尼采针对的显然是霍布斯的契约论。此外，还有第三种国家形成模式：暴力和契约结合的模式，就是强者以暴力的方式将弱者征服，然后再进行协商、达成契约。这样的模式在殖民主义国家的形成过程中非常多见。但不论是哪一种模式，这些国家的形成都是人为的，都是人自己造就的。在霍布斯这里，国家到底是通过什么样的契约形成的？要讲国家形成的话，肯定要讲国家在形成之前是什么样的。国家毕竟是人和人组织在一起的政治形式。那么，没有国家这个政治形式的时候，也就是说，在一个非政治状态的自然状态下，人是什么样的呢？或者说，人是怎样的自然状态呢？人是怎样从一个自然状态中形成国家这种政治组织的呢？如果人们共同生活在一个大森林里，这群人在还没有形成一个组织状态、没有构成一个社会状态之时，会怎么相处呢？这些人会处在永恒的战争当中。也就是说，在自然状态下，人和人的关系就跟狼和狼的关系一样，他们互相争斗。为什么这些人要永恒争斗呢？道理很简单：比如说我们都在一棵树上生活，树上只有一个果子，你也想吃我也想吃，那怎么办呢？反正没有人去仲裁，也没有第三者来干预，也没有政治组织来管理，那么我们就只好争夺，只好通过战斗来解决这个问题，谁打赢了，谁把对方干掉，谁就能获得这个果实。这是霍布斯关于"为什么要战争"所讲的第一点原因：人为了争夺食物而杀人。这是为了获取某些东西而发动的战争，这样的战争本质上是与人竞争：与人竞争物或者人。这也是战争最经典的形式：人们为了获取某物或某人而不停地战斗。为了食物，为了财富，为了奴隶，为了空间，为了各种各样的战利品而战争。

战争还有一个原因就是恐惧，因为恐惧而战斗而杀人。霍布斯发明这些理论，和他的个人气质也有关系，他特别谨慎，天性胆小。他对恐惧有切身的经验。他说：我唯一的激情就是恐惧。就是说，对别的事情他都可以不动声色，但是恐惧的事情会让他浑身颤抖，恐惧会深深刺激他。后来罗兰·巴特（Roland Barthes）调侃式地把这句话反过来说："我唯一的恐惧就是激情。"① 人为什么会觉得恐惧？就是因为时时刻刻感到不安全。在自然状态下，人都是大自然的产物，所有人的能力都差不多。有的人身强力壮，但是他头脑简单、笨一点；有的人身体弱一点，跑动慢一点，力气也不大，但是他可能更聪明一点，他知道怎样运用计谋。霍布斯认为大自然造出来的人的总体能力都差不多，谁都没有绝对的优势，在一个自然状态下，比如说在森林中，谁都不占据绝对优势。既然没有谁有必胜的把握，那么谁都有恐惧感。尽管你此刻战胜了敌手把这个果子抢到吃了，但是你不知道接下来又有谁会战胜你，谁会抢夺你的食物，你没有把握一直战胜不同的对手，因此，你会时时刻刻生活在恐惧之中，因为没有人保障你不会受攻击。这个时候的人就会非常恐惧，会时时刻刻怀疑自己处在危险状态之中。霍布斯说，人在自然状态下的本性是什么呢？人的本性是保命，人活着最大的本能就是求生，就是自我保全。保命是第一要务。为了保命可以不顾一切，为了保命就要杀别人，为了保命就要消除各种各样的威胁。这样一来，你可能会随时发起攻击，因为你随时觉得对方对你构成了威胁，因此，你要先发制人，要先进攻，要先消除对方的潜在危险。这样，人和人一碰上就处

---

① "我记得，有一次我们玩起了颠覆格言的游戏。巴特提出：'我生活中的唯一恐惧是激情'；另一个人则放言：'虚构是一个新生的人'；而我的格言是'社会本善，人使其败坏'。"见埃里克·马尔蒂：《罗兰·巴特：写作的职业》，胡洪庆译，上海人民出版社，2011，第31页。

在敌对和猜疑状态，就要先下手为强，就要拼命而战。在这个意义上，自然状态对霍布斯来说就是战争状态。没有文明、警察、政府和国家的控制，人和人的关系就是战争关系，也即自然状态下的永恒战争关系。这是霍布斯讲的第二种，因为恐惧和猜疑而发生的战争。

霍布斯还讲到了第三种类型的战争，即为了荣誉和尊严而战。这和利益无关，也和威胁无关，这是一个关于承认的问题。"因为每一个人都希望共处的人对自己的估价和自己对自己的估价相同。每当他遇到轻视或估价过低的迹象时，自然就会敢于力图尽自己的胆量（在没有共同权力使大家平安相处的地方，这就足以使彼此相互摧毁）加害于人，强使轻视者作更高的估价，并且以诛一儆百的方式从其他人方面得到同样的结果。"[①] 这是人和动物的一个很大的差别。前面两种类型的战争，即为了争夺食物的战争和为了消除威胁的战争，在动物那里也能感受到。而第三种为了荣誉和尊严的战争，则专属于人。人有时候特别不高兴，就是因为感觉遭到了别人的轻视，就是因为不被尊重不被承认，人会"由于一些鸡毛蒜皮的小事，如一言一笑、一点意见上的分歧，以及任何其他直接对他们本人的藐视"[②] 而和人发生争斗。这可以说是前两种战争的升级版本：战争为人夺取了食物；战争消除了威胁、保障了安全；下一步的战争就是确保荣誉和尊严。这是霍布斯提出的三种战争，也是逐级提升的三个层面的战争。我们可以看到，前两种战争类型跟动物战争没有区别，第三种则很显然是属于人的战争。人会为了尊严而战，一旦尊严遭到了冒犯，就可能和冒犯他的人

---

① 霍布斯：《利维坦》，黎思复、黎廷弼译，商务印书馆，1985，第93—94页。
② 同上书，第94页。

发生战争，这和为了食物或安全而发起的战争完全不一样。在自然状态下，也就是说，在没有政治和文化治理的状态下，人同样会为了尊严和荣誉而战。

关于战争我多讲几句。为了尊严和荣誉而战，这对后世影响非常大，尤其是对黑格尔产生了很大的影响。黑格尔在《精神现象学》中最有名的最精彩的部分，或者说最体现他伟大才智的地方，就是有关主奴辩证法的章节。这个主奴辩证法是对霍布斯理论的发展和推进。黑格尔认为，两个人如果相遇，基于人的本性，就需要被他人承认，所以一方就会要另一方承认自己，而两个人互不相让、互不承认时，就会发生霍布斯所谓的为了尊严和荣誉的战争。这是黑格尔"承认之战"的霍布斯前提。黑格尔在这里特别强调，人和动物最大的差别就是人需要他人承认，而动物不需要其他动物承认。黑格尔特别强调，这种承认之战体现了人的特殊本性，这样的战争就是人和动物不一样之所在。但是这两个人到底谁能战胜对方成为胜者呢？黑格尔说是那个不怕死的人。为什么是不怕死的人呢？因为只有不怕死才可以拼死而战，只要一拼命，那个怕死的人就退缩了，所以这个不怕死的人就能战胜和征服对方。这个不怕死的人有什么特点呢？他否定了自己的求生本能，也就是说他否定和克服了自保的本能。这个自保的本能是人的本能，同时也是动物的本能，也就是说这个不怕死的人克服了他的动物性，他摆脱了自保的、求生的本能，这就意味着他不再是动物，而是一个摆脱了动物性的人了。而那个怕死的人，他既然还保持着求生的本能，那么他就还没有摆脱和克服动物性。在这个意义上，因为不怕死的人不再是动物，所以他在严格意义上成了一个人、一个胜利者；而那个怕死的人，他还保持着自己的动物性，他在这个时候变成了失败者和被征服者。但这里有个问题：我不怕死、我克服了我的动物性而获胜了，但是我不能把那个怕死的失败者杀死。为什么呢？我要是杀死他就没人承认我了。我打败他的同时让他活着，这样我就征服了失败者并让他作为一个奴隶承认我的主人地位，我在失败者那里得到了承认，我要求承认这一人性目的就达到了。这就是主奴关系的形成。这种战争的目的就是要求对方承认自己，这就是为承认而战。我们必须说，这种现象实际上在今天非常普遍，人和人的关系、国与国的关系都可能如此。

如果跟霍布斯进行比较的话，黑格尔是将为了承认而展开的主奴战争视作更为根本的东西，或者说，这种战争是动物迈向人的决定性开端。人正是通过战争而诞生的，只有这样的战争才是专属于人的战争。不仅如此，黑格尔在这里还发展出一个精彩绝伦的主奴辩证法。一个人成为主人，一个人成为奴隶，这就是主奴大战所产生的必然结果。但是，这个结果不是一劳永逸的。主人战胜了奴隶，就会出现这样一个现象：主人开始什么也不干了。他现在有一个奴隶了，这个奴隶尊重他、伺候他、承认他，帮他干了一切，而完全不需要他劳动，主人就可以每天躺着睡大觉。主人本来是具有否定能力的，他否定了自己的动物性，但是一旦成为主人，有一个奴隶为他做事，他就什么也不干了。在这个意义上，他不去改造和否定世界了。主人是因为对动物性的否定才成为主人，但是成为主人后他就失去了否定性，他就不再否定。反过来我们再看奴隶，奴隶一旦成为奴隶就开始否定了。他否定什么呢？他要干家务、要劳动，他要对这个世界进行改造，他在实践、在做事。在某种意义上这些都是否定，劳动就是否定。也就是说，主人成了主人之后，他的否定性就丧失了；但是奴隶成了奴隶之后，他反而得到了否定性，他在否定世界和改造世界。这样我们就会发现这里有个辩证关系的逆转，也就是说奴隶一旦成了奴隶就获得了主人的品质，因为主人的品质就是由否定性奠定的；而主人一旦成为主人就获得了奴隶的品质，他就不再否定自己了。也就是说，这时候，主人的真理体现在奴隶身上，而奴隶的真理体现在主人身上。我们在成为奴隶的人当中看到主人固有的否定特征，在成为主人的人身上看到奴隶的不否定的惰性。这就是主奴辩证法。黑格尔为承认而战的理论显然有霍布斯的影子，但毫无疑问这一辩证法远远超越了霍布斯。

霍布斯的战争理论强调的是自然状态下，也就是"没有一个共同权力使大家慑服的时候"[1]，"每一个人对每个人的战争"[2]。霍布斯并不认为整个世界都会出现这样的状态，事实上他也没法证实这样充满战争的自然状态。但他相信，在没有权力使人畏惧的地方可能会出现这样的战争状态。他特别谈到了现实中国王和国王之间的猜忌和不信任：两个国王彼此警惕，时刻在国土边境上保持战争姿态，这在所有的时代都是常见的。[3] 霍布斯的意思是，国家和国家之间实际上没有制约，国王之上没有制约，没有一个高于各个国家和各个国王的权力制约，因

---

[1] 霍布斯：《利维坦》，黎思复、黎廷弼译，商务印书馆，1985，第94页。
[2] 同上。
[3] 德国法学家卡尔·施密特（Carl Schmitt）正是在这里受到了霍布斯的影响。霍布斯虽然强调人和人之间的永恒战争，但他只是将它作为合理的推测。而现实的例证就是国与国之间的彼此威胁。施密特放弃了对这种自然状态下的个人战争的想象，对他来说，关于这种自然状态的讨论可能意义不大，他现实地强调战争就是人群和人群之间的战争、国家和国家之间的战争。他说政治就是区分敌我，敌我都是复数形式的敌我，因此敌人是公敌，而不是私仇。

此，国家和国家之间实际上也是处在自然状态下。既然国与国之间的战争状态是常见的，也就可以合理推测国家出现之前的没有权力制约的自然状态下的人和人的战争是永恒的。

既然人和人之间一直处在战争状态，人们就会长期处在恐惧和危险之中。这样人们自然会有两种选择：第一种是寻求和平从而让所有人都摆脱这种状态；第二种是如果不能确保和平，每个人都会想尽一切可能的办法享有使用任何外物的权利，利用战争的一切有利条件战胜对手来保命。霍布斯说，"寻求和平、信守和平"是最基本的自然律，这是每个人最想要的状态。但是，怎样寻求和平、信守和平呢？如果每个人想尽一切办法、动用一切能够使用外物的权利去战胜对手的话，人们就会一直处于战争状态。因此，要确保和平，人们就必须放弃一些同他人战斗的权利和想法。同时，一方放弃的权利不应该转让到对方那里去，否则，对方获得了权利就会对己方构成威胁。己方放弃权利的条件是对方也应该放弃相应的权利，两个对手应该都放弃相同的权利。这是和平的一个可能性：大家不再想尽办法将自己利用外物的权利最大化来拼命攻击对方。这实际上就是双方彼此都放弃和转让自己攻击别人的权利。为此要达成契约："权利的互相转让就是人们所谓的契约。"[1] 这个契约是迈向和平的条件。但是，仅仅有这个契约是不够的，因为契约是人为的，契约可以签订也可以撕毁，那如何保证契约不被撕毁呢？这实际就需要一个更高级更有保障更令人信服的权力来确保这个契约的稳定性和巩固性。"如果要建立这样一种能抵御外来侵略和制止相互侵害的共同权力，以便保障大家能通过自己的辛劳和土地的丰产为生并生活得很满意，那就只有一条道

---

[1] 霍布斯：《利维坦》，黎思复、黎廷弼译，商务印书馆，1985，第100页。

路：——把大家所有的权力和力量托付给某一个人或一个能通过多数的意见把大家的意志化为一个意志的多人组成的集体。"①简单地说，就是每个人都将自己的权利同等地转让给同一个人或同一个集体，大家都服从他/它，大家的意志都统一在他/它的意志中。大家都订立契约，每个人都授权给他/它，这样他/它就获得了所有人的权利和力量，有无比的威力。这就是利维坦的诞生，霍布斯说它就是一个"活的上帝"②。通过协议，通过人与人之间订立的信约，将一个群体中的所有个人的全部权利转让给一个个体，就意味着国家的诞生。这样就不再是人人自危的自然状态的生活，国家就体现在这个力量庞大的人格身上。承担这一人格的人就是主权者，其他的人都是他的臣民。所有臣民都把自己的权利，包括杀人的权利、争斗的权利、对别人产生威胁的权利、控制的权利……全部转让给这个主权者。为什么要这么做？因为人们把所有权利都让给他了，那么他就法力无边，他就是一个具有绝对力量的主宰者，他可以进行统治，他可以确保人和人之间的契约不被撕毁，他可以来保护人们、使人们不相互攻击，他不仅能够制止臣民之间的冲突和战争，而且还可以阻止外来的侵略力量。不仅如此，主权者还审定意见和学说，订立规章和法律，进行司法裁决，决定宣战和媾和的条件，选定官员和重臣，对臣民实施奖惩、颁发荣誉头衔。他大包大揽了一切，将全部权力都集于一身。从此，权威和秩序开始形成了，永恒争斗的自然状态结束了。

这样看来，人们好像就获得了保障，人们的生命好像就不会受到威胁。但是这里马上就出现了一个问题。所有个体臣

---

① 霍布斯：《利维坦》，黎思复、黎廷弼译，商务印书馆，1985，第131页。
② 同上书，第132页。

民都是平等的,大家的权利都空空如也,人与人之间不能互相侵害。而主权者是臣民之间订立契约而被授权形成的,因此,他不能被推翻、不能被篡位、不能被改变、不能不被服从,他必须被绝对地信任,他是绝对的权威。他之所以是权威的,就是因为他是被授权的、被委托的,他的全部合法性就来自被授权这一点。但是,如果这个绝对权威、这个至高主权者要侵害臣民怎么办呢?霍布斯辩解说,因为臣民是主权者的授权者,所以,"主权者所做的任何事情对任何臣民都不可能构成侵害"[1],"抱怨主权者进行侵害的人就是抱怨自己所授权的事情,于是便不能控告别人而只能控告自己"[2]。实际上,这个推论很难成立。因为被举荐的主权者虽然是臣民授权的,但是他并不等于臣民。霍布斯在这里将被授权者和授权者混为一谈了。事实上,主权者获得了如此之多的被转让的权利,就使得他和一般臣民区分开来,他并不是一个权利和权力都放大了的臣民,他超出了臣民。即便他被授权时代表了臣民的意志,但谁能保证他不发生变化呢?谁能保证他永远代表臣民的意志呢?他一旦获得了绝对权力,就可能产生自己不同于臣民的独立的意志。他是一个有自己独立意志的主权者,他的绝对权力虽然可能让臣民之间保持平等和平衡,但是他本人不正是对臣民保持了不平等和不平衡的权力吗?他不是可以随意地伤害他的臣民吗?他和他的臣民的关系,不就是处在一种自然状态下的关系吗?虽然臣民推荐了他,他从理论上代表了臣民的意志,但谁能保证他在现实中不因一时震怒而对臣民施加暴力呢?尤其是,他能够决定一切但又不能被质疑,谁又能保证他不犯错误呢?事

---

[1] 霍布斯:《利维坦》,黎思复、黎廷弼译,商务印书馆,1985,第136页。
[2] 同上。

实上，霍布斯对此也不是那么肯定，他说："诚然，具有主权的人可能有不公道的行为，但确切地说，这不是不义，也不算是侵害。"[1]为什么不公道的行为就不是不义的呢？

三

如果是这样的话，如何控制这个绝对君主的权力就变得非常重要。这就是洛克（John Locke）对霍布斯的怀疑之处，也是他试图解决的问题：他提出要限制至高君主的权力。洛克也讲自然状态，但是和霍布斯所讲的自然状态不一样，霍布斯所讲的自然状态是人和人之间残酷的战争状态，而洛克说的自然状态虽然也是在政治社会建立之前、在国家出现之前的状态，但是那个自然状态下的人不像霍布斯所说的那么猜疑、残忍、好斗，他们基本上还是和平相处的。他们也要追求自由，也要保全自己的生命，同时他们也要劳动。他们借助劳动来维生，他们也通过劳动获得自己的财产，也要求自己的财产权。洛克所谓的财产，就是笼而统之的生命、特权和地产。这是洛克理解的自然状态，并非你死我活的战争状态。但即便如此，这个自然状态仍非完美，它还是会出现这样的情况：人和人之间总会有摩擦，总会存在不公，总会有些财产上的纠纷，他们并不能感到绝对的安全，他们很难公正地解决各种侵权的问题，而且他们围绕着侵权所实施的惩罚都是私自的，既不公正也不可靠。洛克说，自然状态有三个明显的缺陷：没有一个确定的法律来评判，也因此没有一个依据这种法律执行的裁判者，最后也没有权力来确保这种依法裁决的有力执行。我们把这三条概括来

---

[1] 霍布斯：《利维坦》，黎思复、黎廷弼译，商务印书馆，1985，第136页。

说，就是在自然状态下，没有公正的法律能有效地运作。这样，财产权并不能够得到很好的保护。这就是人们要摆脱自然状态进入政治状态的原因。"人们联合成为国家和置身于政府之下的重大的和主要的目的，是保护他们的财产"①，所以还是需要一个政府来解决纠纷。

显然，这个政府就不像是霍布斯说的那种绝对的君主。二者有这样的几点差异。第一点差异是，霍布斯是希望把所有权利都交给绝对君主，臣民的权利都转让了，掏空了自身；但是洛克说，我们要把基本的权利自己保留下来而不要盲目交出，我们的财产权、生命权、自由权不要交给政府，"最高权力，未经本人同意，不能取去任何人的财产的任何部分"②。这是人们最基本的权利，即自然权利（Natural Rights）。为什么叫自然权利呢？因为人要追求自由，要追求财产来保全生命，这不是人的天性吗？这些天性的要求、天性的愿望、天性所需要的东西，都叫天赋人权或自然权利。这些自然权利不要交给政府，这是属于人们自己的。这样一来，我们就发现政府不再是像利维坦那样拥有一切权利的绝对主义的全能君主了。政府的权力变小了，只是起到一个仲裁的作用。人们只是需要政府解决人与人之间的摩擦和矛盾，把围绕着财产权产生的分歧和矛盾交给政府来解决，因此人们只是转让了一部分权利给政府，人们转让的是别人对自己侵权时自己可以惩罚对方的权利，人们把这样的惩罚权利转让给了政府，让政府去解决冲突。政府的权力是有限的，只是存在于一定范围之内。而霍布斯所讲的君主权力则无所不包，主权者获得了一切权利，因此也有权管理一切，

---

① 洛克：《政府论》（下篇），叶启芳、瞿菊农译，商务印书馆，1964，第77页。
② 同上书，第86页。

他凭着绝对的权力就可以对所有个体构成震慑。而在洛克那里，如果人们没有什么纠纷，就不担心政府有过大的权力来威慑自己。这是洛克的政府和霍布斯的主权者在权力限度上的差异。

第二点差异在于，到底谁来保护我们呢？霍布斯理论中的保护者显然是那个绝对的主权者。那么在洛克这里，到底如何保护财产权呢？因为自然状态下的冲突很难解决，人们就自愿放弃私人惩罚权而组织了政府，人们通过达成协议来完成这一点，每个人都同样地放弃自己的某些自然状态下的权力来组成政府。这一点和霍布斯的契约论非常接近，只不过人们不是放弃所有的权利。我们已经看到，洛克觉得自然状态下的问题主要是没有公正而有效的法律运作。因此，洛克强调政府提供的保护是借助法律来实施的，各种问题应该由社会的立法机关来处理。"无论国家采取什么形式，统治者应该以正式公布的和被接受的法律，而不是以临时的命令和未定的决议来进行统治。"[①]"应该由公正无私的法官根据这些法律来裁判纠纷。"[②]保护者因此不再是霍布斯的那个绝对的主权者。法律取代了君主，由稳定的法律来为人们提供保障。法律的作用主要是保护人们的财产和自然权利，那又如何保证法律的权威性、公正性和有效性呢？也就是说，如何让法律能够有效地保护人们的财产权利呢？这取决于法律的制定程序，取决于立法权。"这个立法权不仅是国家的最高权力，而且当共同体一旦把它交给某些人时，它便是神圣的和不可变更的；如果没有得到公众所选举和委派的立法机关的批准，任何人的任何命令，无论采取什

---

① 洛克：《政府论》（下篇），叶启芳、瞿菊农译，商务印书馆，1964，第85—86页。
② 同上书，第80页。

么形式或以任何权力做后盾,都不能具有法律效力和强制性。"[1]立法权是由公众选出来的人实施的,是人民委托的权力,是最高的权力,这和霍布斯的主权者非常相似。不同的是,立法权有很明确的限制范围:它只能是保护性的,它唯一的目的是保护财产而不是剥夺财产,它只能以保护社会福利为限。因此它不能包揽一切权力,不是绝对的专断权力,不是临时性的偶然权力。它适用于所有人,对所有人一视同仁。它也不能将这种权力转让给他人。这种权力的实施和运转需要费用,需要通过课税来维持,但是这一点也需要人民同意。这是和霍布斯第二点的不同,洛克是用立法者制定的稳固的法律,同时也是最高的权力,来保护财产和管理各种对财产的侵害,而霍布斯则是要绝对主权者来管理和保护一切。

第三点差异在于,尽管霍布斯没有过多地强调法律,但他还是提到了主权者可以制定法律和规章,他的权力实践还是有法可依的。但是,这个主权者一旦被众人委托出来就掌管了一切,他不仅是法律的制定者,还是法律的执行者,他的合法性和公正性就在于他的被委托性——似乎被委托了,他就能保有对臣民负责的公正性,就能绝对地永恒地代表臣民本身。霍布斯在这里没有提及人性的易变弱点,也没有提及权力的腐蚀性。但是,对洛克来说,"如果同一批人同时拥有制定和执行法律的权力,这就会给人们的弱点以绝大诱惑,使他们动辄要攫取权力,借以使他们自己免于服从他们所制定的法律,并且在制定和执行法律时,使法律适合于他们自己的私人利益,因而他们就与社会的其余成员具有不相同的利益,违反了社会和政府

---

[1] 洛克:《政府论》(下篇),叶启芳、瞿菊农译,商务印书馆,1964,第83页。

的目的"①。也就是说,立法权和执法权一旦合二为一,权力一旦畅通无阻,就可能会为被委托者所充分利用而为自己谋私利,就可能会和公共利益分道扬镳。为了防止这点,立法权和执法权就应该分离,也就是政府的管理权力应该分散开来。立法者制定了法律后,要由另一些人来执行,这是对霍布斯的绝对的一体化的主权者的权力的二元分割。沿着这种思想逻辑,就形成了分权制。

此外,洛克还强调了另外一种权力,就是对外的权力。每一个国家或社会都要处理同另一个国家或社会的关系,也就是国际的战争和和平的关系、结盟和外交的关系,这也是政府的权力。在霍布斯那里,这三种权力在主权者身上重合在一起。而洛克认为这种处理外事的权力和内部的行政权力是重合的,因为它们都需要调动社会的力量,都需要国家内部的公共力量来完成,对外的权力施展不得不靠对内的力量调动,因此,它们应该重叠在一起。如果它们分开的话,对外的力量就无法从内部进行有效的组织,就会造成效率低下、矛盾、混乱和灾祸。因此,洛克虽然谈到了立法权、执法权(行政权)和对外权这三种权力,但是,他只是强调了两分,即立法权和执法权(行政权)是分开的,而执法权(行政权)和对外权是统一的。孟德斯鸠则将分权进一步地细化了,将执法权和对外权分开。他认为这两种都是行政权:对外的行政权是处理国际关系和执行公共决议的权力,它和国际法事项相关,孟德斯鸠将这种权力称为国家的行政权力;对内的行政权力是惩罚犯罪或裁决私人诉讼的权力,它与民政法事项相关,孟德斯鸠将对内的行政权力称为国家的司法权力。这三种权力——立法权、行政权和司

---

① 洛克:《政府论》(下篇),叶启芳、瞿菊农译,商务印书馆,1964,第89页。

法权各自独立。"当立法权和行政权集中在同一个人或同一个机关之手，自由便不复存在了；因为人们将要害怕这个国王或议会制定暴虐的法律，并暴虐地执行这些法律。如果司法权不同立法权和行政权分立，自由也就不存在了。如果司法权同立法权合而为一，则将对公民的生命和自由施行专断的权力，因为法官就是立法者。如果司法权同行政权合而为一，法官便将握有压迫者的力量。"[①]这种三权分立，从根本上来说就是权力的制衡。霍布斯认为人性根本上是恶的，因此需要一个威力无比的利维坦来制衡这样的人性之恶，但是利维坦本身并不恶。而洛克和孟德斯鸠则相反，他们相信人性可能并不是绝对恶的（洛克所说的自然状态并不是恶的状态），但利维坦绝对是恶的，只能通过权力制衡来限制利维坦的恶，只有这样，自由才能得到保证。人民的自由是自洛克以来的政治构造的一个基本的出发点。如果说，霍布斯的绝对主权者将这三种权力融于一体的话，洛克则将它一分为二，孟德斯鸠则进一步地将其一分为三。而美国宪法将这种分权制进一步地细分和复杂化：三权不仅分立，而且完全平等；不仅完全平等，而且相互制衡；除了完全平等的三权（立法权赋予国会，行政权赋予总统，司法权赋予最高法院）的分立和制衡之外，还要继续分权和制衡，如国会内部继续分化为参议院和众议院，行政权力还要纵向进行联邦政府和各州的分权。

从霍布斯到洛克，再到孟德斯鸠和美国的联邦党人，这一系列的政治理论都是建立在契约的基础之上的，国家都是通过人们建立契约而形成的。如果说，霍布斯式的绝对权力对自由

[①] 孟德斯鸠：《论法的精神》（上册），张雁深译，商务印书馆，1961，第156页。

构成了威胁的话，那么，洛克和孟德斯鸠则是试图让自由挣脱这样的权力掌控。国家的构成问题，就变成了至高权力和个体自由的问题。为了保障个体的自由和权利，国家的权力逐渐得到控制，从而逐渐变得有限，这是现代政制的一个基本趋势。如果真的达成了这一点，如果自由得到了保障，国家并不暴躁和绝对地干预个人生活，那么，随之而来的一个问题是，个人和个人之间如何相处呢？人民之间会构成什么样的关系呢？

四

我们可以从这个角度去看待亚当·斯密（Adam Smith）的观点。如果政府旨在保护我们而不是干预我们，如果政府可以作为仲裁者保护我们的自由权、财产权和生命权，那么人民要如何去行事？人民彼此之间可以通过市场关系构成一个有机整体，也就是我们所说的市场经济让人民组织起来。如果说在霍布斯那里，人和人的关系永远是一个争夺和战斗的关系，那么亚当·斯密的看法就要比霍布斯乐观得多。他认为每个人确实是自私自利的，但是自私自利的人在这个社会上生存并不一定会损害别人的利益，也不一定会和人发生战争。亚当·斯密相信，如果我们有一个共同的市场，在这个市场当中和别人发生交易，如果我们有经济上的自发连接的话，就会出现一个很特殊的现象：这些自私自利的人能够促进社会的繁荣，促进社会的幸福和共同富裕。这怎么理解呢？就是说，人要谋求自己的利益，但这是通过市场行为，即生产一些东西，并把这些东西出售来获利。但是，如果一个人要赚钱，要获得自己的最大利益的话，就会把自己的东西尽量地做到最好，从而获得最大的销售机会。比如说我是个卖煎饼的，就会把我的煎饼做得特别香、特别有味道，同时我也要努力把店面开在一个特别方便的、大家很容易找到的地方。如果这个煎饼非常好吃，购买又特别方便的话，就会有很多的顾客。大家因为我的煎饼而获得了满足。但是对于卖煎饼的人来说，主要的考量是自己是否赚钱。我是因为想赚钱，想获得自己欲望的满足，所以才来服务你们，从而让你们也得到满足。也就是说，我主观上是为自己，客观上则是服务了别人，主观上的自私自利实际上促成了别人的快乐和幸福。自私自利并不像霍布斯说的那样一定会和别人产生战争，相反，它也能给别人带来方便和福祉。所以亚当·斯密并不相信那些口头上的利他主义者，说那些人实际上都很虚伪。真正有利于社会的人，真正为社会做贡献的人，实际上都是自私自利的人。

市场通过这样一种"看不见的手"的方式就能够把人都组织起来。这对社会分工也产生了巨大的影响，一个市场欠缺什么，马上就有人来干什么。市场的需求导致了各种社会分工的出现，这跟柏拉图的观点有很大的差别。柏拉图认为，一个人之所以从事某个职业，社会之所以会有不同的分工，是因为这个人有能力有天分来从事它。人们的职业不一样，生产的产品就不一样，这不同的产品就需要一个市场，在这个市场上大家出售各种各样的劳动。在这个意义上，柏拉图认为职业分工先于市场。但是亚当·斯密认为要先有这个市场，才会有职业分工。有了市场，马上会有人过来满足这个市场，来选择这个职业。人们从事一份工作是为了满足市场的需求。正是市场让整个社会增加了福利，变得非常和谐。因为市场是真理之所在：市场的价格是最合适的价格，是最真实的价格。只要在市场中交易，交易双方就都会觉得自己占了便宜，因为如果觉得吃亏，就既不会去买也不会去卖，因此只要是市场中的行为就意味着双赢。市场不是强迫性的，在这个意义上，市场也是正义的。在亚当·斯密这里，市场社会既实现了正义也实现了真理。

不仅仅是市场社会中人与人产生了这样一种共赢关系，实际上，国家和国家之间也可以通过市场产生这样的关系。国家与国家之间有紧密的贸易关系，双方都不是输者，只要有公正的自由贸易存在，双方都会产生利益，而国家之间的冲突和战争会因此大大减少。所以一旦有战争，最先出来反对的就是商人，一个强大的商业力量总是在反对战争。这和以前的重商主义观念不一样。重商主义强调的是，如果一个国家富裕了，就一定意味着另一个国家变穷了，因为世界的财富和利益是有限的，我的富裕一定是建立在你的贫穷之上，如果我占有的黄金多，你占有的黄金就会变少。这和亚当·斯密这种自由贸易主义者的共赢观完全相反。亚当·斯密的理想是通过市场的方式把人和人的关系构建起来，但这个市场的概念后来受到了卢梭和马克思的批判。对他们来说，这个市场引发的对私有财产的竞争，会导致巨大的社会问题，会产生血泪般的历史事实。

第三讲

平等

一

卢梭（Jean-Jacques Rousseau）的政治思想继承了霍布斯、洛克的传统，或者说，他将二者同时作为理论上的对手。实际上就是在17、18世纪，欧洲有两种政治想象。一种就是上一讲提到的，从霍布斯到洛克再到孟德斯鸠，这个政治想象现在主要是在美国现实化了；在某种意义上，西方的民主国家大都是在这种政治想象的框架之内。另外一种政治想象，就是卢梭的设计，它是一个与霍布斯、洛克的政治想象完全不同的政治体设计。

我们上讲所说的霍布斯的观点，主要是：为了制止人类在自然状态下的好斗，制止一切人对一切人的战争，政治需要设计出一个无所不在的巨大的利维坦，一个巨大的国家机器，来控制人和人之间这种无穷无尽的争斗，使人间保持一个政治秩序，这是政治社会的开端。但是洛克在这里就发现了问题：如果有这么一个巨大的、世袭的、无所不在的集权机器的话，那么每个人面对这个机器的时候，都可能受到这个机器的威胁，被机器撕碎。所以洛克就试图限制这个国家机器，不能让利维坦掌控一切，相反，要将它分权，要用法律制约最高权力者。孟德斯鸠则进一步制约了霍布斯式的利维坦，不仅是像洛克那样将最高权力分成行政权和立法权，而且还增加了司法权。也就是说，立法权、行政权和司法权互相制约，彼此构成了一个权力的限制结构。这样一来，政府权力就被控制住了，权力被捆绑起来，它不再能够无限地干预人们的自由，这样，政府治理下的人民就获得了自由。这就是自由主义。这里的自由，隐含的意义就是不被干预、不被奴役、不被强制。伯林（Isaiah Berlin）将之称为消极自由（negative liberty）。为什么叫消极自由？它的简单意思就是，只要不管我，我就自由了。它回答的是这样一个问题："主体（一个人或人的群体）被允许或必须被允许不受别人干涉地做他有能力做的事、成为他愿意成为的人的那个领域是什么？"这个领域就是不受别人障碍地行动的领域。① 但是，这个不受别人管制的领域是什么？或者说，我们拥有的最低限度的个人自由领域是什么？这个答案非常复杂多样。它可能是人性、自然权利、自然法以及在此基础上衍生出来的其他权利。

这种自由，就是免于管制的自由。"自由的基本意义，是免于枷锁、免于囚禁、免于被别人奴役。其余的意义，则是此一意义的推广或拟喻。力争自由，即是力求除去障碍；为个人的自由而奋斗，即是力求消除他人的干预、剥削与奴役。"②"自由这一语词，按照其确切的意义说来，就是外界障碍不存在的状态。"③ 当没有任何强制性的权力来控制你的时候，当你远离被管制的时候，你获得了不被管理的自由，这就是消极自由，是"放任""别管"的自由。英国的古典政治哲学家理解的自由

---

① 以赛亚·伯林：《自由论》，胡传胜译，译林出版社，2003，第189—191页。
② Isaiah Berlin：《自由四论》，陈晓林译，联经出版事业公司，1986，第62页。
③ 霍布斯：《利维坦》，黎思复、黎廷弼译，商务印书馆，1985，第97页。

基本上是消极自由。这种免于管制的自由到了 20 世纪中期发展到极端，它的代表人物是哈耶克（Friedrich August von Hayek）。哈耶克认为国家应该扮演最小的角色，它充当守夜人即可，只需要看守，别的什么都不用管。对他来说，自由是一种状态，"在此状态中，一些人对另一些人所施以的强制（coercion），在社会中被减至最小可能之限度"①。

还有一种自由，就是按照自己的意愿去主动、积极地做事的自由。相对于消极自由而言，这是积极自由（positive liberty）。积极自由是指"去做……的自由"，即某一主体有权去做他想做的事。我按照自己的意志去做事，我做事符合自己的愿望，我的行动完全符合我的意志，或者说，我是主动的行动者，我自己有意识地去行动，而不是为外在的原因所推动。"我希望是个人物，而不希望什么也不是；希望是一个行动者，也就是说是决定的而不是被决定的，是自我导向的，而不是如一个事物、一个动物、一个无力起到人的作用的奴隶那样只受外在自然或他人的作用，也就是说，我是能够领会我自己的目标与策略且能够实现它们的人。"② 简单地说，我自己主宰自己，我从来不扭曲自己的意志去行动，这就是自由的。哪怕你把我关在牢狱中，我只要信奉我自己的想法，我也是自由的，这也是一种自由。这是我自由地去干什么的自由。伯林将它称为积极自由，也就是自己成为自己的主人的自由。而消极自由则意味着别人不干预我就能选择的自由。在伯林看来，这种积极自由观的代表人物是卢梭。我们看看卢梭是怎么展开他的论述的。

---

① 弗里德利希·冯·哈耶克：《自由秩序原理》（上），邓正来译，生活·读书·新知三联书店，1997，第 3 页。
② 以赛亚·伯林：《自由论》，胡传胜译，译林出版社，2003，第 200 页。

二

　　无论是霍布斯还是洛克，都有自己的问题。霍布斯的问题是有平等但没有自由。在他这里，所有人的权利都转让给了君主，因此，所有人都平等；但是，君主管制他们，全面而无情地管制他们，按照洛克的说法，他们就没有自由。而洛克的问题在于，没有人管制，或者说将君主的权力捆绑住了，因此有了自由，但是，人们却并不平等。为什么呢？因为人们的起点不同、能力不同、机遇不同、出身不同。许多人一出生就拥有大笔继承而来的财富，他们受到良好的教育，他们不可能和其他人在一个市场中公平地竞争，或者说，他们能够轻易地打败那些竞争者。这个自由的市场实际上不是一个公平竞争的市场，而如果市场既不公平也不正义的话，自由有何意义？没有平等的自由有何意义？如果许多人衣不遮体、食不果腹但却有所谓的自由，有无人干预的自由，这样的自由有何意义？人们也能发现，正是新自由主义至上的国家，会出现贫富的巨大分化。不平等在所谓的自由主义市场经济中发生了。这也是人们所说的新自由主义在今天的恶果。因此，在霍布斯这里，有平等但没有自由；而在洛克和亚当·斯密这里，则是有自由而没有平等。卢梭确信，如果不是同时有自由和平等的话，这样的社会就不可能是正义的。

　　这种既有自由又有平等的社会，就是卢梭的政治构想。

　　这也是卢梭跟霍布斯和洛克的不同之处。他既要自由，也要平等，这也是启蒙运动的内在要求，卢梭呼应了这一时代的要求。也可以反过来说，正是卢梭发起了对平等和自由的呼吁。卢梭实际上是启蒙运动的一个核心人物，他与 18 世纪启蒙运动的另一核心人物伏尔泰在很多方面是截然相反的，他们的遭际、文风、思想和观念都是完全相反的。一个时代的思想史和哲学史上，通常会出现两个完全不一样的巨人。这两个人的两种相反的思想交锋，恰恰能够推动时代的进步。在18世纪，这两个人就是伏尔泰和卢梭。卢梭政治构想的核心，建立在他独特的历史哲学或者说人类学上面。卢梭以不同于伏尔泰的方式内在于启蒙运动传统。自由和平等是卢梭政治思想的核心，他开创和呼应了18世纪的普遍信念，即启蒙运动对自由和平等的信念。他说，很显然，我们现在不是自由的，也不是平等的。但既然我们在呼吁自由和平等、追求自由和平等，那么，不自由和不平等的根源在哪里呢？为什么人类是不平等的呢？这就是他很重要的一本书《论人类不平等的起源和基础》所讨论的问题。

不平等的起源到底在哪里呢？这也要从人的最初状态开始展开讨论。霍布斯在讨论社会契约的时候，也存在一个对人的自然状态的假设。契约社会或者文明社会当中为什么会出现剥削、压迫、不平等和不自由？这都可以在人的自然状态之中去寻找根源。但卢梭讨论的自然状态与其他哲学家不同。一般哲学家在讨论人的时候，讨论的是自然人性。实际上我们在讨论人的时候，通常是要把人和动物进行对比，人之所以是人，就是因为人具有某种动物缺乏的东西。卢梭认为，在讨论人的初始状态时，不应当采取人和动物的二分法，而应该用三分法：一个是动物，一个是野蛮人（自然人），一个是文明人。卢梭在文明人和动物之间想象出一个野蛮人，卢梭也将其称为自然人。自然人，或者说野蛮人，有什么样的特征呢？野蛮人就是最原始的人类，是自然状态下的人。我们知道，霍布斯也讲自然状态下的人。但是，卢梭批评霍布斯的观点，批评霍布斯对自然状态下的人的看法。在霍布斯的自然状态下，人和人的关系就像狼和狼的关系一样，互相攻击，充满战争，他们因为恐惧而战，因为争夺资源而战，也因为要寻求承认而战。但卢梭驳斥他说，自然状态下的人并非如此。卢梭这样描述自然状态下的人：首先，这些人是自保的和自爱的——卢梭认为这是一切动物的本能，这也是他关于人本性的看法；不仅如此，自然人或者野蛮人尽管是自保的，但并不像霍布斯所设想的那样，为了自保而进攻他人，相反，他们并没有攻击性。也就是说，这些人首先是自爱的，其次还充满了怜悯同情之心，他们在自爱的同时，对别人也是同情的。在卢梭所描述的自然人当中，我们看到的是善意。而且这并非有意为之的善意，而是自然而然的善，这是大自然赋予人类的善心善意。卢梭特别强调，自然赋予的一切东西都是善的，自然人之所以是善的，正是因为他们是大自然的造化，大自然绝不会作恶。卢梭特别强调自然的重要性。在他后来的那本书《爱弥儿》（又名《论教育》）中，开头的一句话就是："出自造物主之手的东西，都是好的，而一到了人的手里，就全变坏了。"[①] 这是卢梭至关重要的观点。自然造就的人，不可能不是善的。另外，自然人充满了情感，但非常孤独，不跟他人交往，甚至不认识自己的孩子，即便生了孩子也不管。他们唯一的想法就是自己吃饭睡觉，在有情欲的时候找个伴侣进行简单的宣泄。总体来看，自然人或者野蛮人是一种有情感的动物：自爱，充满同情心，满怀善意，独立自主，不依赖于任何人。"我们可以作出这样的结论：漂泊于森

---

① 卢梭:《爱弥儿：论教育》（上卷），李平沤译，商务印书馆，1978，第5页。

林中的野蛮人，没有农工业、没有语言、没有住所、没有战争、彼此间也没有任何联系，他对于同类既无所需求，也无加害意图，甚至也许从来不能辨认他同类中的任何人。这样的野蛮人不会有多少情欲，只过着无求于人的孤独生活，所以他仅有适合于这种状态的感情和知识。他所感觉到的只限于自己的真正需要，所注意的只限于他认为迫切需要注意的东西，而且他的智慧并不比他的幻想有更多的发展。即使他偶尔有所发明，也不能把这种发明传授给别人，因为他连自己的子女都不认识。技术随着发明者的死亡而消灭。在这种状态中，既无所谓教育，也无所谓进步，一代一代毫无进益地繁衍下去，每一代都从同样的起点开始。许多世纪都在原始时代的极其粗野的状态中度了过去；人类已经古老了，但人始终还是幼稚的。"[1] 这就是卢梭笔下的人的自然状态。因为在大森林里面，觅食非常简单，而人的能力很强，人把所有动物的本能都结合起来了，无论是在水里、山洞里，还是在草原上，人都能生存，而且人能吃各种食物。虽然人不是最强壮的动物，但人的适应能力一定是最强的。所以，在大自然中，在与动物的较量当中，人是非常容易存活的。这并不像霍布斯所说的，人为了觅食而要不断地同他人进行战斗。

所以，这么一个自然人，在大自然中非常孤独地生活，他充满着某种特殊的朴素的情感，对其他之物没有任何要求。"原始人的情欲是那样的不强烈，同时又受到怜悯心如此有益的约束，所以与其说原始人是邪恶的，勿宁说他们是粗野的；与其说他们有意加害于人，不如说他们更注意防范可能遭

---

[1] 卢梭：《论人类不平等的起源和基础》，李常山译，商务印书馆，1962，第106—107页。

到的侵害，因此在原始人之间不易发生十分危险的争执。因为他们之间没有任何种类的交往，所以他们不知道什么叫作虚荣、尊崇、重视和轻蔑；他们丝毫没有'你的'和'我的'这种概念；也没有任何真正的公正观念"[1]。卢梭相信，这么一个有着自然之善的人，同时也是充满着自由的。因为他不依赖于任何东西，不受任何东西的强制。这就是卢梭所说的，人生来自由。我们可以看到，卢梭讲的自然状态和霍布斯讲的自然状态是完全相反的。霍布斯的那个自然状态，充满了血腥而悲惨的战争。而在卢梭这里，自然状态充满善意和自由。对自然人、对自然状态、对自然，卢梭和霍布斯持有截然相反的观点。或者说，这是两种完全不同的对人性的看法。但是，如果相信自然造就的一切东西都是好的，自然人当然是好的，而任何动物也都是好的，因为动物也是自然造就的。

如果是这样，在这个方面，人和动物几乎没有差异。可以想象，卢梭对动物也会有较高的评价。但是，人和动物到底有何差别呢？或者说，自然人和动物有何差别呢？我们看到，几乎所有的哲学家在讨论人的时候，都要讨论人和动物的差异，比如说，人是理性的动物，人是符号的动物，人是使用生产工具的动物。就是说，相较于动物而言，人有理性、有语言、会使用生产工具、有死亡意识，而这些都是动物所缺乏的。但卢梭的看法跟他们都不一样。在卢梭看来，人和动物的区别，"与其说是人的悟性，不如说是人的自由主动者的资格。自然支配着一切动物，禽兽总是服从；人虽然也受到同样的支配，却认

---

[1] 卢梭：《论人类不平等的起源和基础》，李常山译，商务印书馆，1962，第103页。

为自己有服从或反抗的自由。而人特别是因为他能意识到这种自由，因而才显示出他的精神的灵性"①。这是什么意思呢？这就是说，动物总是被自然支配，而人则可以超越这种支配，人有主动性。卢梭将这种超越（相对于自然的自由）理解为人的可完善能力：人是有潜能的动物，人有可完善自我的能力。而动物没有这个能力，因为它受到自然的支配。也就是说，所有的动物都完全为自己的本能所限制。它们无法超越自己的本能，一旦出生就一直按照自己的本能行动，一代代的动物都是如此。而人则可以否定自己的本能。只有否定自己的本能，只有拥有类似于黑格尔意义上的否定性，人才能完善自己，也就是说，人通过否定自己被自然的操纵性来否定自己。在这个意义上，动物自出生以来就一直未变，一直是处在停滞的状态，也可以说一直是处在终结的状态。而人则与之不同，人有可完善性，也可以说人有潜能，人可以通过激发、实现自己的潜能来改变自身。所以一万年前的人和今天的人是完全不同的，而一万年前的苍蝇和今天的苍蝇是一样的。在这个意义上，人永远都不会终结。作为具体个体的人，当然是有死的，但是人类整体在不断地以否定自己的方式来完善自己、展开自己。这就是卢梭讲的人具有的可完善性，即人的潜能。关于这个潜能，还需要多说几句。

意大利的哲学家阿甘本（Giorgio Agamben）有一本书《潜能》，这是一本论文集。其中有一个部分就专门谈潜能（Potentiality）。他主要是分析亚里士多德有关潜能的论述。阿甘本激活了亚里士多德的潜能概念："对亚里士多德来说，所有存

---

① 卢梭：《论人类不平等的起源和基础》，李常山译，商务印书馆，1962，第83页。

在或做……的潜能都永远也是不存在或不做的潜能","没有这种不……的潜能,潜能就会永远是已经过渡为现实性了的,并将与之(现实性)不可区分","'不……的潜能'是亚里士多德潜能学说的枢要秘密,这一学说使一切潜能本身变形为一种非潜能"[1]。根据阿甘本的解释,我们通常讲的潜能,一定是指向潜能的激发、实现和完成,让潜能现实化。或者说,潜能总是有待于现实化,但是一旦把潜能现实化,或者说潜能一旦被实现,就不再是潜能了,就丧失潜能了。但是,反过来,如果不让潜能现实化,我们就感觉不到、体会不到潜能,那么我们怎么知道自己有潜能呢?所以,这就是一个两难问题:"最高的思想既不可能什么也不思考也不可能思考某物,既不可能保持潜能状态也不可能变成现实,既不可能书写也不可能不书写。"[2] 但无论如何,阿甘本借助亚里士多德揭示了潜能的更重要的一个面向,就是潜能的固有的潜能状态,就是让潜能不激发、不实现、不完成,就是让潜能沉默。"一种对潜能本身的经验,只有在潜能永远同时也是不去(做或思考某事物)的潜能的情况下,在写字板有不被书写的能力的情况下,才是可能的。"[3] 如此一来,潜能意味着的,不是现实化的可能性,而是不可能性。只有保持这样一个潜能状态,潜能才称得上是潜能,潜能才能被经验到。一旦实现,潜能就消失了,所以潜能的真正含义是不实现、不现实化,是不可能性。这是阿甘本所讲的潜能,也是他对亚里士多德的解释,他的这个解释和德勒兹(Gilles Deleuze)对

---

[1] 乔吉奥·阿甘本:《潜能》,王立秋、严和来等译,漓江出版社,2014,第440页。
[2] 同上书,第448页。
[3] 同上书,第447页。

巴特比的评论相呼应。德勒兹有一本书叫《批评与临床》，这是德勒兹写得非常漂亮的一本文学批评集。其中有一篇，是分析麦尔维尔（Herman Melville）的小说《抄写员巴特比》的。许多人分析过这部小说。小说里面的主人公巴特比不断地讲一个句子："I would prefer not to."这个句子应该怎么翻译呢？"我情愿不／我宁可不。"这句话实际上就是一个悖论。一般说我情愿做，实际上表示我要实现自己的潜能，要让自己的潜能现实化，实际上是我愿意去完成。但是在这里，这个否定的句子却是说，我宁愿去不完成，我宁可不做。"巴特比的句式既不是肯定句也不是否定句，以及，巴特比既不接受也不拒绝，同时前进和后退。正如德勒兹指出的那样，这个句式因此也就开启了一个是与否、可取与不可取之间的无区分领域。"[1]这非常接近阿甘本讲的潜能的悖论。这个逻辑就是，潜能的实现是可能的，但是要保持在一个不可能的状态，它在可能性和不可能性之间，在愿意和不愿意之间。我能够完成，但是我宁愿不完成。德勒兹分析这个小说人物，结论是这个人物最后什么也不是，他总是处在一个瞬间、一个过渡状态、一个两可状态，他没有自己的身份。也就是说，他把自己保持在一个潜能状态。

为什么要讲潜能呢？实际上，这一点跟卢梭有极大关系。卢梭的教育观，就是我们刚才讲的《爱弥儿》这本书里讨论的问题。卢梭的著作，生动并且充满热情，他有时在布道，有时在雄辩，有时又在表达自己的感伤，他是笔头溢满浪漫主义激情的思想战士。

在《爱弥儿》这本书中，卢梭主要讨论的就是儿童的教育

---

[1] 乔吉奥·阿甘本：《潜能》，王立秋、严和来等译，漓江出版社，2014，第455页。

问题。卢梭认为，教育儿童最好的方式，尤其是在孩子十二岁之前，就是不要给孩子传递任何的知识和真理，而要把所有的真理和知识从孩子这里赶走。他说，我们可以培养孩子的身体，让他长得很高、很强壮、很健康，但是，一定不要让他学什么。也就是说，最好的教育就是抵制教育，就是将孩子放在自然中，放在乡村里，让他尽可能做一个自然人。"我的好孩子，现在大自然还没有来启发你的官能，愿你长久地停留在这幸福的状态，因为在这种状态下，自然的呼声就是天真无邪的声音。你要记住，在它……教你以前，你提前去做，远比抗拒它的教导更违反它的意旨"①。实际上，卢梭在这里强调的，就是要把孩子的潜能保存起来，不要那么早就发掘孩子的潜能、让孩子的潜能现实化、让孩子过早地变成成人。也就是说，要让孩子"宁可不"，要让孩子像白板一般保持空缺，让孩子的潜能保持在不可能的状态。他说，如果一种知识可以在今天教给孩子，也可以在明天教给孩子，那无论如何应该明天教给孩子。②"在十五岁的时候，他还不知道他有一个灵魂，也许到了十八岁的时候，我认为还是不应该把这件事情告诉他，因为，如果他还没有到需要知道的时候就提早知道的话，也许他就永远不会真正地懂得了。"③

---

① 卢梭：《爱弥儿：论教育》（下卷），李平沤译，商务印书馆，1978，第378页。
② 我们如今对儿童的教育，与卢梭所提倡的教育方式完全背道而驰。如今的教育是倡导早教，就是要将孩子的潜能提前发掘出来。
③ 卢梭：《爱弥儿：论教育》（上卷），李平沤译，商务印书馆，1978，第364页。

三

我们再回到刚才讲的自然状态，或者说野蛮人的状态。对卢梭来说，人类的悲剧，也可以说野蛮人的悲剧，就在于将人的潜能现实化了。这种野蛮人的潜能的现实化，其结果是野蛮人就变成了所谓的文明人。而文明人的现状就是不平等和不自由。卢梭要说的是，人类的悲剧，或者说不平等、不自由的悲剧的起源，就在于野蛮人或者说自然人是有潜能的，而且重要的是人把这个潜能、这个可自我完善的能力实现了。人类有语言的潜能、交往的潜能，有智慧的潜能、劳动的潜能，为了获得最大的利益和能力，每个人都拼命去实现自己的潜能，在和大自然对抗的过程中尽量实现自己的潜能。

这大概是这样一个过程：一开始，野蛮人或者自然人处于一种孤独的个体化的状态，但是为了抵制大自然的灾难和残暴，他们需要联合起来和组织起来。大家一起劳动一起生活，就可以变得更安全更有力量。他们因此就会彼此激发、团结合作、互相沟通。但在这个合作过程中，每个人就开始表现出了抱负、野心、欲望，野蛮人或者自然人的善意、自由、怜悯和同情都逐渐消失了，他们变成了所谓的文明人。也就是说，人从自然状态进入了文明状态。而文明状态的标志就是奴役关系："每个人都会理解，奴役的关系，只是由人们的相互依赖和使人们结合起来的种种相互需要形成的。因此，如不先使一个人陷于不能脱离另一个人而生活的状态，便不可能奴役这个人。这种情形在自然状态中是不存在的。在那种状态中，每个人都不受任何束缚，最强者的权力也不发生作用。我既已证明了不平等在自然状态中几乎是人们感觉不到的，它的影响也几乎是等于零的。"①

但是，为什么会出现这种文明人的奴役状态？如果说野蛮人和动物的区别在于野蛮人是有潜能的，而动物是没有潜能的，那么，野蛮人和文明人的区别就在于，野蛮人有潜能但是没有把它现实化，而文明人则把潜能现实化了。正是因为潜能的实现，正是因为人的各种各样的能力的发展和完善，人类的种种不平等以及建立在这种种不平等上的苦难和悲剧才开始了。由此，人类——更恰当地说是文明人——开始了堕落的历程。卢梭忍不住要控诉："这种特殊而几乎无限的能力，正是人类一切不幸的源泉；正是这种能力，借助于时间的作用使人类脱离了它曾在其中度过安宁而淳朴的岁月的原始状态；正是这种能力，在各个时代中，使人显示出他的智慧和谬误、邪恶和美德，终于使他成为人类自己的和自然界的暴君，这对我们说来，就未免太可悲了。"② 不过，这种潜能的发展有偶然的原因和外部的因素："我还应进一步指出在人类智慧连续发展中不平等的起源和进展。我已经指明完善化能力、社会美德，以及自然人所能禀受的其他各种潜在能力，绝不能自己发展起来，而必须借助于许多外部原因的偶然会合。但是，这些原因可能永不发生，而没有这些原因，自然人则会永远停留在他的原始状态。所以，我还应把各种不同的偶然事件加以观察和归纳，这些偶然事件曾经使人的理性趋于完善，同时却使整个人类败坏下去。在使人成为社会的人的同时，却使人变成了邪恶的生物，并把人和世界从那末遥远的一个时代，终于引到了今天这个地

---

① 卢梭：《论人类不平等的起源和基础》，李常山译，商务印书馆，1962，第108—109页。
② 同上书，第84页。

步。"① "野蛮人和文明人的内心和意向的深处是如此的不同，以致造成文明人至高幸福的东西，反而会使野蛮人陷于绝望。野蛮人仅只喜爱安宁和自由；他只顾自由自在地过着闲散的生活，即使斯多葛派的恬静也比不上他对身外一切事物的那样淡漠。相反地，社会中的公民则终日勤劳，而且他们往往为了寻求更加勤劳的工作而不断地流汗、奔波和焦虑。他们一直劳苦到死，甚至有时宁愿去冒死亡的危险，来维持自己的生存，或者舍弃生命以求永生。"②

文明的开端的这一偶然因素到底是什么呢？具体地说就是："谁第一个把一块土地圈起来并想到说这是我的，而且找到一些头脑十分简单的人居然相信了他的话，谁就是文明社会的真正奠基者。"③人就是通过这样的方式开始逐渐确立自己的私有财产：某个人划定了一个界限，其他人不能进入他的地方。一旦这点被认可，私有制就开始出现了。私有制是导致人类不平等的最核心、最根本的东西。如果没有私有制，或者说，如果有一个人站出来否定这种圈地行为、否定私有制的话，人类历史中各种各样的苦难或将消失。正是因为有了私有制，人和人之间才会出现财富的较量、力的较量和尊严的较量。人会出现各种各样的争斗，所谓的文明社会实际上就是充满各种竞争的政治社会。我们在这里看到，霍布斯所讲的自然状态下的人的情景，恰恰出现在卢梭所讲的文明人那里；霍布斯所说的自然状态恰恰是卢梭所谓的文明状态；而文明人之间的战争状态，

---

① 卢梭：《论人类不平等的起源和基础》，李常山译，商务印书馆，1962，第109页。
② 同上书，第147页。
③ 同上书，第111页。

霍布斯错误地将之解释成了自然状态。正是在卢梭的文明状态中，正是在文明人那里，我们才会发现一系列的不平等：首先是富人和穷人的不平等；然后随着分工的出现，就出现了强者和弱者的不平等；最后，就是主人和奴隶的不平等，这是不平等的顶点。卢梭认为，这三重不平等关系，即贫富不平等、强弱不平等、奴隶主和奴隶之间的不平等，一步步把人类推向不平等的顶点。而这不平等的根源就是私有制，就是人总是希望把某些东西据为己有，人和人只要在一个社会关系中就一定会有潜在的竞技和斗争，就会有上下、等级、尊卑这种种不平等关系。

因此，是文明社会导致了不平等。形成不平等的过程，恰好是文明逐渐展开的过程。也可以反过来说，文明展开的过程，就是不平等滋生和发展的过程。卢梭反复地重申："我们可以断言，在自然状态中，不平等几乎是不存在的。由于人类能力的发展和人类智慧的进步，不平等才获得了它的力量并成长起来；由于私有制和法律的建立，不平等终于变得根深蒂固而成为合法的了。"[①] 所以，从自然状态到文明状态，是人类潜能实现的过程，但也恰恰是一个退步的过程、一个堕落的过程。"比一比文明人和野蛮人的状态，如果能够的话，请研究一下，文明人除了他的邪恶、他的需要和他的灾难而外，他还如何给痛苦和死亡敞开了新的大门。……总之，如果你把由于所有这些原因而继续不断地集中在我们身上的一切危险都合计起来，便会感到自然因为我们轻视它的教训，而使我们付出的代价是多

[①] 卢梭：《论人类不平等的起源和基础》，李常山译，商务印书馆，1962，第149页。

么大。"①

这就是卢梭眼中的现代社会的状态,也是脱离自然状态的恶果。我们发现,卢梭与整个启蒙时代的思想和气质是完全不同的。启蒙时代一直相信进步,相信文明会越来越完善,相信历史会走向一个美好的终点。而卢梭恰好把历史看作是一个失乐园的过程,一个失败的过程,一个堕落的过程。他对历史过程的描述是反对启蒙的。这是他同启蒙运动的一个至关重要的分歧。如果说,启蒙运动推崇的是理性至上,卢梭推崇的则是自然至上。启蒙运动试图通过理性来解决问题,卢梭却试图通过皈依自然来解决问题。但是,卢梭对平等和自由的强调又是内在于启蒙的,这是他仍旧是一个重要的启蒙思想家的原因。对其他的启蒙者而言,平等和自由是要通过推崇理性来实现的,但是,对卢梭来说,平等和自由因为在自然状态下就存在过,因此,可以通过对人的自然教育来实现。他在《论科学和艺术》(即《科学与艺术的复兴是否有助于敦风化俗?》)中,已经表达了对科学和艺术的严厉批判。对大部分启蒙思想家而言,科学和艺术正好是人类走向成熟和理性的重要手段。而卢梭则相反地认为,科学使人懒散,艺术使人奢侈,而且这些都是争名夺利之物,尤其是艺术,只不过是有钱人的游戏,只能加剧人与人之间的不平等。他认为从根本上来说,科学和艺术都不是自然的。我们知道,启蒙运动最核心的东西就是对科学和艺术的推崇,但是,卢梭在启蒙运动的开端就发出了反启蒙运动的先声。卢梭因此成为一个反启蒙运动的启蒙者,一个自然主义的启蒙者,一个非理性的平等主义者。这也是伏尔泰和狄德罗

---

① 卢梭:《论人类不平等的起源和基础》,李常山译,商务印书馆,1962,第161—162页。

等人对卢梭的不满所在。所以,当卢梭把自己的书《论人类不平等的起源和基础》寄给伏尔泰时,伏尔泰给卢梭回了一封信,信中挖苦卢梭说:卢梭先生,你的书让我们所有人都想重新回到四脚爬行的状态。①

文明社会是堕落的,它不仅导致了不平等,而且导致了专制——不平等一定意味着有权力的独大者,一定会导致不自由。在卢梭的时代,专制就是君主制。这样,卢梭的问题就在于,如何摆脱不平等和不自由的状态呢?回到自然状态是不可能的,人类不可能倒退到那个野蛮人的状态(事实上,卢梭也承认,他所谓的自然状态也仅仅是一个假说)。那如何去构想一个既让人感到平等也让人感到自由的新的体制呢?

正是这个问题促使了卢梭的《社会契约论》的诞生。霍布斯和洛克尽管观点迥异,但是,他们都强调国家是通过契约达成的。那么卢梭是怎么讨论这个问题的呢?卢梭的社会契约论可以归结为一句话:"每个结合者及其自身的一切权利全部都转让给整个集体。"②

这就是说,全体公民应该把自己所有的权利,包括所有的私人财产,把自己的一切都转让给一个集体。这个集体形成一个普遍意志或者公意(General Will)。这个集体是由所有转让人共同的意志和愿望达成的,它是对所有人共同意志的抽象,它因此是一个共同而普遍的意志,它容纳和体现了每个人的意志。在此,个人意志和公意达成了统一。我们可以将这个公意观点

---

① 狄德罗也讽刺卢梭,讽刺卢梭的反文明论调。狄德罗还为此特意排了一个戏,在戏的一开始,一个小丑打扮成卢梭的样子,倒退着从舞台的后面爬出来。当时这个戏开演的时候,伏尔泰就坐在前排,他很配合地大喊了一句"这就是卢梭吧",全场响起了热烈的掌声。
② 卢梭:《社会契约论》,何兆武译,商务印书馆,2003,第19页。

跟霍布斯的观点比较一下。霍布斯也讲到，为了阻止战争状态、寻求安全，所有人的权利都要转让给利维坦这个绝对的主权者。在这个方面，霍布斯和卢梭的观念非常相近。但是卢梭说，我们转让权利，但不是将权利转让给某一个个体，而是转让给一个集体，同时我们自己也置身于这个集体当中，我们也是这个集体的一分子，所有的转让者共同组成了这个集体，我们每一个转让者都内在于这个集体，融于这个集体之中，集体是我们所有人共同形成的集体，集体意志体现了我个人的意志。也就是说，尽管我转让了权利，但因为我是这个集体中的一分子，我又从集体中得到了权利，得到了整个集体的权利，在某种意义上，我得到的权利更大。"每个人既然是向全体奉献出自己，他就并没有向任何人奉献出自己；而且既然从任何一个结合者那里，人们都可以获得自己本身所渡让给他的同样的权利，所以人们就得到了自己所丧失的一切东西的等价物以及更大的力量来保全自己的所有。"[1] 也就是说，我转让了权利给集体，但是我并没有失去权利，我也受益于这个集体，我获得了集体的力量，我通过集体来享受自己的权利，转让权利从根本上是获取更大的权利。

四

这就是卢梭的基于普遍意志的政治构想。在这个政治构想中，卢梭所要求的自由和平等是如何实现的呢？

首先是平等。"每个人都把自己全部地奉献出来，所以对于

---

[1] 卢梭：《社会契约论》，何兆武译，商务印书馆，2003，第20页。

所有的人条件便都是同等的，而条件对于所有的人既都是同等的，便没有人想要使它成为别人的负担了。"[1] 既然我们每个人把自己私有的东西都转让出去了，而且我们从那个共同意志中得到的东西是一样的，实际上我们每个人在财产和政治权利上就都一样了，这就是真正的平等。你可以说每个人现在都一无所有，也可以说他拥有全部，拥有整个集体的全部权利。我们在这里看到了卢梭同霍布斯的差异。霍布斯讲平等时，也讲权利的转让，但是霍布斯的平等是零平等，这是什么意思呢？霍布斯讲的平等，是人们把所有的权利都让渡出去之后一无所有的平等。人们转让给利维坦全部权利，但并不能将权利回收，转让权利是为了得到安全的回报，得到至高权力的保护，而不是为了获得更大的权利。而在卢梭这里，是所有的东西都转让给了集体，但集体的权利在某种意义上又加倍地返回给了个人。所以，卢梭这里的平等不是零平等，而是在更多权利基础之上的平等。卢梭提出的平等，较之霍布斯式的平等更加积极，集体中的每个人都平等地分享整个集体的权利和财产。卢梭的权利转让在某种意义上也是一种权利增殖。

那么，怎么获得自由呢？个人既然要服从一个公共意志，怎么会在服从当中获得自由呢？卢梭讲到，这个集体意志或者说公意，实际上是对每一个人意志的抽象。也就是说，个人意志是浓缩在普遍意志之中的，个人意志和普遍意志并不矛盾，因为普遍意志就是所有单个个人意志的抽象，每个人的个人意志都体现和反射在普遍意志当中。所以，个人要服从普遍意志或公意的话，在某种意义上，就是服从他自己的意志，也就是

---

[1] 卢梭：《社会契约论》，何兆武译，商务印书馆，2003，第20页。

服从他自己。也就是说，个人的行动是根据他自己的意愿来的，他服从他自己的想法、观点和意愿，而并不服从任何一个他人的意志。换言之，他自己为自己立法，他服从他自己的法律。在这个意义上，他是自由的：他不是按照他人的要求来行事，也不是被迫适应和接受他人的要求和命令，他不是处在奴役状态。在此，个人是自主的，可以按照自己的想法行动，这样的人就是自由的人。自由是什么？自由就是自主，就是按照自己的意志行事，就是不扭曲自己的意志；自由是服从，但却是自己服从自己。在某种意义上，这也就是自主——这也是伯林意义上的积极自由。在此，我们看到，卢梭所讲的自由，与洛克所讲的自由，即那种不受管制、不受障碍的消极自由并不一样。卢梭这种个人根据自己的意愿行事的自由，就是积极自由。因此，同样是自由，卢梭式的自由比洛克式的自由更积极；同样是平等，卢梭式的平等也比霍布斯式的平等更积极。

这样，平等和自由在这样的政治构想中都出现了，它似乎满足了卢梭这样的要求："要寻找出一种结合的形式，使它能以全部共同的力量来卫护和保障每个结合者的人身和财富，并且由于这一结合而使得每一个与全体相联合的个人又只不过是在服从其本人，并且仍然像以往一样地自由。"[1]这个结合实际上有三个目的，或者说功能：它是平等的，它是自由的，它还起到了对个体的保护作用。

可以说，卢梭的理论是对霍布斯和洛克的纠偏。在霍布斯的政治构想中，有平等但是没有自由，因为利维坦随时可以对个体进行惩罚，个体没有自主性，个体不是服从他自己。在洛

---

[1] 卢梭：《社会契约论》，何兆武译，商务印书馆，2003，第19页。

克那里，有自由但没有平等。因为每个人都在自由地追求自己的财产，那社会中必然就有贫富的等级差异，必然就不存在平等了，必然就会出现卢梭所谓的奴役状态。到了卢梭这里，通过把个人融入集体当中，把个人意志和集体意志结合起来，实际上是同时实现了自由和平等，尽管他的平等不是霍布斯式的平等，自由也并非洛克式的自由。这是卢梭所设计的一种特殊的自由和平等，这就是社会契约论的根本要求："如果我们撇开社会公约中一切非本质的东西，我们就会发现社会公约可以简化为如下的词句：我们每个人都以其自身及其全部的力量共同置于公意的最高指导之下，并且我们在共同体中接纳每一个成员作为全体之不可分割的一部分。"①

在这个政治构想中，我们发现，普遍意志或公意是一个根基性的概念，它要求每个成员都加入其中并不可分割。但每个人和每个人不一样，如果有些人不融入这个普遍意志怎么办呢？或者说，为什么要加入这个共同体中呢？也就是说，为什么要把公意作为追求的目标呢？为什么要达成这个公意并服从它呢？这是因为只有普遍意志才是正义和正确的意志。那为什么普遍意志是正义的呢？这是因为如果绝大多数人都持有一个同样的想法、同样的意志、同样的愿望，如果把这个共同的意志和愿望抽象出来的话，那么这个意志和愿望就一定是正义的。简单地说，如果人人都这么想，那么这个想法就一定是正义的。它的正义性和正当性，就来自它的普遍性。所以，公意的构想，不仅仅为自由和平等提供了基础，而且，因为它的普遍性，因为它符合众人的共同愿望，所以它也是正义的。但总有人不愿

---

① 卢梭：《社会契约论》，何兆武译，商务印书馆，2003，第 20 页。

意融入普遍意志，不愿意融于集体意志当中，那怎么办呢？卢梭说，那就要强迫他融入其中，强迫他成为共同体的一员，强迫他获得平等和自由，强迫他获得正义。而这种强迫本身并非不正义，因为公意是正义的。这样，以公意为基础的政治构想，就同时包含着自由、平等、正义。从根本上而言，它是对每个人，对每个人的人身和财富的保护。但是，它也包含着某种程度的强迫性——所有的人都必须进入这个公意中来。

这样，我们也能够理解，这个公意是绝对的权力、无限的权力，它不可能分割。在这一点上，它就和洛克提出的权力受限的政府、权力可以被分割的政府区别开来，而和霍布斯所讲的利维坦并无二致。但是，这个权力是所有人的权力，是一个集体权力，而不是某一个人的权力，这一点又使得它和利维坦区别开来。具体地说，这是全体人民的权力，这个权力因此是绝对的、无限的、不能分割也不能转让的。这个权力的合法性就来自它的人民，它是全体人民本身所赋予的，它体现了全体人民的意志，因此是不可怀疑的。

这就是人民民主，也可以说是直接民主。整个权力，或者说最后的决定权、公意，是归人民所有的。这在 18 世纪是一个全新的观念，也是卢梭的惊人创举：他把权力从神那里夺下来，从君主那里夺下来，从贵族那里夺下来，也就是说，把权力从少数人的掌控中夺下来。卢梭将一个政治组织中的决定性权力交还给了全体人民，人民自己做自己的决断，人民自己遵循自己的意志，人民自己掌握自己的命运，这就是卢梭的理论实质。

而这一切，都跟卢梭关于人类文明的叙事有关：在自然状态下，人类孤独、友善但却充满自由。随着私有制的出现，文明社会开始堕落，堕落的标志是极端的不平等，为此，人类要拯救，要想象一个理想状态，就是要消除所有的不平等、不自由，这就是普遍意志得以达成的理想社会。大体而言，这个叙事过程，实际上就是人类从自由到堕落再到重获自由的过程。卢梭将他的公意、将人民民主政体设想为救赎和重获自由的终点——这是最后的选择，也是最好的选择。这个思路，实际上是与《圣经》的救赎传统相呼应的。这是卢梭和基督教的隐秘对话。在《圣经》中，上帝先后造出了亚当和夏娃，他们本来在伊甸园中过着自由的、无拘无束的生活，像卢梭的野蛮人一样的生活。但是，他们听信了蛇的谎话，偷吃了禁果犯下了原罪，受到上帝的惩罚，被驱赶出伊甸园放逐到尘世，人类也就此充斥着罪恶。亚当和夏娃偷吃了禁果，获得了知识，能够分辨出善恶，这也意味着，他们把自己的潜能实现了。获得知识的过程，就是实现潜能的过程，而实现潜能的过程就是堕落的过程。如同卢梭笔下的野蛮人那样，他们本来过着自由自在的生活，但是，正因为他们实现了自己的潜能，所以让自己进入了文明状态，也就是进入了堕落状态。蛇的言语，就像那个圈起一块土地宣称占有这块土地的人的言语一样，是造成人堕落的开端。不过，对卢梭而言，人类的堕落和救赎不是基督教设想的空间的下降和上升的变迁，而是时间和历史的变迁。对基督教而言，堕落是天国向尘世的堕落，拯救是尘世向天国的上升。对卢梭而言，人类是从一个自由和平等的自然状态堕落到了一个不自由不平等的状态。可以说，卢梭的历史观是《旧约》里人类堕落的一个世俗版本。卢梭对人类原罪的堕落史进行了改编：天国向人间的纵向堕落，变成了自然人向文明人的横向堕落；空间的下降和上升，变成了时间的平铺直叙。针对这种堕落，针对罪恶，基督教也强调救赎，上帝要救赎人类，有一个天堂在等待着获救者。而在卢梭这里，也设定了一个救赎空间，这就是所谓的公意，一个理想的体制，一个充满道德正义的理想国度。而公意在某种意义上和上帝的意志非常接近。公意是人民的意志，人民的意志是无限的、不能分割的、绝对正确的、充满正义的，只有上帝的意志能够和这样无限正义的公意相提并论。公意，也是上帝意志的一个转喻。如果说在《圣经》中，堕落的人类需要上帝的意志来救赎的话，那么在世俗现实当中，人类需要公意，需要一个集体、一个道德理想国来救赎。

不过，这个公意还是与上帝的意志有所区别的。就这个"公"、这个公共性而言，它毕竟不是单个的意志，这就是它和上帝的唯一意志相区别的地方。公意，在古希腊时期已经实行过了。卢梭实际上表达的是他对重返希腊民主制的愿望。他希望恢复古希腊时期公民在广场上的公共辩论，希望公民参与公共事务，希望就一种公共性达成共识。所以在卢梭的政治构想中，一方面有基督教的上帝意味，另一方面也有古希腊的共和意味。这个公意概念，实际上有这样两个隐秘的源头。卢梭主张的平等、自由，是法国大革命内在的精神动力，它们进入了1789年的《人权宣言》以及此后的宪法之中，这是卢梭留给现代世界的最重要遗产。此外，卢梭的自由观，或者说，公民自己为自己立法、自己服从自己的法律、按照公共意志行事的积极自由观影响了康德。康德认为，所谓的自由，就是个人自己为自己立法。也就是说，道德应该是自主的。康德认为启蒙的重要特征就是独立地运用自己的理性。也就是说，不要参照神的意志、君主的意志、权威的意志去行事，而是要独立地依据自己的意志去行动。这种自主性就是启蒙的核心，这才是真正的自由。马克思也受到卢梭的影响。如果说卢梭的自由观影响了康德，那么，他的平等观则影响了马克思。卢梭特别强调平等，要求转让一切私有权利，毫无疑问他针对的是洛克的私有财产概念。在这一点上，马克思和他别无二致。

从这样一个政治制度的设计中，我们能感受到卢梭强烈的道德感。他为什么一直强调公意呢？卢梭十分推崇古代人的生活方式，因为古代人看重公共生活和城邦生活，不断地参与公共事务，关心城邦的利益、福祉和安全。以公共性为核心的生活较之追逐私利而言，确实是充满了道德感的生活。只要一个人是为了公意而行动，人们对这样的人都会充满敬意和尊重。洛克的理论则是强调个人的私欲，这是卢梭所无法认可的。在卢梭眼中，一个好的政治制度，应该激发人的公共意志和公共意识，让人为公共事业服务和献身。在某种意义上，这也是一种自由实践。但是，要实现这样一个制度，至少要做到以下两点：首先，要培养好的公民，所以卢梭特别强调教育，他有自己的教育思想，一种更贴近自然的教育思想——这也是他写《爱弥儿》的原因；其次，要建立一个公民宗教，这是他在《社会契约论》的最后一章提到的。公民宗教到底是什么并不重要，重要的是要让公民进化，让公民对国家和公共利益产生神秘的兴趣和敬畏。就此，卢梭是坚持公民教育的，只有好的公民，才能适应和创造他所构想的社会制度。

第四讲

理性的铁笼

一

我们现在来谈论资本主义。有关资本主义诞生的论述非常多，但是，最有影响的是马克思和韦伯的著作，我们先来看韦伯（Max Weber）。韦伯将资本主义和基督教联系在一起。他并不是说基督教是资本主义诞生的决定性要素，他是说资本主义和基督教密切相关，基督教影响了资本主义。这和马克思不同，马克思认为人类社会有一个普遍规律，由生产力来决定生产关系，社会的形态是由生产力而不是文化决定的，当生产力到达某一个阶段时，生产关系、社会形态和文化形态就要适应这个阶段。这就是经济基础决定上层建筑。也就是说，资本主义是由生产力和经济要素的发展来决定的。韦伯的观点和马克思相反，韦伯放弃了经济因素，放弃了生产力的决定性地位。对他来说，资本主义和基督教的变化，也就是和文化的变化相关。他认为正是基督教，正是这种特殊的文化，欧洲这种特殊的文明类型，对资本主义的兴起产生了影响。也就是说，是文化影响了经济，而不是经济决定了文化。

那么基督教，更准确地说是改革后的新教，和资本主义的兴起到底有什么关系呢？我们可以将这个叙事线索稍稍拉长一点。按照基督教的教义，人都有原罪。原罪的表现，按照奥古斯丁（Saint Augustine）的讲法，实际上就是三种欲望：情欲、口腹之欲，以及目欲。

第一种欲望——情欲，指的是身体的欲望，即淫欲、肉体之爱。这也是根深蒂固的积习，它与生俱来，它附着于身体本身也沉迷于身体本身，有身体就有这种淫欲；同时，它也是灵魂的邪恶，它让灵魂沉浸在对身体的关注中而变得浑浊。淫欲同时占据和主宰了身体和灵魂两方面，它将人牢牢地闭锁在尘世之中，而将上帝和天国推向远方。从救赎的眼光来看，它是邪恶之首，也是最难以克服和摒弃的；而克服不了这种淫欲，尘世之人就无法升入天国。

第二种欲望也是身体的欲望，是对食物的贪爱。对食物的贪爱和肉体贪爱有一个根本的不同。肉体贪爱是彻底的邪恶，它无论从哪个方面而言——无论是身体还是灵魂——都没有任何积极之处。因此，肉体之爱应该彻底摒弃。而食物至少还在维生这方面不可或缺，食欲不可能彻底断绝。因此，奥古斯丁说："每天和口腹之欲交战；这种食欲和淫欲不同，不能拿定主意和它毅然决绝，如我对于绝欲的办法；必须执住口腔的羁勒，驾御控纵。"[①] 但是，对食物的欲望要控制到哪个程度，基本的维生要求和超出这一要求的享乐之间的界线难以把捉。无论如何，超出了维生的需要，为追求果腹的快乐的食欲是不必要的。这是危险的快乐，这同样是沉迷于身体的快乐。而且正是这样对酒食的沉迷容易导致对肉体快乐的沉迷，沉迷酒食是沉迷肉欲的催化剂。食物之爱和肉体之爱有着密切的关联性，它们交织的邪恶无以复加。

奥古斯丁所讲的第三种欲望是目欲，即目光之所爱：美丽

---

① 奥古斯丁：《忏悔录》，周士良译，商务印书馆，1963，第215页。

形象、巧饰图像、艳丽色彩和物质的辉光。它们编织成灿烂万千的罗网，毫不费力地捕捉了目光。它们的不当在于这些目欲令人醉生梦死、劳神外物、轻浮飘逸，妨碍了对上帝真光的吸收和对上帝的虔诚颂歌。目欲追求现实之美，是对上帝创造的至美的忽视。现实的美无足轻重。沉迷于此，不过是舍近求远、事倍功半。不仅仅是追求外界表象之美的目欲，还有追求知识的目欲，这是一种被好奇心主宰的目欲，一种追求虚幻的目欲，一种实验、试探、沉迷各种奇幻事物的目欲。这样以知识为目标的目欲同样令人心神不定、思想涣散、步伐踌躇，它偏离了通往上帝真理的永恒道路。

这些都是罪的表现，总的来说，它们都偏离了上帝的真光。德尔图良（Tertullianus）相信，这样的原罪就像种子一样一代代遗传下去，我们是带着原罪出生的，我们出生的时候就被污染了，我们先天地具有一种败坏的本性，先天就有缺陷，因此就像孩童一样不知所措、步履蹒跚、迟疑不决。而要根除这些罪，首要的就是保证灵魂的纯洁。没有灵魂的纯洁就无法理解《圣经》，无法获得真理，也就无法去信仰，无法接近上帝。那么怎样让灵魂纯洁呢？首先要知道自己的灵魂，要了解自己。"每个人都有责任知道自己是谁，也就是说，每个人都要努力去认识自己心里正在发生的事情，去承认过错，去认识诱惑，去揭示欲望。不仅如此，每个人还有义务把这些事情向上帝，或者团体里的其他人交代，并因此忍受公开或私下里进行的对自己行为的见证。对信仰的真理义务与自我是联结在一起的。因为这种关联性，没有自我认知，灵魂的净化就不可能完成。"[1] 也

---

[1] 米歇尔·福柯：《自我技术：福柯文选Ⅲ》，汪民安编，北京大学出版社，2016，第90页。

就是说，要让灵魂纯洁，首先要了解自己。

那如何了解自己呢？如何消除罪恶让灵魂净化呢？在 1 世纪的时候，基督徒有一种向公众公开展示的充满戏剧性的自我揭露，一种充满仪式感的悔罪。他悔恨不已，并甘愿受罚。这种公开悔罪带有受苦的、自我惩罚的特征，比如禁食、禁欲、不许结婚、不能过正常人的生活等等，以此来"证明痛苦，展示羞耻，显明谦卑，公示谦和——这些都是惩罚的主要特质"[1]。基督徒的这种公开悔罪可以展现罪人的罪恶本质，同时，不无悖论的是，将自己的罪孽公开展示出来就可以根除罪孽，从而获得灵魂的纯洁性。就像"人必须展示自己的伤口才能得到治愈"[2]一样，一个人痛哭流涕地公开进行自我检讨就会让自己变纯洁。也可以反过来说："它祛除了罪孽，却把罪人展现出来。"[3]这种公开悔罪因此也是一种通过对旧的充满罪孽的自我的否定，来获得一种新的纯洁的自我的方式。

第二种是从 4 世纪开始的，这是修道院中修士的自白（confession）。自白从属于基督教神学中的服从和默想。首先是服从，"修士对导师的彻底服从是根本的且永久的。在修士的生活中，没有哪一部分可能逸逃出这一服从的管制范围。……在此，服从意味着由导师控制自己的一切行为，而并非一种自立自主的境界。它是一种自我牺牲，一种主体意志的牺牲。这是一种全新的关于自我的技术"[4]。其次是默想，默想就是要

---

[1] 米歇尔·福柯：《自我技术：福柯文选Ⅲ》，汪民安编，北京大学出版社，2016，第 93 页。
[2] 同上书，第 95 页。
[3] 同上书，第 94 页。
[4] 同上书，第 98 页。

将全部的思想集中在上帝那里，而不让内心有丝毫的对上帝偏离的念头。这就意味着要时刻对涌现在意识层面的东西进行反省，要反省是否内心尚存邪念。那到底如何判断这样的念头是否偏离了上帝呢？就是"把所有的想法都告诉导师，在一切事情上都服从于导师，始终尝试把自己的所有想法都用语言表达出来"[1]，这样导师可以提供更好的忠告。

这就是两种不同的保持灵魂纯洁的方式：一种是公开的、戏剧性的自我展示，一种是向导师做口头的坦承和自白。这两种都是自我表露，都是对自己的舍弃。前一种方式下的人像一个殉道者，以受难的形象，在有罪的灵魂死后以一个纯净灵魂再生的形象出现；后一种方式下的人是以一个绝对的、默想的、静寂的服从者的形象出现。前者痛苦、内疚、自我折磨、自我捶打，通过这种夸张的方式来消除自我和摒弃自我；后者沉默、被动、谦逊、服从，将自己毫无保留地交给导师从而消除自我和摒弃自我。这主动受苦的形象，这服从的形象，都是完全摒弃了自我的形象，也是一个毫无创造性和主动性的人格形象。他们都被罪孽苦苦地捆绑而痛苦不堪。

二

基督徒这种受苦和被动形象在文艺复兴时期发生了变化。文艺复兴的人文主义或许可以理解为对待自我的新的态度，一种和基督徒的摒弃自我不同的、发现和肯定自我的态度。

我们可以从彼特拉克（Francesco Petrarca）开始。他是人文

---

[1] 米歇尔·福柯：《自我技术：福柯文选Ⅲ》，汪民安编，北京大学出版社，2016，第102页。

主义的开拓者。他是通过对古代的回溯，尤其是对古罗马的拉丁文著作的再发现和回溯而开启了自己的思考。他热爱西塞罗、塞涅卡和维吉尔，他学习和模仿他们，不仅接受他们的观点，还模仿他们的写作风格。他写了大量的诗歌、书信，以及历史和哲学著作，他试图让古代人在他身上、在他的 14 世纪复活。在这些古代观念的影响下，他开始关注人，觉得哲学和思想的焦点应该是人："即使所有那些事情都是真实的，它们对幸福生活来说也无关紧要。因为我了解动物，鸟类、鱼类和蛇类的本性，而忽视或蔑视人的本性、人生的目的以及人们的来处和归宿，这对我又有什么益处呢？"[①]"我恨自己，因为我仍然赞赏尘世之物，我早该从非基督教哲学家（即塞涅卡）那里了解到，除了灵魂没有任何东西值得赞赏，对伟大的灵魂来说，没有任何东西是伟大的。"[②]他像西塞罗和塞涅卡一样重视人，重视人的道德生活。

但是，他并没有将人完全从上帝那里挣脱出来，他的工作是让人从上帝的严密宰制下获得部分解脱，让人获得自主性。也就是说，对人进行关注，但并不意味着轻视上帝，他仍然觉得认识上帝是最高的哲学目标："我的心灵的最深处是与基督在一起的。"[③]"为了真正地进行哲学探讨，我们首先必须热爱和崇拜基督。"[④]他同时表达了对人和上帝的双重热爱。我们只能说，彼特拉克所做的，是在上帝对人的绝对宰制中插入一个异教的楔子，这个楔子能够让人成为一个重要而独立的目标。这

[①] 彼特拉克语，转引自保罗·奥斯卡·克利斯特勒：《意大利文艺复兴时期八个哲学家》，姚鹏、陶建平译，广西美术出版社，2017，第 17 页。
[②] 同上。
[③] 同上书，第 11 页。
[④] 同上书，第 12 页。

是人文主义至关重要的一面：通过返归古代的方式，将人从消失的历史地平线上再次突出出来，尽管这样的突出还不能彻底脱离上帝。事实上，在这个时刻是不可能脱离上帝的。彼特拉克所做的是一种调和工作，即将古代的人文主义观念和基督教的拯救观点进行调和，将罗马时期的西塞罗、塞涅卡的道德生活和奥古斯丁的神学理想进行调和。彼特拉克的"目的是把基督教与他在西塞罗和塞涅卡那里看到的美德观念结合起来。所有这一切都被包含在一种个体性观念中……更一般地说，彼特拉克试图把一种强调人依赖于其创造者的奥古斯丁主义与一种强调人的独立性的斯多亚主义综合起来"[1]。他不是让二者竞争，也不是试图用古代思想挑衅神学思想。他知道二者截然不同，他只是想让这两者兼容。但无论如何，对古代思想的发现，刺破了神学的完全垄断。

对他来说，现在，哲学和思想开始有了双重目标：不仅要认识上帝，也要认识人。但人是什么呢？彼特拉克将人看作是意志的存在而非理性的存在。皮科（Pico della Mirandola）在《论人的尊严》——这是早期文艺复兴的著名文献——中更清晰、明确地指出了这点：人是有自由意志的，人不是在一个宇宙秩序中被安排好了自己的既定位置而不能动弹，他也没有特定的形式，没有特定的功能；相反，人脱离了这个固定体系，他自成一体。就像上帝对亚当所说的："我们没有给你固定的位置或专属的形式，也没有给你独有的禀赋。这样，任何你选择的位子、形式、禀赋，你都是照你自己的欲求和判断拥有和掌控的。……但你不受任何限制的约束，可以按照你的自由抉择决

---

[1] 米歇尔·艾伦·吉莱斯皮：《现代性的神学起源》，张卜天译，湖南科学技术出版社，2012，第91页。

定你的自然，我们已把你交给你的自由抉择。……我们使你既不属天也不属地，既非可朽亦非不朽；这样一来，你就是自己尊贵而自由的形塑者，可以把自己塑造成任何你偏爱的形式。你能堕落为更低等的野兽，也能照你灵魂的决断，在神圣的更高等级中重生"①，"按照你自己的自由意志，不受任何强迫，我已把你放在自由意志的手里"②。"噢，天父至高的慷慨啊！人至高而奇妙的幸福啊！他被准许得到其所选择的，成为其所意愿的。……父在人出生时为他注入了各类种子以及各种生命的根苗。"③

如果是这样的话，人就是充满潜能的动物。在这个意义上，人和神差距不大。或者说，人被赋予了类似于神的力量，人不被神绝对地支配，这是和基督教神学的最大区别。人不是因为对上帝过于虔敬而显得被动，甚至不需要神来帮助他。人的命运和地位是可以自己选择的，既可以像野兽一样堕落，也可以再生而获得神的高级形式。也就是说，人可以自己改变自己，可以自我塑造。人是什么，主要取决于他做什么、他选择做什么，人是自己行为的产物，人是自己的作品。这显然是新的、现代的观念：人的命运取决于自己，人自己主宰自己，人以自我为尺度。人既将自己作为起点，也将自己作为终点。"人是得救还是受罚取决于自己的行为。如果人能够提升自己，他对神的恩典就没有什么实际需要。"④

---

① 转引自皮科·米兰多拉：《论人的尊严》，顾超一、樊虹谷译，北京大学出版社，2010，第25页。
② 转引自保罗·奥斯卡·克利斯特勒：《意大利文艺复兴时期八个哲学家》，姚鹏、陶建平译，广西美术出版社，2017，第70页。
③ 皮科·米兰多拉：《论人的尊严》，顾超一、樊虹谷译，北京大学出版社，2010，第29页。
④ 米歇尔·艾伦·吉莱斯皮：《现代性的神学起源》，张卜天译，湖南科学技术出版社，2012，第87页。

既然人有自由意志，有无限的潜能，能够主动选择，那么，他一定要过一种创造性的、积极的行动生活（动物没有潜能，没有可塑性）。任何选择都是积极的行动，这就完全不同于基督教中的人的祈祷、默想、服从、内疚、羞愧的悔罪生活。人不再自我囚禁、自我摒弃。相反，人应该表现和体现出巨大的创造性，人可以开拓创新，人能做出巨大的成就和事业来改善自己和人类的命运，从而让人更加完善。人也能在这种积极的创造中感到快乐，能够放声大笑，人也可以在这种主动的建功立业中狂热地追逐功名。

人一旦释放自己的创造性，一定是与众不同的，一定会表现出自己的个体性。每个人都应该表现出自己的个性，每个人都是在个性中来完善自己、成就自己，每个人都应该有自己的特殊光芒。所谓人的发现，就是发现一个独特的、与众不同的人，发现人的特殊之美。文艺复兴的这种关于人的形象已经无限地远离了罪孽深重的基督徒了。

因此，人应该过一种个人的生活。只有个体的人才是有意义的人生追求。私人生活比公共生活更有意义。彼特拉克身体力行，在他的著作中，他总是自我谈论，谈他的感受、他的观点、他读书的心得和印象。他的个人形象，一个思考和有主见的形象在他的书页中总是清晰地浮现出来。这是一个独一无二的自我，他的形象得到了肯定。彼特拉克为了推崇这种个体性，甚至主张一种孤独和隐居的生活。正是这样，"彼特拉克便使其同时代人走上了两段路程。路程的第一段向内通向那个未经开发的充满激情和欲望的自我，这些激情和欲望不再是某种必须根除或加以限制的世俗的、非精神的东西，而是每个人个体性的反映，所以值得去展现、培养和享受。路程的第二段向后通向古老的、但现在突然相关的过去,那时有许多勇敢而高尚的个人,他们通过培养自己的个体性而赢得了名声和某种不朽"①。

不过,在整个文艺复兴时期,虽然强调人的意志和个性,但是,神从来没有被否认,他的权威从未被挑衅。"人之所以能够高于其他存在者,不是因为他自身内在的卓越或能力,而是因为他作为神的形象的地位。"②"从彼特拉克开始,一直到马基雅维利和伊拉斯谟的思想,在人看来,万事万物中的第一个便是人。这种看法并不否认神的存在性或重要性,但它确实暗示,我们只能通过人来达到神。"③也就是说,人的尊严得到承认,不是通过削弱神的地位,而是通过将人提高到接近神的层面去。这是对人的地位的提升,也是对完美的个性和人格的推崇和肯定。

三

不过,对韦伯来说,这种对个性化的推崇并没有激发资本主义。相反,16世纪和文艺复兴背道而驰的宗教改革运动才是资本主义兴起的一个契机。文艺复兴并没有否定基督教,没有攻击上帝,甚至没有攻击教会,它真正攻击的是人的原罪观念,一旦人摆脱了罪孽感,就可以变得生机勃勃。一旦人本身生机勃勃,就不太需要救赎和天国。如果说,基督教是一个由上帝、

---

① 米歇尔·艾伦·吉莱斯皮:《现代性的神学起源》,张卜天译,湖南科学技术出版社,2012,第94—95页。
② 同上书,第117页。
③ 同上书,第134页。

教会和信徒这三个要素组成的完整装配机器的话，那么，文艺复兴首先动摇的是充满罪孽感的信徒的形象，而上帝和教会并未受到冲击。但是，对原罪观念的剔除实际上也是对基督教的釜底抽薪。而从马丁·路德（Martin Luther）开始的宗教改革，攻击和动摇的是作为上帝和信徒之间的中介的教会。但他还是强调人的原罪，人充满罪恶并且需要救赎。这是对人文主义的反动。改革基督教并不是要否定基督教，而是为了更牢靠地捍卫基督教，捍卫上帝和天国。之所以要进行一场宗教革命，是因为人们意识到了教会这个庞大的宗教组织的腐败和无能，意识到了教会在腐蚀真正的基督教。[1] 马丁·路德的疑问是：我们确实罪孽深重，我们必须无条件地信上帝，但是为什么要通过那个繁琐、虚伪和贪婪的教会及其神职人员呢？我们难道不能直接面对上帝吗？我们难道不能自己理解《圣经》吗？我们不能通过自己对《圣经》的理解来获救吗？为了抛开教会对《圣经》的垄断性解释，路德自己将《圣经》翻译成了德语，让普通人也能够阅读和理解《圣经》，直接领悟上帝的教义。这样一来，作为中介的教会受到了打击，这就是马丁·路德的新教改革。[2]

---

[1] 这跟马丁·路德有很大的关系，在他那个时候，教会已经非常腐败了，出现了所谓的赎罪券。人都有罪，但是可以用钱去教会买赎罪券，教会就可以以上帝的名义宽恕人的罪，金钱渗入了教会。经过了一千多年的发展，教会已经非常腐败了，有贪污的、纳妾的，甚至有的教士本身就不信神。

[2] 基督教是一个广义的宗教范畴，为天主教、东正教和新教等的统称。1054年基督教发生了一次分裂，分成了天主教和东正教，天主教在罗马教会，东正教主要在君士坦丁堡教会。到了16世纪初，天主教又发生了一次分裂，以路德宗教改革为标志，分成了天主教和新教。后来的路德教属于新教，有的人直接把路德的新教称为基督教，和天主教对立起来。简单来说，天主教和新教都属于基督教的范畴，只不过是路德的改革导致了新教的出现。改革导致了新教和传统天主教数十年的宗教战争。

新教改革是对天主教的革命。这二者之间存在着一些根本的差异。第一个差异是，对天主教而言，要获得拯救，主要是靠人的行为、事工、善举，靠人对律法或者诫命的遵从——所有这些都是人的身体的行动。人是通过行动，而不是通过内心信仰而获救的。那这些行动包括什么呢？天主教"告诉信徒说，只要正规祈祷、忏悔罪孽、坚守诫命和力行'善举'，忠实的信徒自会得救"①。天主教还提出了缓解基督徒焦虑的方式，就是向教士不断地坦承和倾吐自己内心的任意波澜，并通过行善举的方式来克服和抵消这些罪孽，从而求得最后的宽恕。对普通的天主教徒而言，救赎是以宗教活动的方式展开的，是在教会的组织下展开的。天主教相信人们是不完善的，不可避免地会犯错，但是，人要苦修、要忏悔、要行善举，从而获得救赎。这是一个由教会和教士引导的罪孽和救赎的循环过程："对于天主教徒来说，教会的赦罪是对他自身缺陷的一种补偿。教士就是完成变体奇迹的魔法师，他手里握有通向永生的钥匙。人在受难和忏悔时就可以向他求助。他分配赎罪的机会、恩宠的希望和宽恕的确定性，从而使人们从可怕的紧张状态中解脱出来。"②也就是说，教徒的行为通过教会和教士这一中介的肯认而最终通向救赎。

而路德的宗教改革最显而易见之处就是在救赎的方式上偏离了天主教。路德在《基督徒的自由》中说："如同《罗马书》十章所说：'心里相信就可以称义'；而且又只有信可使人称义，这一个里面的人就显然不能因什么外表的行为或其他方法得称

---

① 马克斯·韦伯：《新教伦理与资本主义精神》，阎克文译，上海人民出版社，2010，第86页。
② 同上书，第230页。

为义，得自由，得救。行为，不论其性质如何，与里面的人没有关系。反之，只有心里的不敬虔与不信才叫人有罪，叫人成为可咒可诅的罪的奴仆；并不关系外表的行为。因此，每一个基督徒所应该留心的第一件事，是丢弃依靠行为的心，单单多求信的坚固。"①"基督徒在信里就有了一切，再不需什么行为使他称义。他若不需行为，也就不需律法；若不需律法，就一定脱离了律法"，"这就是基督徒的自由，也就是我们的信"。②

这就是路德的因信称义。它意味着以下四点。

第一，路德实际上是将人分成了两个部分，一个是内在的人，一个是外在的人，前者指人的内在灵魂，后者指人的外在行为。在这里，最根本的是人的内在灵魂，是人的信。也就是说，人要想得救，不在于外在的行为，不在于他做了什么，不在于他的活动，而在于他内心是否信上帝、是否对上帝有信心，获救的途径只在于内心对上帝的虔信。这是路德教的救赎核心之所在。在这里，我们能看到路德教和天主教的重大差异，后者正是通过外在行动来实现救赎的，而对路德来说，隐修生活不能称义，善举不能称义，宗教活动和事工不能称义。一旦反对这种外在行为本身，当然就会反对教会本身，因为是教会组织了这些行为，或者说，这些行为总是跟教会密切相关的。路德的宗教改革，最直接的原因就是教会的腐败。路德为什么反对教会？正是因为当时的教会发布了所谓的赎罪券，赎罪券的理念是，因为一些人做了太多的好事，他们的善行保证他们获救后还有剩余的份额，这剩余的份额就保留在教

---

① 马丁·路德：《马丁·路德文选》，马丁·路德著作翻译小组译，中国社会科学出版社，2003，第5页。
② 同上书，第8页。

会中，教会以赎罪券的方式将它出售，这样，那些行善不足的人就可以通过购买赎罪券来获救。而根据路德的说法，获救跟善行无关，那么，教会这样的行为就毫无意义，教会就会遭到拒绝。

第二，内心的无限拓展。一旦破除了教会的中介地位，一旦可以跳过教士的解释而直接阅读《圣经》，那么，个体就可以直接同上帝沟通，人的内心就会得到极大的拓展，他可以在和上帝的沟通中，在对上帝的领悟中开拓自己的心灵深度，使自己的内心获得无限性。"路德教信仰力求达到的最高宗教体验就是与神的'神秘合一'（unio mystica）"，"顾名思义，这是一种真实地沉浸在神性中的感觉，一种上帝真正进入了信仰者灵魂的感觉"，[①] 上帝充斥在个体内心中，"个人知道他自己是充满了'神圣的精神'"[②]，在这个意义上，个体获得了至高无上的地位，这也是新教特有的个人主义。这里的个人主义，就意味着个体的神圣性、个体自身的无限性、个体心灵的无限深度，因此是对个体的绝对肯定。在开拓自己内心无限性的同时，也是对外在教会束缚的摆脱，是对集体组织和集体生活的摆脱，这同样是个人主义，是个人主义的另一面。或者说，只有摆脱外在教会的律法，才能让自己内部更深入地注满神性，才能更深入地自我探索。正是这个意义上的个人主义，才是基督徒的自由。路德的个人主义和文艺复兴的个人主义非常不同，后者更多地强调个性，强调独一无二性，强调感官性的身体，以及这感性身体的特殊性，这是一种奔放的个人主义，一种创造

[①] 马克斯·韦伯：《新教伦理与资本主义精神》，阎克文译，上海人民出版社，2010，第227页。

[②] 黑格尔：《历史哲学》，王造时译，上海书店出版社，2006，第390页。

性的个人主义，一种热情和快乐的个人主义；而路德的个人主义则是一种内敛的个人主义，一种深度的个人主义，一种沉郁而深邃的个人主义。如果说，文艺复兴的个人主义是以特殊性作为标志的话，那么，路德的个人主义则是以无限性作为标志的。文艺复兴的个人主义是将个体往上提高到神的地位从而和神合二为一，路德的个人主义则让神驻扎在人的内心深处从而使人与神合二为一。两者共同的特点就是对个体的肯定，提高个体的尊严，强调个体的自由——无论这个个体是具有无限深度的个体，还是具有无限创造力的个体。而这两种个人主义最终在19世纪的浪漫主义那里融为一体：浪漫主义者既保有一种内心深处的个人主义，也保有一种外在行为创造上的个人主义。

第三，天主教主宰的欧洲是个统一的神圣共同体。欧洲大部分地区的国家都有君主。但是权力最大的是天主教的教皇，他有神圣权力，他统领着教会。如果攻击教会、攻击宗教组织，同时就会损害教皇的权威。路德最终和教皇决裂，并鼓动世俗诸侯和君主在自己的领地夺取教皇原有的权力，这直接导致了教皇统一权力的崩塌和分割的世俗君主权力的兴起。日耳曼城邦的君主可以自行确定自己国民的信仰，可以在自己的领地做主，这也预示着后来世俗的、独立的民族国家的出现。更重要的是，路德对圣事的否定（他只承认七件圣事中的两件：圣餐和圣礼），让社会原先复杂的、繁琐的宗教气息变稀薄了。如果每个人只是单独面对《圣经》，如果每个人都可以直接和上帝对话，如果每个人自己就是祭司而不再将自己托付给教士和教会中介，如果每个人都不再将自己陷入各种繁琐的宗教行为和教会活动中，那么整个社会就会逐渐往世俗的方向转移。宗教的神秘感、宗教的魔力逐渐被驱除，作为个体的人从中解放出来而自然地更贴近于尘世。

第四，那么，新教如何看待尘世行为和尘世劳动呢？对天主教而言，尘世劳动并不值得认真对待，因为尘世劳动对救赎毫无益处。"总的来说，天主教始终以高度消极的态度看待商人和实业家，认为他们贪得无厌，把财富置于上帝王国之上，从而陷灵魂于危境，而且他们剥削他人以谋取经济利益也与博爱和群体的休戚与共等等基督教伦理格格不入。一个毫不含糊的箴言可谓尽人皆知：*homo mercator vix aut numquam potest Deo placere*（商人的为人也许无罪，但却不可能令神愉悦）"[1]。在天主教这里，只有救赎活动是最重要的，而救赎活动只体现在宗教活动中，而不在尘世活动中。

但是，路德将尘世劳动看作天职。路德认为尘世活动，或者说世俗活动本身，也就是尘世劳作、尘世的职业选择，是上帝的安排，在这个意义上，它是一种天职。也就是说，世俗职业变成了宗教天职，它具有宗教意义。个人应该服从上帝给他安排的这种天职。"信徒实质上是奉上帝之召从事某种职业或者特殊的劳动，因而是应尽的义务。"[2] 不仅如此，天职意味着"把履行尘世事物中的责任看作是个人道德活动所能采取的最高形式"[3]。也就是说，具有宗教意义的世俗活动，是上帝安排的宗教义务，信徒应该服从上帝的这种安排而从事世俗劳动，而这从根本上来说，就会让上帝满意，这也是信徒的道德义务。

---

[1] 马克斯·韦伯：《新教伦理与资本主义精神》，阎克文译，上海人民出版社，2010，第87页。
[2] 同上。
[3] 同上书，第204页。

尘世活动就此和宗教活动关联起来。与路德教对尘世活动的理解相反，天主教认为尘世活动本身没有宗教意义也没有道德意义，也不可能让上帝满意，尘世活动仅仅是无意义的尘世活动而已。这是路德教和天主教对待尘世劳作的根本差别。而文艺复兴思想所理解的尘世活动虽不是上帝的安排，没有宗教意义，但是它有世俗的道德意义，它能让人的潜能发挥出来，这是对尘世活动的现代理解，人因为尘世活动或者尘世创造而成为人。那路德所讲的这个天职，除了道德义务和宗教义务之外，它还意味着什么呢？"人的宗教义务就意味着可靠、正确、有效地完成职业本身所要求的任务和责任。"[1]路德"所谓的天职是指人所必须接受且必须适应的神定之事。……这在当时产生的惟一伦理结果是一种负面的结果：……人们得到的规劝是服从权威和安于现状"[2]。也就是说，人的尘世选择是上帝指派的，上帝让做什么就做什么，人必须接受和遵守，而且不能跨越上帝的指令。"由于上帝牢牢确定了每项职业以及人生地位的界线，路德认为，超出这个水平的获利在道德上就是可疑的，而且是有罪的"[3]。这是保守的、安分守己的、没有创造性的职业观，和文艺复兴时期的那种进取的世俗劳动观念完全不同，后者恰好是鼓励创造性，鼓励对各种职业限令的溢出。这是因为文艺复兴时期的职业选择是人的主动选择而不是对神意的被动遵循。由于这样的限定，由于这种世俗活动的有限性和保守性，路德教的经济始终是墨守成规的传统主义的，它不是资本主义需要

---

[1] 马克斯·韦伯：《新教伦理与资本主义精神》，阎克文译，上海人民出版社，2010，第87页。
[2] 同上书，第207—208页。
[3] 同上书，第88页。

的气质。路德这样的天职观并没有酝酿出资本主义精神。资本主义精神是由新教的另一个分支加尔文教酝酿出来的。

四

加尔文教实际上已经对自我获救的可能进行了否定,这主要是因为它对上帝的理解发生了变化。与天主教和路德教都不同,加尔文教采纳的是《旧约》中的上帝观。《新约》中的上帝相对宽容,他可以容忍信徒犯错误,可以和信徒沟通。即使信徒犯了错误、有了过失,但只要真诚地忏悔、真诚地行善,总可以得到原谅,总还有机会获救。总之,这个上帝是为信徒服务的,他致力于解救信徒。但《旧约》中的上帝相反,这个"上帝是个全权而全能之神,远远高于以往的所有神祇,并且与尘世的凡人隔着一道不可逾越的鸿沟"[①]。这个上帝并不理会凡人,也就是说,加尔文教的上帝和人很难沟通,人难以领会上帝。在这个意义上,路德的因信称义是不可能的,靠内心的虔信也是无法获救的,上帝无法进入个体的内心,无法和人神秘地融为一体。更重要的是,不仅人和上帝不能沟通,上帝也不是像《新约》中的那个上帝那样是出于对人的爱这个理由来解救人的,他不是去为人服务的,相反,人是要服务上帝的,人所做的一切都是为了增加上帝的荣耀。也只有这样的人,这样一小部分为上帝服务的人、遵从上帝的诫命和律法的人,才会

[①] 马克斯·韦伯:《新教伦理与资本主义精神》,阎克文译,上海人民出版社,2010,第88页。

获救，才会"被选中而得享永恒的恩宠"①。他们获得恩宠的根本原因，就是他们的"全部意义就在于体现了上帝的荣耀和威严"②。

那这样的人是怎么获得恩宠的呢？加尔文教有一种特殊的预定论：人是否能获得拯救，是上帝预定好了的。"我们称预定论为神自己决定各人一生将如何的永恒预旨，因神不是以同样的目的创造万人，他预定一些人得永生，且预定其他的人永远灭亡。因此，既然每一个人都是为了这两种目的其中之一被创造，所以我们说他被预定得生命或受死。"③这就是加尔文教的得救预定论。上帝是绝对超验的，他不仅规定了哪些人能获救，甚至事先规定了宇宙间一切的琐碎细节。

一旦人被上帝预先安排好了是否会获救，那么，对加尔文教徒而言，得救与否就跟自己的努力或者虔敬无关。这是加尔文教徒和路德教徒、天主教徒的根本差异。天主教徒可以靠自己的善行获救，路德教徒可以靠自己的虔信获救，但加尔文教的上帝和信徒隔着一道鸿沟，加尔文教徒无论如何主动，无论如何行善举，无论如何祈祷、礼拜和秘密忏悔，无论如何虔信，都无法改变上帝的这一预先安排。同样，其他的人也不能帮助他，教会、教士、圣事都无法帮助他。也就是说，一切类似于天主教徒那样的宗教行为和仪式都没用，它们甚至被认为是巫术和迷信而遭到摒弃。这是加尔文教和天主教的一个重要区别。

---

① 马克斯·韦伯：《新教伦理与资本主义精神》，阎克文译，上海人民出版社，2010，第220页。
② 同上。
③ 约翰·加尔文：《基督教要义》（中册），钱曜诚等译，生活·读书·新知三联书店，2010，第934—935页。

路德教认为只要个人内心相信上帝就可以获救，因此否定了教会部署的宗教氛围，而加尔文教则认为人的命运已经预定了，教会及其活动因此完全无用、完全遭到否弃，从而更加激进地否定了宗教氛围。这是路德教和加尔文教这些新教教派对天主教会共同的否定，这也是新教不同教派共同的尘世化和理性化倾向——新教的共同点就在于它们对教会及其救赎能力的否定，并由此将信徒的活动转移到尘世之中来。

如果靠自己的努力无法获救，如果命运早已被预定了，那加尔文教徒会做出怎样的反应呢？韦伯考察的不是加尔文时代的教徒，而是加尔文之后的17世纪的加尔文禁欲主义清教徒。一旦命运已经被预定了，这些清教徒自然会出现强烈的孤独感、幻灭感、绝望感和悲观的生存气质。这是加尔文教比路德教和天主教更加严酷的地方。

清教徒知道自己不能改变自己的命运。但是，他想搞清楚自己的命运，想搞清楚自己到底有没有被上帝选中，自己到底是选民还是弃民。这个问题让他万分焦虑，寝食难安。如果知道自己被选中了，发现了自己获得恩宠的证据，那他极富悲剧色彩的焦虑感就会大大缓解。这也是他要搞清楚是否被选中的原因。对加尔文教徒来说，"certitudo salutis（得救的确定性），即恩宠状态的可确认性，必定会具有绝对支配性的重要意义。因此，无论在哪里，只要相信得救预定论教义，那就不可能回避这样一个问题：是否存在永无谬误的准绳来衡量谁是上帝的选民（electi）"[①]。那信徒如何知道自己有没有被选中呢？或者说，这个准绳到底是什么呢？也就是说，"加尔文教徒凭借什么

---

① 马克斯·韦伯：《新教伦理与资本主义精神》，阎克文译，上海人民出版社，2010，第226页。

成果自认为有能力辨认真正的信仰呢？答案是：凭借一种有助于增加上帝的荣耀的基督徒行为"①。基督徒只有从事增加上帝荣耀的行为才可能获救，但这个增加上帝荣耀的行为又是什么呢？上帝的荣耀当然体现在他的意志中。因此，符合上帝意志的行为就是增加他的荣耀的行为。那上帝的意志是什么呢？上帝的"意志或者直接通过《圣经》给予启示，或者通过他所创造的有目的的世界秩序（自然法）间接体现出来"②。上帝的意志显现在他所创造的世界秩序中。那什么是有目的的世界秩序（自然法）呢？

首先，世界秩序是一种尘世秩序，世界秩序只能通过尘世中的社会活动来完成和造就，世界秩序显然不是靠虚幻的宗教行为就可以实现的。因此，只有建构世界秩序的尘世活动（劳动）才能体现上帝的意志，才能给上帝增加荣耀。其次，世界秩序如果体现了上帝的意志，如果是上帝设计出来供人类利用的，那么这个秩序一定有令人惊叹的组织和安排，它的每一个细节都应该严丝合缝、完美无缺，它符合自然法则。那么，建构这个世界秩序的活动，根据这个自然法则完成的日常工作——这就是尘世中的劳动过程——其目标就是要"把我们的社会环境加以理性组织"③。简单地说，劳动就是要建构上帝所希望在尘世建造的一个完美国度。只有这样的劳动才是符合上帝意志的，才是给上帝增加荣耀的尘世劳动，这也是蒙召的信徒在尘世中的唯一任务和唯一目的。这种尘世劳动的目的只是给上帝增加荣耀而不是自己肉体的满足。

---

① 马克斯·韦伯：《新教伦理与资本主义精神》，阎克文译，上海人民出版社，2010，第228页。
② 同上。
③ 同上书，第224页。

加尔文教这种尘世劳动和路德教的尘世劳动就有所不同。相对于天主教对尘世劳动的不屑而言（天主教只重视宗教活动），加尔文教和路德教都重视尘世劳动，但是，路德教徒的尘世劳动仅仅是安分守己的劳动，是在固定范围内的劳动，他并没有去建立一个合乎上帝意志和自然法则的世界秩序的目标，他的劳动也不是为了给上帝增加荣耀，上帝也没有对他提出这样的要求。也就是说，被路德教视为天职的劳动仅仅是劳动本身。

但是，加尔文教的尘世劳动有强烈的目标，就是要满足上帝的意志，在尘世建造一个完美的、丰裕的、适宜的国度。这样一个国度的建立就可以为上帝增加荣耀，而一个贫乏的尘世国家显然是对上帝荣耀的损毁。但要"创造上帝的繁荣王国与共同福祉，最重要的手段就是劳动。这使劳动获得了一种特殊的尊严，它适足以增加上帝的伟大"[1]。正是劳动的这一明确目标，决定了这样的劳动必须有规划，必须有理性，必须锲而不舍。也就是说，劳动应该有一个理性规划的明确目标，这和路德教的作为天职的随遇而安的劳动非常不一样。

但是，我们要明确的是，这种给上帝增加荣耀的劳动并不意味着人一定会得到上帝的恩宠，因为上帝事先已经决定了恩宠的结果。如果存在这样不确定的因素，那为什么还要通过劳动为上帝增加荣耀呢？我们可以反过来理解这件事。基督徒不知道自己现在努力工作为上帝增加荣耀是否会被拣选，但是，他知道如果不为上帝增加荣耀肯定是不会被选中的。如果不信上帝，如果对选中哪怕有一丝一毫的怀疑，如果有任何一点的

---

[1] 马克斯·韦伯：《新教伦理与资本主义精神》，阎克文译，上海人民出版社，2010，第91页。

不信任不坚定,如果违反上帝的教义和诫命而产生任何的感官欲求,如果有任何情感上的波澜、任何欲望上的非分之想、任何享乐的念头,那他肯定不会被选上。也就是说,如果不为上帝增加荣耀、不满足上帝的意志、不遵守上帝的诫命,就肯定不会得到恩宠,因为全知全能的上帝肯定不会犯这样的错误。也就是说,是否能被选上是不清楚的,但只要你有一点怀疑的念头,有一点侥幸的念头,你怀疑上帝、怀疑自己没有被选上,那么你肯定没被选上。这样,"把自己视为上帝的选民,把所有的疑虑统统视为魔鬼的诱惑并与之进行斗争,这被认为是一种绝对的责任。因为缺乏自信是信仰不健全,因而就是恩宠不完整的结果"[1]。这样一来,为了不被上帝抛弃,信徒就必须一直坚定,要一直坚信上帝,不能有任何闪失、任何怀疑、任何情感漏洞和欲望企图,每个人在生活中都得坚韧不拔、意志坚定、克己慎行,要每时每刻严密地控制自己的所作所为,要把自己每一刻的所作所为组织成一个系统从而防止出现任何纰漏,要一直坚信自己得到了上帝的恩宠。只有具备这样的人格特征,只有这样严苛地对待自己,才可能被上帝选上。"加尔文宗的上帝不是要求他的信徒做出个别的善举,而是一辈子的善举,并要结成一个完整的体系。……普通人的道德行为便不再具有无计划、不系统的性质,而是使全部行为服从一种一以贯之的方法。"[2] 也就是说,"只有在每一时刻、每一行为中都对生活的全部意义进行根本改造,才能证明恩宠的结果:把一个人从'自然状态'(*Status naturae*)转变到'恩宠状态'(*Status*

---

[1] 马克斯·韦伯:《新教伦理与资本主义精神》,阎克文译,上海人民出版社,2010,第 226 页。
[2] 同上书,第 230 页。

gratiae)"①。

但怎样才能做到这样的严密安排、做到这样的意志坚定呢？怎样才能自信会被上帝选中呢？这同样是要靠劳动。"为了获得这种自信，紧张的世俗活动被说成是最合适的手段。只有它才能驱散宗教疑虑并给人带来恩宠的确定性。"②在这个意义上，尘世劳动就有了多种意义。首先，它是为了满足上帝建立一个世界秩序的目标从而为上帝增加荣耀，它能使上帝愉悦。其次，艰辛的劳动本身就可以驱除人们心中永恒的焦虑，即是否被选中的焦虑。再次，劳动还能起到锻炼自己人格的作用，人只有持续而艰苦地劳动，才能克服各种各样的享乐冲动，才能战胜自己的欲望，抵制各种各样的诱惑，让自己意志坚定，毕竟感官主义和享乐主义是基督教所有教派的大敌。最后，这样的劳动也必须是条理性的，不是偶然的、随机的劳动，因为偶然的、随机的劳动意味着还可能有大量的闲暇，还意味着可能的放纵和诱惑，只有严格的、条理性的、规范的、毫不浪费时间的劳动才能达到锻炼自己的效果，才能完满地体现上帝的意志和要求。也就是说，这是一种贯穿终生的劳动，一种有完整体系的劳动，一种完全改造自己人格和生活的劳动，一种事无巨细、毫无遗漏、充满严密规划的理性劳动。"时间无比珍贵，虚掷一寸光阴就是虚掷一寸为上帝的荣耀而效劳的宝贵时辰。"③从根本上而言，这样的劳动就是充满理性色彩的禁欲主义劳动，这样的劳动者就是意志坚定的圣徒英雄。而

---

① 马克斯·韦伯：《新教伦理与资本主义精神》，阎克文译，上海人民出版社，2010，第231页。
② 同上书，第226—227页。
③ 同上书，第259页。

路德教徒的劳动仅仅是一项天职，没有终生的规划，没有目标。对路德教徒而言，劳动并不是获得救赎的手段，因此，劳动时间之外的偶然过失也不是不能理解的，只要内心相信上帝，这样的过失就可以被上帝原谅。但是，对清教徒而言，任何过失都是对上帝荣耀的损毁，因此都会成为没有被选中的原因。

我们说过，如果不是这样持续地艰苦劳动，信徒肯定不能被上帝选中（因为会令上帝不悦，也不会增加上帝的荣耀）。但是，这样有条不紊的禁欲主义劳动和生活就能确保自己被上帝选中吗？为了解决这个难题，"理查德·巴克斯特以及17世纪的其他'清教牧师'对加尔文教义做出的修正则使信徒们相信，如果他们证明能够控制自身的利己欲望并按照毫不含糊的上帝诫命引导生活，这时他们就可以认为，这样做的能力事实上就是由他们的上帝赋予的，因为上帝毕竟是全知全能的。信徒们知道，自己的活力正是来自信仰的力量，他们还进一步坚信，不同寻常的强烈信仰就是来自上帝，他的意志就在他们当中起作用"，"于是他们得出结论认为，上帝自然只把强大的信仰与活力赋予他所'偏爱'的人，即预定要得救的那些人"[①]。也就是说，信徒们将自己这非同寻常的、终其一生的苦行劳动的能力和意志看作是上帝赐予的，是自己对上帝的强烈信仰所致，单靠自身实际上是无力做到这点的。既然是上帝赐予了这样的品性和能力，赐予了这样的信仰，让自己能够过上这样艰辛的同时也是神圣的生活，那就意味着上帝已经挑选了自己。也就是说，这样的生活方式就是被上帝选中了的证据，这样的生活

---

① 马克斯·韦伯：《新教伦理与资本主义精神》，阎克文译，上海人民出版社，2010，第90页。

实际上就是得救者的标配。

这样的生活也是高度理性化的。比起天主教徒和路德教徒而言，加尔文教徒的理性化更加严酷，它的层级也更加多样。我们可以指出加尔文教徒有三个层面的理性化。第一个层面是同感官欲望针锋相对的理性化。这样的理性化贯穿在基督教的所有教义中，但是加尔文教最为严厉。天主教和路德教可以允许教徒的偶然过失，可以允许感官要求的偶然泄露，这种偶然过失、偶然的感官放纵可以通过悔罪的方式得以弥补，可以通过上帝的理解和救助而获得谅解。天主教徒甚至可以通过金钱购买赎罪机会，路德教徒则只需要保持内心对上帝的绝对信仰就可以平衡和冲淡这样的错失。而加尔文教没有这样的机会，加尔文教不给感性欲望留下任何的可能空间，任何感官欲望的泄露都是不可遏制的罪恶，并且无法获得弥补，这是针对感官欲望的理性化，一种绝对的、不容任何闪失的理性化。我们来看第二个层面。天主教徒沉浸在宗教生活和仪式中，就其生活而言，他们被教会组织包围着，几乎没有理性的成分。而路德教徒和加尔文教徒摒弃了宗教生活和宗教仪式，社会生活不再充满着繁琐的宗教氛围。加尔文"清教徒对一切带有迷信味道的事物，对巫术或圣事救赎的残余，无不痛恨至极，而这种仇恨也波及圣诞庆典、五月花柱以及所有自发的宗教艺术"[①]。这是社会生活方面的理性化，理性在这里是跟宗教行为和教会活动相对立的概念，这是世俗化意义上的反迷信的理性。同样地，加尔文教比路德教更加彻底、更加激进，加尔文教徒只有世俗的理性劳动，别无其他。第三个层面的理性化是加尔文教所独

---

① 马克斯·韦伯：《新教伦理与资本主义精神》，阎克文译，上海人民出版社，2010，第 266 页。

有的，就是严密的计划性。路德教的尘世劳动是随遇而安、按部就班的劳动，是没有目标和规划的劳动，而加尔文教的尘世劳动是严格规划、目标清晰的劳动，是不能有任何偶然性和差错的劳动，是计算周全的劳动，这是尘世劳动和生活中所显示出来的特殊的理性主义。它的特征就是推算、规划、严密，就是为了达成目标而实施翔实而周全的计划。这就是三个层面的理性化：对抗感官欲望的冷静理性，对抗宗教生活的世俗生活，以及对抗混乱和偶然性的秩序感和计划性。第二个层面的理性化是社会层面的理性化，第一和第三个层面的理性化则内化进人格之中。这三个层面的理性化组织在一起，就构成了加尔文教的禁欲主义苦行特征：严格摒弃欲望，进行纯粹的尘世劳动，并在劳动中体现出严密的计划性和目标。

这就是 17 世纪的理性主义。理性变成非常重要的衡量尺度。我们在这里不用谈笛卡尔的哲学。我们可以提及 17 世纪加尔文教兴盛时从荷兰开始出现的小画派。这些绘画洗涤了宗教气息和宗教内容，一种特有的世俗理性主义在其中显赫地出没。文艺复兴的绘画也有世俗特征，但是，其世俗性总是和宗教融合在一起。画家将宗教题材和感性主义加以调和，这是文艺复兴特有的调和人文主义和基督教的绘画表现。文艺复兴推崇感官生活，但是不反对宗教生活，不反对教会，教会题材和感官生活如何能够奇妙地结合在一起，这就形成了拉斐尔的性感的圣母这样的绘画任务。在此，神圣之物也是性感之物。但是，17 世纪的理性既反对教会也反对感官，画家既会抹除繁琐的宗教性和宗教题材，也会抹除刺激性的感官选择。16 世纪的维纳斯是更感官化的正面的维纳斯（如提香《乌尔比诺的维纳斯》），17 世纪的维纳斯则是对感官有所压抑的只呈现后背的维纳斯

（如委拉斯凯兹《镜前的维纳斯》）。17世纪的绘画理性，就体现在对再现的信奉。画家严格按照现实的样子来绘画，只有尘世，也可以说只有具体的现实，才是真实的实在，才是绘画的兴趣所在；也只有逼真地画出尘世、画出现实，也只有严格地、理性地、富有秩序感和计划性地画出现实尘世的样子，才是绘画的兴趣所在。在维米尔、伦勃朗、委拉斯凯兹那里，尘世的理性和秩序的理性巧妙地交织在一起。这也是福柯意义上的再现知识型在绘画领域的具体体现。就文学而言，我们也可以在这双重理性的意义上看待17世纪戏剧的三一律："但是我们，对理性要服从它的规范，/我们要求艺术地布置着剧情发展；/要用一地、一天内完成的一个故事/从开头直到末尾维持着舞台充实。"① 一个规划严密的理性链条编织起了新的戏剧结构。

五

不过，韦伯主要讨论的是加尔文教徒的理性主义是如何对资本主义的兴起产生影响的。

我们可以从几个方面来看。正是宗教的力量（被上帝拣选的愿望）驱使着加尔文教徒进行这种禁欲主义的持续劳动。但是，这样的持续劳动除了使教徒在心理上得到慰藉——这是被拣选的证据，也是禁欲主义劳动最直接的动机——它还意味着什么后果呢？

首先，毫无疑问，无休止的、勤恳的禁欲主义劳动会带来财富。"禁欲主义严厉谴责把追求财富作为目的本身……但是，

---

① 布瓦洛：《诗的艺术》（修订本），任典译，人民文学出版社，2009，第32页。

如果财富是在履行天职的劳动中获得的果实，那么它就是上帝赐福的标志。"① 也就是说，这样来获取财富并不应该遭到谴责，这是上帝的祝福，这也是增加上帝荣耀的方式，能够为上帝建立一个富裕的尘世天国创造条件。这就打破了传统基督教对获利冲动的束缚。获利冲动在加尔文禁欲主义劳动中是合理的，不合理的只是对获取的财富进行无限度的享用。财富不过是受上帝恩宠而获得的临时性托管之物，应该将每一笔钱用得恰到好处，而不能损坏上帝的荣耀。也就是说，加尔文教徒可以赚钱，但是不能乱花，不能奢侈地消费，只能"功利主义地理性利用财富，认为这是上帝的意志，是为了满足个人和共同体的需要"②。这是对铺张浪费的封建豪门习性的拒绝，这也恰好是现代中产阶级的习惯。这种挣钱的同时合理地使用金钱的方式就是中产阶级的观念："完好无损的朴素生活享乐，以及严格调节、严谨自制的传统伦理行为，这两种因素甚至直到今天也仍然结合在一起塑造着英国人的国民性格。"③

其次，如果拼命地赚钱但同时又十分地节俭，这样就会导致财富的进一步增加。这会导致什么样的效果呢？韦伯引用了卫斯理（John Wesley）的话："凡是财富增长之处，那里的宗教精髓就会以同样的比例减少。……因为宗教必产生勤俭，而勤俭必带来财富。但是随着财富的增长，傲慢、愤怒和对尘世的眷恋也会四处蔓延。……所以，尽管还保留了宗教的形式，但它的精神却在飞逝而去。"④ 加尔文教也不例外，"它们的纯经

---

① 马克斯·韦伯：《新教伦理与资本主义精神》，阎克文译，上海人民出版社，2010，第268页。
② 同上。
③ 同上书，第269页。
④ 同上书，第270页。

济效果，一般来说只有在纯粹的宗教狂热过去之后才会显现出来。这时，寻找天国的狂热开始逐渐转变为冷静的经济美德；宗教的根茎会慢慢枯死，让位于功利主义的名利心"①。经济人终于取代了朝圣者。一旦宗教精神飞逝而去，一旦禁欲主义劳动者的宗教意识、救赎意识淡薄了，那么，挣钱的功利愿望就取代了进入天国的救赎愿望。一旦宗教意识遭到削弱，禁欲主义的苦行劳动者就会变成现代社会的勤勉工人。兢兢业业地劳作没有变化，但劳作不再是上帝的指令；同样，赚钱获利也没有变化，但现在它不再是上帝的恩宠，也不是为了增加上帝的荣耀，更不是要在天国备下资产，而是商人自己的内在追求。也就是说，勤勉工作、努力挣钱从而光耀上帝，清教徒原先的这个宗教行为，现在世俗化了，现在没有光耀上帝这个目标了，"对财富的追求已被除去了原有的宗教和伦理涵义，变得越来越与纯世俗的感情息息相关"②。如此一来，努力挣钱就成为最后的目的，或者说成为目的本身，也就是说，个人资本的目标就是让它增值。这就是西方的资本主义的伦理，这就是资本主义的精神气质。它来自加尔文教的禁欲主义劳动。

正是在这里，我们可以看到第四个层面的理性化，即现代资本主义的理性化过程。前三种理性化分别是针对欲望的理性化，针对宗教活动、宗教组织和宗教氛围的理性化，针对偶然性和意外的一种计算式的理性化；现在则是针对宗教意识的理性化。如果说，路德教和加尔文教针对外在宗教活动和行为的理性化不仅没有削弱反而强化了宗教意识，那么，现代资本主

---

① 马克斯·韦伯：《新教伦理与资本主义精神》，阎克文译，上海人民出版社，2010，第271页。
② 同上书，第275页。

义理性化就是针对宗教意识的理性化，是针对人的内在信仰的理性化。或者说，这种理性化使人不再相信上帝和天国了，这样的理性化和信仰相对立。我们正是在这里看到了启蒙思想的经济回声。这是一种由历史实践引发的启蒙主义，它和思想观念变革所导致的启蒙主义相呼应。如果说后者需要少数个体巨大的现实勇气来推动的话，前者则是由沉默的无数大众自发形成的历史局势。这样双重的理性化——观念的理性化和实践的理性化，哲学活动的理性化和经济活动的理性化，使基督徒变成了理性人，欧洲从此进入了一个理性社会（既削弱了宗教活动，也削弱了宗教意识）。也正是在这个理性人和理性社会的双重意义上，我们可以说，欧洲进入了现代社会。

这样一个现代的理性化社会迎来了它的机器阶段。工业主义的机器加剧了这样的理性实践。实际上，加尔文教徒严格的禁欲主义的理性劳动本身就带有机器色彩。马克思（主义）已经分析过人和机器的同一性。由清教徒演变而来的现代工人被这样的工业机器塑造得更加理性化，他们获得了一种机器人格。这种机器人格和驾驭他们的机器一道，将这个社会编织成一个巨大的机器铁笼。这是一个由严密的理性编织而成的铁笼，这个铁笼"正以不可抗拒的力量决定着降生在这个机制中的每一个人的生活，而且不仅仅是那些直接参与经济获利的人的生活。也许，这种决定性作用会一直持续到人类烧光最后一吨煤的时刻"[1]。不错，如今我们仍旧在这个铁笼之中。

---

[1] 马克斯·韦伯：《新教伦理与资本主义精神》，阎克文译，上海人民出版社，2010，第274页。

第五讲

规训

一

在马克思、尼采、韦伯、海德格尔等人对现代性作出诊断之后，福柯也发展出了自己独一无二的有关现代社会的思想。最粗略地说，马克思是从经济的角度，韦伯是从宗教的角度，尼采和海德格尔是从文化和哲学的角度来解释现代社会，而福柯的特殊之处在于，他是从权力技术和治理技术的角度来解释现代社会的形成。在这一点上，福柯的著作重新解释了西方。他独一无二的谱系学是以"权力"作为视角的。解释西方的经典著作不计其数，但福柯别出心裁，他从一些特殊的角度来考察西方的历史——疯癫的历史、惩罚的历史、监狱的历史、性的历史。而权力的运作在这些历史领域中都贯穿始终。正是通过福柯，西方世界的一扇沉默而隐秘之门得以打开。福柯的思想和主题丰富多样，我们要讲的只是其中的一个重要维度，即现代社会特有的权力技术和治理技术是如何形成的，它们有什么样的手段、策略和目标。这也是福柯 20 世纪 70 年代中期研究的重要主题。对福柯来说，权力实践和惩罚密切相关。

对福柯来说，18 世纪末期的欧洲存在着三种惩罚技术，它们几乎并驾齐驱。

第一种就是公开处决。这就是《规训与惩罚：监狱的诞生》的开头所展示的场景。这个著名的开头非常恐怖：1757年3月2日，一个叫达米安的弑君者遭受公开酷刑。在一个广场上，他被铁钳撕开身体，伤口中被注入铅汁、硫黄、蜡和松香，最后"四马分肢""焚尸扬灰"①。福柯的描述体现了这种公开处决权力的典型特点，就是以暴制暴，以残酷对抗残酷，以恐怖对抗恐怖，以鲜血洗刷鲜血。这种权力的特点是否定、镇压、消灭罪犯的身体。这种权力以旧的君主制度作为支撑，在绝对君主身上体现出来。君主权力就是绝对的权力、绝对的暴力，公开的酷刑就是它逞能的展示，是君权的物质表现。因为一切都是属于君主的，犯罪在某种意义上就是对君主威严的损害，君主的权力在这种伤害中遭到了削弱，因此，公开的惩罚一定要组织威严而浩大的仪式，"用展现君权最壮观时的情景来恢复君权"②，它是一种政治运作，是君主权力的显赫展示。在这种仪式中，君主无坚不摧的威力和罪犯的犯罪身体构成了巨大的反差。当然，它也是一种司法功能，在公开处决中，在痛苦的折磨中，犯罪的身体确认和彰显了犯罪的事实，复制了犯罪的真相，并承担了犯罪的惩罚。身体"支撑惩罚的运作并用最醒目的方式展现惩罚的效果。肉体受到多次折磨，从而成为一个承担着行为现实和调查结果、诉讼文件和罪犯陈述、犯罪和惩罚的综合体。因此，它在神圣的刑事程序中是一个基本因素"③。这就是公开处决的双重功能：司法—政治

---

① 米歇尔·福柯：《规训与惩罚：监狱的诞生》（修订译本），刘北成、杨远婴译，生活·读书·新知三联书店，2019，第3页。
② 同上书，第51页。
③ 同上书，第50页。

功能。

但是，这种残暴的、大场面的公开处决仪式受到了批评。在 19 世纪初，它们逐渐消失了，惩罚开始变得有节制了。这有两个原因。第一个原因是围观的民众可能的逆反。这些民众被召集过来，本来是想让他们受到震慑的：一旦犯罪就会获得和罪犯同样的可怕下场。但是，罪犯既然已经不可能活了，反而可以为所欲为，他会大叫，会痛骂君主，而人群则可能会为他的痛骂喝彩。"这些处决仪式本来只应显示君主的威慑力量，但却有一个狂欢节的侧面：法律被颠覆，权威受嘲弄，罪犯变成英雄，荣辱颠倒。与犯人的眼泪和呼喊一样，鼓励也只会引起对法律的冒犯。"①

第二个原因是启蒙时代出现了新的关于人的观念，人性的概念建立起来。无论罪犯如何罪大恶极，他也有人性，这种人性不应被摧毁。一个新的人性尺度已经建立起来。从这个尺度出发，公开的酷刑处决就是一种野蛮的表现，就是对人性的违背。由此，人性变成了一种法律限制，它是一种底线，不能触碰，惩罚因此受到限制。君主的残暴报复在这种新的人性观念面前退缩了。"19 世纪初，肉体惩罚的宏大景观消失了，对肉体的酷刑也停止使用了，惩罚不再有戏剧性的痛苦表现。惩罚的节制时代开始了。到 1830—1840 年间，用酷刑作为前奏的公开处决几乎完全销声匿迹。"②

这样，惩罚的改革就开始了。它针对的对象就是残暴的公开酷刑，也即君主权力的运转。君主权力太集中了而且太暴虐

---

① 米歇尔·福柯：《规训与惩罚：监狱的诞生》（修订译本），刘北成、杨远婴译，生活·读书·新知三联书店，2019，第 64 页。
② 同上书，第 14—15 页。

了，改革的目标就是要瓦解和分散这样的至上权力。权力慢慢地从最上面，从集中的、垄断的顶点下放到社会的最微小粒子中，单一的权力分解为多种多样的微观权力。一种摆脱了君主权力的新的惩罚策略出现了。它不是权力的报复和对肉体的消灭，而是要产生功能。惩罚要起政治经济学作用，要产生稳定而持久的效果。也就是说，要配合社会的发展，减轻经济代价和政治代价，这是一种实用主义的而不是夸示性的纯粹惩罚。因此，"不是要惩罚得更少些，而是要惩罚得更有效些；或许应减轻惩罚的严酷性，但目的在于使惩罚更具有普遍性和必要性"[1]。而要达到这种实用的社会效果，惩罚权力必须嵌入社会深处，必须四处运作，必须对任何一种犯罪都设置一套相应的罪名，使之无法逃脱惩罚。

那么，这普遍而深入的惩罚到底如何实施呢？首先，惩罚对象和着力点发生了变化。"如果说最严厉的刑罚不再施加于肉体，那么它施加到什么上了呢？……既然对象不再是肉体，那就必然是灵魂。曾经降临在肉体的死亡应该被代之以深入灵魂、思想、意志和欲求的惩罚。马布利明确彻底地总结了这个原则：'如果由我来施加惩罚的话，惩罚应该打击灵魂而非肉体。'"[2]灵魂意味着什么呢？这个灵魂不是基督教的不变灵魂，而是人的一般精神。严格地说，是人的观念、人的内在意愿。为什么要惩戒和打击灵魂呢？因为人是灵魂的存在，是灵魂在决定、控制和捆绑着身体，"灵魂是肉体的监狱"[3]。因此，控制了灵

---

[1] 米歇尔·福柯：《规训与惩罚：监狱的诞生》（修订译本），刘北成、杨远婴译，生活·读书·新知三联书店，2019，第87页。
[2] 同上书，第17页。
[3] 同上书，第31页。

魂就控制了身体。权力要驾驭身体就先要驾驭灵魂，权力的惩罚现在就要致力于驾驭灵魂。

这就是说，惩罚现在要针对的是人的灵魂和观念。更恰当地说，是针对这样一个认知观念，即任何罪行都有一个适当而准确的惩罚手段与之相适应。当人们有了这个观念的时候，就不会去犯罪。当人们觉得一旦犯罪了一定会有惩罚等待自己的时候，当意识到严格而恰当的惩罚会准确无误地降临到自己身上来的时候，当觉得犯罪得不偿失、一旦犯罪被惩罚和伤害的可能性要大于犯罪所得的可能性的时候，人们就不会去犯罪。因此，惩罚就是要在犯罪观念和惩罚观念之间建立起牢不可破的联系，让二者像锁链一样密不可分。"当你在你的公民头脑中建立起这种观念锁链时，你就能够自豪地指导他们，成为他们的主人。愚蠢的暴君用铁链束缚他的奴隶，而真正的政治家则用奴隶自己的思想锁链更有力地约束他们。正是在这种稳健的理智基点上，他紧紧地把握着锁链的终端。……最坚固的帝国的不可动摇的基础就建立在大脑的软纤维组织上"[①]。

在这个意义上，惩罚所着力的就不是真正的肉体，而是关于肉体痛苦的想象，或者说，是肉体痛苦的表象，是有关惩罚和痛苦的符号和迹象。正是这些有关受罚痛苦的想象性符码，使犯罪欲望受到了阻碍，惩罚的符号变成一种对犯罪的警戒和障碍。社会的惩罚就此从君主的暴虐变成一种符号活动，一种无处不在的表象活动。"让酷刑和处决的观念永远存在于意志

[①] 米歇尔·福柯：《规训与惩罚：监狱的诞生》（修订译本），刘北成、杨远婴译，生活·读书·新知三联书店，2019，第108—109页。

薄弱者的心中，制约着驱使其犯罪的情感。"①如果要让这种灵魂的惩罚达到最好效果，就应该在社会的各个层面激活这种痛苦的符码和表象，使其发挥最大的阻碍犯罪的能力。也就是说，随着惩罚对象的变化，惩罚的范围也发生了变化。惩罚的符码应该无处不在，应该深入社会的各个细微层面。"人们应该设想一个惩罚之城。十字路口、公园、正在修缮的道路或桥梁两侧，将会有数以百计的小型惩罚剧场。每一种罪行都有针锋相对的法律，每一个罪犯都会受到应有的惩罚。这种惩罚将是公之于众的，具有解释、自我证明和昭示罪行的作用。告示、有标记的各种颜色的帽子、标语、象征物、文字读物等，不断地重复着有关的符码。背景、立体性、视觉效果、逼真图像有时放大了这种场面，使之比真实情况显得更可怕，但也更清晰。"②

二

如果将一切与惩罚和犯罪相关的要素进行符号编码，如果社会遍布着这样一种可见的符号惩罚，如果惩罚都如此地表象化而不是夸张而笨重地专注于消灭实在的肉体，一种明显的节制性的权力惩罚技术就出现了。惩罚权力会更加表象化、更加显著，也会变得更有效，更少地残忍，更少地流血，更少真实的肉体痛苦，但它也更广泛地普及和渗透到社会中来，更能产生实际的效果。这样，这种更为人道的惩罚既可以广泛地防止

---

① 切萨雷·贝卡里亚语，转引自米歇尔·福柯：《规训与惩罚：监狱的诞生》（修订译本），刘北成、杨远婴译，生活·读书·新知三联书店，2019，第111页。

② 米歇尔·福柯：《规训与惩罚：监狱的诞生》（修订译本），刘北成、杨远婴译，生活·读书·新知三联书店，2019，第121页。

犯罪的发生，同时也节省了权力的经济成本，它产生了政治经济的双重效果。这就是新的惩罚权力的三个特点：惩罚对象的变化，即从肉体到灵魂；惩罚范围的变化，即从单个个体转移到整个社会，从国王的至高权力转移到社会的微分权力；惩罚效果的变化，即从单纯的制造痛苦的报复性杀人到政治经济的节省的社会效果。而所有这些，都和18世纪启蒙思想家新的知识观念相辅相成，这也是福柯在《词与物》中所说的古典时期的表象知识型（再现知识型）在司法领域中的体现。表象起到了主导作用。这是有关表象和符号的惩罚，可见性的惩罚表象直接浸入了思想和灵魂。

这也是改革者要废弃公开酷刑而进行这种灵魂惩罚的原因。这也是惩罚权力的新技术和新结构。"这是一个重要的历史时刻。惩罚景观的旧伙伴——肉体和鲜血——隐退了。一个新角色戴着面具登上舞台。一种悲剧结束了，一种喜剧开演了。"[1]

但是，在18世纪下半期，另一种新的惩罚技术也发展起来了，或者说，它此前也一直存在，只不过这时候它开始充分发展了。这同样是一种肉体的惩罚技术，但不是像君主权力那样的对肉体的消灭技术，而是一种操练肉体的技术。它出现在英国和美国的惩罚机构，即教养所中。它和灵魂的惩罚技术有相似之处，但也有根本的不同。

它们的共同之处在于：首先，和灵魂的惩罚一样，教养所的惩罚也不是像君主的惩罚那样去报复、屠杀和抹掉罪犯，它和灵魂惩罚一样都是面向未来的，都是防止犯罪的重演；其次，也因此，它的根本目的不是要消灭罪犯，而是要改造罪犯；最

---

[1] 米歇尔·福柯：《规训与惩罚：监狱的诞生》（修订译本），刘北成、杨远婴译，生活·读书·新知三联书店，2019，第17页。

后，惩罚都要因人而异，要根据犯人的特点和变量来实施。但不同点也正是在这里："在确定这种因人而异的改造方法时，不同点就明显地表现出来。差异表现在了解人的途径、惩罚权力控制人的方法、实现改造的手段中。"① 总体而言，差异就在于惩罚的技术之中。

灵魂惩罚是通过对观念的影响来施行的，是让犯罪和惩罚的锁链关系以各种可见的表象方式得到确认，要让它广为传播，从而深入人心。人面对这无时无刻无处不在的起作用的符号表象系统，就会重新构想和确立他的法律权利主体这一身份。但教养机构的惩罚作用点是"肉体、时间、日常行为态度"②。它是对人体的充满计划的操纵，是反复的强制："时间表、强制性运动、有规律的活动、隔离反省、集体劳动、保持沉默、专心致志、遵纪守法、良好的习惯。而且，归根结底，人们试图通过这种改造技术所恢复的，不是卷入社会契约的基本利益中的权利主体，而是恭顺的臣民。他应该听命于习惯、规定、命令和一直凌驾于头上的权威，让这些东西在他身上自动地起作用。"③ 在此，"惩罚执行者应该行使一种绝对的权力，任何第三者都不得干扰他。被改造者应该完全置于那种权力之下。至少从这种惩罚技术的角度看，隐蔽性和独立性都是绝对必要的。惩罚应该有自己的运作方式，自己的规则，自己的技术，自己的知识。它应该确定自己的规范，决定自己的效果"④。

---

① 米歇尔·福柯：《规训与惩罚：监狱的诞生》(修订译本)，刘北成、杨远婴译，生活·读书·新知三联书店，2019，第 136 页。
② 同上书，第 137 页。
③ 同上书，第 137—138 页。
④ 同上书，第 138 页。

福柯说，对人体的这种规训并非史无前例，但在 18 世纪出现了新的特点：控制范围发生了变化。权力现在控制的是身体的微观细节，将身体看作微分对象，对身体的姿势、运动、速度加以干预，同时持续不间断地控制，将身体的行为进行编码，将身体植入一个特定的时空框架中从而对身体的整个活动过程进行控制。控制的目的是增强力量，让身体变得有力，增强身体的效能。为了增强这种效能，要反复地操练身体。福柯特别指出了几个空间机构的类似的规训技术：学校、医院、军队和工厂。他特别关注这四种机构是怎样生产身体的，规训权力在这部分机构当中是怎样运转、实施和实践的。首先，就是有一个封闭的空间，学校、医院、军队、工厂都是在一个密闭的空间里面展开活动的，这是一个基本的前提，即让身体置身于一个密闭的空间之内。其次，在这个固定空间内要对身体进行严格的编码，要让身体在特定的时间内按照特定的编码来活动；这种编码活动还要反复地训练，要通过训练时间的积累来达到理想的效果。最后，这个空间中不同的单个身体还应该组合起来以达到最大的效力。总之，"它还使用四种技术：制定图表；规定活动；实施操练；为了达到力量的组合而安排'战术'。战术是一种建构艺术。它借助被定位的肉体，被编码的活动和训练有素的能力，建构各种机制。在这些机制中，各种力量因精心组合而产生更大的效果。战术，无疑是规训实践的最高形式"[1]。身体就这样进入了一种分割它、编排它、组织它的权力机制中。

这是规训权力的框架。但是，如何保证这样的规训顺利实

---

[1] 米歇尔·福柯：《规训与惩罚：监狱的诞生》（修订译本），刘北成、杨远婴译，生活·读书·新知三联书店，2019，第 179 页。

施呢？首先是要监视。不管是在工厂、学校、医院还是军队，人们永远处在被监视的状态下。被规训的人在一个空间当中无时无刻不被看见，这是福柯特别强调的一点。他的这本书，英文版和中文版都将书名翻译成"规训与惩罚"，但按法文版原名其实应该叫"监视与惩罚"（Surveiller et punir），监视是惩罚的最重要手段。在工厂里有工头在监视你，在教室里有老师在监视你，在宿舍里有宿管员在监视你，在医院里有医生和护士在监视你，在部队里有首长在监视你……你永远处在被看的状态。这个监视也在不断发生变化。福柯特别提到了环形监狱——这可以说是福柯提出的最著名的意象了。这个意象来自英国思想家边沁（Jeremy Bentham）的设想，福柯让它变得广为人知。就是说，在地面上盖了一个环状监狱，分成不同的单人囚室，它们一个靠一个地组成了环状。每个囚室都有一个窗户。在环的中间有一片空地，空地上设置了一个高的瞭望塔，瞭望塔的顶端有一个用来监视的房间，有一个人坐在里面监视囚徒。监狱利用了特殊的光学设计达到了这样一个效果：单人囚室里的囚犯永远看不到瞭望塔上的监视者，但是瞭望塔上的监视者可以随时看清下面每一间囚室的动静。这样一个普遍监视的视角，单纯凭一个建筑学结构、凭一个空间关系就可以发挥作用，而且是用最小的成本（一个人就可以监视一大群人）来发挥最大的监督功能。福柯由此开始描述我们这个现代社会。他说，现代社会和古代社会一个很大的差异在于：古代社会中大部分人都是匿名的，在黑暗之中，只有一个君主被无数人看到，只有君主吸引了所有目光，能被观看和了解。但是现代社会的观看和监视机制发生了颠倒，一个人可以在瞬间看到一大片人。以前君主是被观看的焦点，但是现在我们所有人都被观看、被监视。当然，今天的监视无孔不入，比福柯的时代更加全面、更加细致、更加深化。福柯根本没想到今天我们会有如此大量的监视器、如此多的信息监控。对福柯来说，监视能够导致规训权力的实施。

除了监视外，还有另一种规训方式，即规范化，就是在一个机构内设置一套规范，受规训者必须符合规范。规范化是机构内部设置的小型审判机制，它通过规范化来裁决，迫使人达到规范，达不到规范就进行惩罚。规范化不仅对每个个体提出要求，同时，它也在测定人与人之间的差异。第三种规训方式，是把监视和规范化结合在一起的检查或者考核。规训结束后，要进行最终的考核，检查是否符合规范，是否达标。比如，学生毕业要考核论文，病人出院要医生最终检查，军人训练后要首长检阅，等等。这最后的考核本身既包含着监视，也包含着规范化裁决。

所以，这三种规训技术——监视、规范化、考核，最后会把个体作为一个产品创造出来，而且围绕着这个产品还形成了关于这个产品的一套完整的知识标记，如病人有一套病历，学生和军人都有一套档案。就是说，每一个人最后都形成了一套知识。这就是权力和知识的结合，二者密切关联起来，从而将个人控制住了。我们以为自己是一个主体，以为自己具有主动性，但按照福柯的观点，我们每一个个体都是被权力/知识规训、塑造和生产出来的。医院、军营、学校、工厂中都充斥着这种规训权力。福柯说，这样的规训机构如果推向极端化，就是监狱的形成。从这个意义上来说，医院、军营、学校、工厂跟监狱没有什么根本的区别，它们不过是温和的监狱，而监狱不过是最严厉的规训机构。在这个意义上，整个社会遍布着各种小型监狱。现代的欧洲社会就这样形成了"监狱群岛"。

但这种规训权力的目的和功能是什么呢？就是为了让身体变得既有用也驯服，或者说，更驯服才更有用。身体不过是一个驯服而有用的对象。因此规训就表现出两种方向：一方面是增加身体的力量，这是为了让它们更有用；另一方面是减弱它们的（抵抗）力量，这是为了让它们更驯服。这样一来，身体的使用能力和服从能力同时增强。规训权力就是让身体按照权力的愿望去行事，让身体高效和驯服地行事。规训权力的根本特征就是旨在以最经济、最节省同时又最有效、最普遍、最连贯的方式去管理大量的身体，让身体产生效用。

这也就是福柯所说的"身体的解剖政治"。从根本上来说，"这种对肉体的政治干预，按照一种复杂的交互关系，与对肉体的经济使用紧密相联；肉体基本上是作为一种生产力而受到权力和支配关系的干预；但是，另一方面，只有在它被某种征服体制所控制时，它才可能形成为一种劳动力（在这种体制中，需求也是一种被精心培养、计算和使用的政治工具）；只有在肉体既具有生产能力又被驯服时，它才能变成一种有用的力量"[1]。福柯在此是对马克思作了补充，对马克思来说，资本主义生产的关键在于资本的积累，正是资本的积累导致了大规模生产形式成为可能。而大规模生产形式的实现，势必需要大量的劳动生产力的聚集。实际上，人员积聚和资本积累这两个进程紧密关联。它们相互作用，没有资本积累，就没有资本主义的规模生产；没有工厂的形式，就不可能将人员聚集起来。马

---

[1] 米歇尔·福柯：《规训与惩罚：监狱的诞生》（修订译本），刘北成、杨远婴译，生活·读书·新知三联书店，2019，第27—28页。

克思提到了劳动力作为商品的形式，这是资本主义所特有的现象。但是，福柯进一步补充说，劳动力不仅是要作为商品，它还需要驯服，还需要增强自己的力量，还要有实际效用。这些都是对资本主义的巩固，"在生产机构、劳动分工和规训技术制定方面的技术性变化维持了一组十分紧密的关系"[1]。这是规训权力和资本主义的结合。

我们可以总结一下规训权力的特点。

第一，和君主权力不同，它是肯定的权力，不是否定的权力；是生产和创造的权力，不是屠杀和消灭的权力。它要创造出一个产品，一个有用而驯服的身体产品。简单地说，它控制身体是要产出、要产生效用，它不是修道院式的、完全不产生功能的身体训练权力。

第二，它不是特权，不是归属于某人或某个阶级的权力。它不是奴隶主式的人身掌控权力，也不是作为主子让人听命的权力，它并没有要依靠或者服从的主体。它是一种战略，一种技术和操作。它是通过战略技术去支配。因此，它永远处在战斗状态，永远处在战斗关系网络中。要理解这种权力，就应该从这种关系中去理解它，而不是将它看作某个主体的所属物。

第三，因为是一种关系网络中的支配，是一种普遍的技术，它也会遭受各种抵抗。在被抵抗的同时，它也到处传播，这种权力就是在社会的各个细微层面上施展的，它深入到社会的肌体中。也就是说，它不是在国家层面上实施，不是在国家和公民的权力关系中施展，也不是在一个阶级对另一个阶级的压制关系中施展。这种微观权力，既不是二元的关系，也不是单

---

[1] 米歇尔·福柯：《规训与惩罚：监狱的诞生》（修订译本），刘北成、杨远婴译，生活·读书·新知三联书店，2019，第238页。

一的关系，而是多元微分关系。它到处发挥功能，到处引发争斗，到处都能看到权力的支配和抵抗，到处都能看到矛盾点的触发。

第四，权力和知识是密不可分的。权力创造出关于身体的知识，又根据这种知识来生产出特定的身体，由此身体就可以被计算、被组建、被具体地设想出来；而有关身体的知识又让权力更好地控制身体。权力和知识就这样结合在一起，知识不能脱离权力而存在，知识是被权力制造出来的，它不像通常想象的那样，是一种纯粹的、与权力无关的、自由和中性的知识。反过来，知识也巩固了权力，权力要通过知识、借助知识来发挥作用。这种权力—知识关系通过把人的身体变成确定的认识对象来干预和征服人的身体。它甚至成为一门学科，即身体的政治技术学。按照这门学科训练的身体也获得了档案，即一种关于身体全部状况的记录知识，这个知识档案反过来又控制着这样的身体，身体正是通过这种权力和知识的结合而被操控的。

三

正是在这个意义上，我们可以说福柯的规训权力是一种现代权力。在18世纪晚期，它和君主的镇压权力、灵魂权力同时存在着，这是惩罚权力的三种技术。大体而言，"在君主制度中，惩罚是君权的一种仪式。它使用报复的仪式标志，对犯人的肉体施加报复。它是君主及其权力的物质表现。它是不连贯、不规范的，总是凌驾于自身的法律之上，它在众目睽睽之下制造强烈的恐怖效果"，而灵魂权力"则把惩罚视为使人重新获得权利主体资格的程序。惩罚不应使用标志，而应使用符号，即一系列被编码的表象。这些表象应能得到迅速的传播，并能最普遍地被目睹了惩罚场面的公民所接受"。[1]惩罚作为景观、符号和话语无处不在，它通过不断地对公民头脑和灵魂反复灌输符码而运作。

而规训权力则是各种各样的社会管理机构对身体进行强制训练和管理的技术，这是为了创造出高效的具备生产功能的身体。规训权力的发展和特定的历史情势相关：18世纪人口激增，而且流动加速。规训就是试图对人口进行控制和管理，它从根本上是反流动的，是定位的技术，是管理人口的技术，是将全部人口分成个体来管理的技术。它有经济目标。如果说韦伯的资本主义的新工人——他们是作为资本主义的劳动力——是从清教徒发展而来的话，福柯的资本主义工人则是被规训权力打造而成的。对韦伯来说，驯服和有用的工人是由清教徒的禁欲主义内化而成，但在福柯这里，则是由外部权力监视和规训而成。现代的资本主义（尽管福柯不怎么提及资本主义）在福柯这里是从社会权力的角度得到解释的。对福柯来说，权力的管治技术是解释社会的钥匙。

对福柯来说，规训权力是17、18世纪的欧洲社会主导性的权力模式。这也是福柯社会理论中非常核心的概念。这种现代欧洲的权力模式的特殊性在哪里呢？现代社会的开端、资本主义的兴起大概都是在17世纪出现的，我们应怎样谈论这个时期的社会？怎样描述和分析现代性开端的社会机制？对马克思来说，之所以会出现现代资本主义，是因为17世纪开始出现的科

---

[1] 米歇尔·福柯：《规训与惩罚：监狱的诞生》（修订译本），刘北成、杨远婴译，生活·读书·新知三联书店，2019，第139—140页。

学和工业技术使生产力发生了巨大的变化，相应的社会关系、生产关系也发生了变化。资本主义的兴起就在于新的生产力打破了既有的、旧式的、封建的生产关系。韦伯对现代欧洲的解释和马克思不一样，如果说马克思是从经济的角度来解释资本主义，韦伯就是从另外一个角度，即从基督教、宗教改革运动，尤其是路德教和加尔文教的角度来解释资本主义的兴起的，他特别强调人的理性，也就是人格的严谨、坚韧、规划性的严格理性。在17世纪宗教改革后，新教徒充满理性，这种人格上的理性后来逐渐转移到整个社会中，整个社会都充满了理性，以至于在社会制度中也出现了理性化的社会组织，这就是著名的科层制。科层制最核心的意象就是由理性严密地、规范地编织起来的"铁笼"。韦伯的出发点更多是从文化的视角解释欧洲理性的"铁笼"是怎么形成的。福柯则完全是另外一个角度，他既不是从经济的角度，也不是从文化的角度来解释欧洲现代社会的兴起，他是从治理技术、权力技术、权力实践的角度，从欧洲政治技术变迁的角度来解释现代欧洲的。对福柯来说，现代欧洲的权力技术、渗透到社会中的各种各样的权力技术，主导了现代欧洲的社会组织原则。

四

但是，对福柯来说，仅仅是规训权力并不能解释欧洲的资本主义和现代社会。福柯后来还论及了另一个更重要的权力类型，即生命权力（biopower）。在1975年的《规训与惩罚》中，他只研究了规训权力，但很快他就在1976年出版的《性史》（又译作《性经验史》）中补充了生命权力。如果说规训权力的运作主要是借助各种各样的机制来干预具体的个体的话，那么，还有另外一种政治权力，它针对的对象是全体人民，它的对象是作为一个整体的人口。如果说，规训权力是将整体的人口分割成单个的个体，那么，这另外一种政治权力恰恰是把单个的个体统合起来，把它们统合成为一个总体性的人民、人口。也就是说，规训权力的对象是个人的身体，而另一种政治权力——福柯将它称为生命权力——的对象就是人口。生命权力或者说生命政治（biopolitics）和规训权力相互补充，它们构成了现代社会权力运作的两个维度：一个权力针对着个体，一个权力针对着全体人口。规训权力是17世纪开始伴随着各种现代体制一道发展起来的，而生命权力这种针对全体人口的权力，是18世纪开始出现的。后者在国家治理的层面上对整个人口进行调节性的干预。福柯认为，18世纪时同时存在着这两种权力：针对个人身体的权力，即规训权力，福柯称之为"身体的解剖政治"；而国家对人口进行调节的权力，即生命权力，他也将它称为"人口的生命政治"。由此，从17、18世纪开始，"出现了以制服身体和控制人口为目的（的）各项技术的大爆炸"[1]。

由于权力的对象不同，它们的目标也不同：规训权力旨在创造出一种有用的个体身体，而生命权力则是试图干预整个人口的生命。生命权力"以人体—人种、以充满生命机制和充当生物过程基础的人体为中心"[2]，它关注的是"繁殖、出生率和死亡率、健康水平、寿命、不同条件下寿命的变化"[3]。生命权

---

[1] 米歇尔·福柯：《求知之志》，载杜小真编选《福柯集》，上海远东出版社，2003，第375页。
[2] 同上书，第374页。
[3] 同上。

力是要在国家治理的层面上让整个人口变得健康安全。生命政治直接作用于作为整体的人口的生命层面。权力转向了人口的生的方面，它旨在让人们生活得更好、更幸福、更健康。"权力是通过对生命负责而不是以死亡进行威胁而直达人体的。"[①]国家关心的是国民的总体幸福感，是安全指数，是人均寿命，是经济产值。也就是说，从18世纪中期开始，社会最核心的目的，就是保障人口的健康和安全，保障人民的福祉，让人民生活得更好。为了达到这个目标，国家开始关注人口，关注人口的出生率、死亡率，关注环境问题，关注人口、领土和环境之间的关系。它的核心机制就是安全配置（dispositifs de sécurité）。我们可以看到，18世纪中期出现的生命政治的目标一直延续到现在。国家最核心的职能，用我们今天的话说，就是解决民生问题。它作用的对象是作为全体国民的人口。要使全部人口获得福祉，权力就要控制偶然事件，控制出生率和死亡率，控制传染病和其他各类疾病，控制自然灾害。这是自18世纪中期以来政治所关心的头等大事。

　　生命权力的诞生，也是现代社会的诞生。可以将生命权力和君主权力作个对比。以前，君主权力的核心和显现之处，就在于"让人死"。君主权力爆发的顶点，就是置人于死地，就是任意地杀人。君主权力荣耀的巅峰恰恰是它无穷无尽的致死能力。但生命权力正好是对此的颠倒，权力不再是杀人，而是救生，是改善生命、投资生命，让生命变得更安全、更健康。这样看来，生命政治的目标与君主权力的目标完全相反，君主要摧毁和杀死叛逆者，其权力目标是杀人，而现在，生命权力的

[①] 米歇尔·福柯：《求知之志》，载杜小真编选《福柯集》，上海远东出版社，2003，第377页。

目标主要是救人。生命权力对君主权力的替代，在某种意义上，也可以说是现代社会对古代社会的替代。生命权力是政府的治理权力，而不是国王生杀予夺的至上权力。

同时，这也是性对血的替代。福柯在《性史》第一卷最后一章（这也是他所有著作中最精彩的章节之一）、同时也是最重要的一章中，指出了规训权力和生命权力对身体和生命的管制方式。我们前面已经指出了这两个层面：一个是针对个人身体的规训层面，一个是针对人口的生命政治的干预层面。这两个层面正好有一个连接点，这就是性。性既属于对身体的规训范围，又属于对人口的调节范围。它既是个体身体训练的核心，也是整个人口生育的核心。"在'身体'与'人口'的结合部，性成为这样一个力的靶心"[①]。福柯说，自生命政治诞生以来，整个社会就进入了性的阶段。在此之前，社会则是血的阶段。性与血分别是两个社会的核心意象。血的社会表明了君王的至高统治，它强调血统、血腥、屠杀和死亡，君主通过血说话，权力通过血炫耀。但性是什么呢？性是激发、激励、调节、管理，它与健康、种族、享乐和生命相关。血是致死的，性则是促生的。

如果权力的目标是让人们活得更好，更加健康强壮，让人们的预期寿命更高，免于各种各样的死亡威胁，也就是说，让人们能够健康地活着，这样一来，就暗示着一个前提性的想象——人口本身被当作一个生物现象。生命事实就是生物事实，人口就是活着的生物群体。这就是将人的生命看作是生物生命。生命权力就是为了让这个作为生物现象的人口得以更好

[①] 米歇尔·福柯：《求知之志》，载杜小真编选《福柯集》，上海远东出版社，2003，第 379 页。

地繁衍。从这个角度来说，政治就和生物学结合在一起了。"人类生命特有的现象之进入知识与权力的领域——进入政治技术领域。"[1] 政治在干预和改造生物，将作为生物的生命纳入它的计算和管理范畴。尽管生命本性不属于历史的范畴，但是，它被权力技术包围和渗透，从而被纳入历史知识的范畴之内。这种将生命纳入权力—知识中去考量和权衡的政治，就是福柯所说的生命政治。在此，政治、历史、权力技术开始干预作为生物的生命了。福柯指出，这是人类历史上首次出现的现象：生物性通过政治性反映出来。由此，政治和生物连接在一起了。

要理解福柯这一生命政治的内涵，我们可以对照着亚里士多德的观点来看。福柯也将自己同亚里士多德对立起来，或者，更恰当地说，他在现代社会发现的人的特征正好颠倒了亚里士多德开创的古代社会的人的定义。尽管亚里士多德说人有三种主要的生活——享乐的生活、政治的生活以及沉思的生活，但是，他还是对人作了一个著名的定义：人天生是一种政治的动物。而政治的动物又意味着什么呢？亚里士多德接着说，"凡人由于本性或由于偶然而不归属于任何城邦的，他如果不是一个鄙夫，那就是一位超人"[2]。也就是说，政治的动物意味着人不能脱离城邦生活，人要参与城邦生活，即一种相对于私人家庭生活而言的公共生活。这里，城邦生活和家庭生活迥然不同，私人的家庭生活并不属于政治生活，仅过私人生活并非人的特质。因为私人生活仅仅满足了人的必需要求，仅仅为了自我满足和谋生，它是单纯的功利生活，它为生存的必然性和紧迫性

---

[1] 米歇尔·福柯：《求知之志》，载杜小真编选《福柯集》，上海远东出版社，2003，第376页。
[2] 亚里士多德：《政治学》，吴寿彭译，商务印书馆，1965，第7页。

所胁迫——这也正是动物的特征所在。而城邦的公共生活，则超出了自我保存的状态，摆脱了必需的功利性，城邦也因此成为一种自由空间。而正是这一点，使得人和动物区分开来。正是这种对自我保存状态的超越，正是对城邦生活的参与，正是在这参与中体现出来的摆脱生存必然性的自由，才使得人成为人。

不过，这种城邦生活的特性何在？或者说，人如何参与城邦生活？人如何从事他的政治？人是一个什么样的政治动物？根据阿伦特的解释："存在于人类共同体中并为人类共同体所必需的活动中，只有两种被看作是政治的并构成亚里士多德所谓的'政治生活'，即行动（praxis）和言说（lexis），从这两者中产生出了人类事务的领域（柏拉图称之为 ta tōn anthrōpōn pragmata），而一切仅仅是必需的和有用的东西都被排除在政治生活外。"[①] 政治活动就是"行动"和"言说"。人是政治的动物，同时也意味着人是行动的动物。相对于亚里士多德的城邦生活（公共生活）和家庭生活（私人生活）的二元区分，阿伦特区分了人类的三种活动：劳动（labour）、工作（work）和行动（action）。劳动是人和动物共享的活动，也是私人领域的活动，是生存必要性的活动，因而排除在政治生活之外，它也是属于亚里士多德式的家庭领域的活动。而工作同时具备私人生活和公共生活的特征，它介于二者之间，它是一种劳动，但它又不是一种单纯谋生的劳动，它还建造了一个充满意义的事物世界。事物的这种世界性正是公共生活的背景。而行动则发生在人与人之间，是复数的人之间的活动，是公共领域的活动，

---

① 汉娜·阿伦特：《人的境况》，王寅丽译，上海人民出版社，2009，第15—16页。

这是真正的政治活动，也相当于亚里士多德所说的政治生活。如果说，阿伦特的劳动和行动概念分别对应于亚里士多德提出的家庭生活和城邦生活，那么，她还在这二者之间添加了一个中间项，这就是工作。它既非单纯私人的，也非单纯公共的。但无论是亚里士多德还是阿伦特，都强调了公共领域中政治活动的特征是行动，阿伦特称之为积极生活。如果说人是政治的动物的话，那么这个动物是积极地行动的，是在复数的人之间、在公共领域积极地行动的。政治的动物，就意味着在人群中主动地参与行动。

这也正是福柯所理解的："千年来，人一直是亚里士多德所说的那样是一个有政治生存能力（capacity）的动物。"[1]但是，接下来，福柯毫不犹豫地话锋一转："现代人则是这样一种动物，它作为一个生物的存在受到了政治的质疑。"[2]也就是说，福柯提出来的生命政治预示了一个同亚里士多德传统完全相反的方向。对亚里士多德来说，人是主动和积极地参与政治的，而且也只有参与政治，人才能实现他的人性，即只有过城邦生活，只有积极生活，只有行动，只有在人群之中行动，人才能实现他的人性。人本质上要过城邦生活，过政治生活，这是人的一种本性和先天能力。但是，福柯指出，现在，即18世纪以后，不是人要主动积极地行动，去从事政治生活并以此获得人性，相反，是政治开始介入人的生命本身，权力技术开始包围人本身。人变成了权力—知识的被动客体，成为它们捕获的对象。对亚里士多德来说，参与政治生活，是由动物到人的一个

---

[1] 米歇尔·福柯：《求知之志》，载杜小真编选《福柯集》，上海远东出版社，2003，第377页。译文有改动。
[2] 同上。译文有改动。

重大变化；反过来，福柯说，在18世纪以来的现代社会中，政治在管制人，在治理人的生命。而这恰好是人向生命、向单纯生命、向生物性生命回归的一个预示。就此，生命在被动地被政治管理、干预。人是政治性的动物，对亚里士多德传统来说，它意味着人在积极地从事政治，人由此从动物变成人；而对福柯来说，人是被动地为政治所管制，他有可能从人变成动物、变成生物性生命。我们可以看到，正是这一观点对阿甘本产生了重要的启发。

如果说18世纪下半期以来的生命权力和生命政治对生命的管理，主要是促进人的生，是要让人活得更好，让国民更加健康，是增加人民的福祉，那么，人们自然会产生一个疑问：为什么恰恰是在生命权力爆发的时代，出现了越来越多的屠杀、战争和死亡？生命政治不仅没有提高生的质量，反而引发了大规模的死亡。在生命政治的时代，大规模的杀人是如何出现的？

这可以从以下几个方面来谈。

第一，死刑为什么长期存在？死刑的存在，有一个根本的目的是保卫社会。罪犯之所以被判死刑，不是因其犯下了罪行而对其进行残酷的报复，而是因其屡教不改，因其有再次犯罪的可能性，因其对社会可能会造成新的威胁。也就是说，对犯罪分子的杀戮，并非为了报复而将其消灭，而是为了防止他再次犯罪而将他抹除。从根本上来说，杀死一个犯人，是为了保卫他人的安全（君主权力则是为了报复，是惩罚）。

第二，大规模的杀人战争为何并没有减少，而是相反地愈演愈烈？殖民主义的战争、帝国主义的战争是为了争夺领土或财富，也可以说是为了利益而战；还有一种战争是为了承认而战，为了声望而战，为了让对方臣服而战；最后一种战争，就是为了安全而战，就是为了自己不被置入危险而战。如果说17世纪的战争总是为了维护君主的声望，为了保护君主的生命，或者是为了领土和财富进行的，那么，19世纪以来则出现了生命政治类型的战争，它是以保护人民生命的名义进行的，是为了保护大多数人的生命安全而发起的，战争的目的不是去屠杀他人，而是保全自身。一个被生命政治主宰的国度，对自己国民的安全极其敏感。因此，任何对国民的可见性的外在威胁都必须消除掉。现代国家之间的战争，可以纳入这样的理解框架。一个国家总是容易相信，它正处在其他国家的威胁之下。一个国家要让自己能够存活下来，就必须让敌对国家毁灭。当代的诸多战争，就可以如此理解。我们也可以从生命政治的角度去理解核武器，人们争相发明核武器，从根本上来说，与其说是为了向敌人发起进攻，不如说是为了对自己的国民进行保护。核武器不是屠杀的手段，而是安全的手段。这是国家之间的战争。

第三，在一个国家的内部，大规模的杀人是如何开展的？我们正是在这里看到了20世纪最野蛮的屠杀，这就是希特勒骇人听闻的种族灭绝。福柯在《必须保卫社会》的最后一章特意对此作了分析。福柯认为，种族主义的一个重要特点是相信种族之间存在着断裂、区分、隔阂，但它们又不可避免地要相处、要发生关联。断裂的信念对这种关联性充满着敌意：自认为种族高贵的一方往往会感觉到另一方的入侵和威胁，他们感到另一方对自身纯正性的腐蚀，他们面临着由与低等种族融合和接触所导致的种族退化的威胁。于是，要保护自己的纯洁性和正统性，也就是要保护自己的生物安全，就必须采取隔离行动。

希特勒就是在这样一个种族主义的荒诞逻辑下展开屠杀行动的。大屠杀正是为了保护一个种族的安全和纯洁性而对另一个种族进行的残酷的灭绝。

这就是生命权力导向死亡权力的路径。

第六讲

治理术

一

我们讨论了福柯的四种权力——君主权力、灵魂权力、规训权力和生命权力，它们出现在欧洲的不同时期。但并不是说17世纪出现的规训权力就取代了以前的君主权力，也不是说18世纪下半期出现的生命权力就取代了17世纪出现的规训权力。权力的出现有先后，但并不是一个出现之后就取代了另外一个。实际上，这四种权力到现在都同时存在，只不过在某一个时期，这几种权力中有一种占主导地位。比如说，在18世纪之后，生命权力占主导地位。前面已经大概讲了这几种权力的一般特征。福柯在不同的著作中，从社会治理的角度也谈到了这几种权力的施展形式。在欧洲的历史上，社会治理的变化就意味着权力技术的变化，同一时期社会不同领域的治理采用的是同一种权力技术。福柯通过不同时期对流行病的不同治理方式来探讨权力的变化。

福柯的博士学位论文《古典时代的疯癫史》开头就讨论了麻风病，在《不正常的人》和《规训与惩罚》中都讨论了鼠疫，在《安全、领土与人口》中讨论了天花。这是欧洲历史上非常有名的几种大瘟疫。福柯在《古典时代的疯癫史》的开头讲了欧洲处理麻风病的技术。麻风病在整个中世纪的欧洲非常流行。

在14—16世纪的时候，欧洲盛行的是以法律—压制为主的君主权力，也就是说处理麻风病的方式是君主权力的实践方式。它非常简单和粗暴：首先找出麻风病患者，给他们打上印记，让他们的身上有个标志，然后把所有的麻风病人聚集在一起，拉到城市之外囚禁起来，让他们在一个封闭空间内自生自灭。在此，处理麻风病采用的是严格的二元对立方式，对有病的人和没病的人进行严格的隔离；对有病的人进行无情的消灭。一旦是麻风病患者，他（她）马上便会丧失"活"的资格，丧失作为人的资格。换句话说，君主会让患者变成活死人，然后宣判其死亡，并置其于城外无区分的混沌之中，让患者无望地等待毁灭。这就是非常简单粗暴的君主权力，它就是否定、消灭、镇压，只不过我们通常讲的君主权力的对象是罪犯，实际上它对麻风病患者也进行了同样的处理。权力在处理它讨厌和感觉有危险的对象时，用的是一样的方式：隔离、区分、排斥、放逐。这样一个严格的二分法，这个从欧洲中世纪开始采用的处理瘟疫的方式，这种驱逐和排斥模式，在欧洲持续了很久。在《古典时代的疯癫史》中，欧洲的疯子也是被这样处理的，也像麻风病人一样被驱逐、排斥和禁闭。"驱逐""排斥"这个权力技术的传统在欧洲一直非常流行。福柯说，它不仅作用于犯人，还作用于儿童、穷人、异常人、病人、疯子，这样的权力模式还对乞丐、流浪汉、游手好闲的人、浪荡子一次一次地施加驱逐，把他们要么扔到城外，要么送到医院，要么流放大海。这种驱逐和排斥的权力模式就是在处理瘟疫时形成的，一直流传到17世纪末期。

17世纪和18世纪，有了一种新的权力模式来处理鼠疫。福柯说：对鼠疫的处理方式和处理麻风病的那种驱逐完全不一样，当鼠疫发生的时候，首先是实行严格的空间隔离，如封闭城市，严禁人离开城市，将一个大城市分成若干个区，每个区有一个区长，再分成很多街道，每个街道都有里长。也就是说，整个城市被高度地细分、隔栅化，变成了割裂的、冻结的、禁止的空间，"每个人都被固定在自己的位置上"[1]。这和处理麻风病的方式完全不一样，麻风病患者会直接被扔出去自生自灭。处理鼠疫的方式不仅仅是隔离，还有层级监视，监视在不停地进行着，随时随地都在监视，到处都是警惕的目光。每个街道上都有人在巡逻，每个路口都有人在站岗，城门也有很多人在监视。每个城门都设置一个观察站，每个街头都设置一个哨兵，下级都要对上级严格负责，确保城市没有任何的流动性，哪怕一只动物都不能在街上跑。首先是分隔，然后是监视，同时还要登记、观察。这是非常严格的登记，街道的里长向区长报告，区长向市长报告，市长就了解了整个城市的疫情防控情况，每个人的健康状况都这样被登记在册。通过监视的方式来登记，然后不断地汇总。定格的空间，不断的监视，持续而相近的登记——在这整个过程中，规训权力一直没有中断，它在持续运转。如果说对麻风病的处理方式是君主权力的实践方式，那么对鼠疫的处理方式就是规训权力的实践方式。所以福柯说，对付鼠疫是要确立秩序，秩序的功能就在于清理各种混乱，"秩序借助一种无所不在、无所不知的权力，确定了每个人的位置、肉体、病情、死亡和幸福"[2]，这种规训权力有规律地、持续地运转着。规训权力深入到社会的每一个毛孔、每一个细节，它

---

[1] 米歇尔·福柯：《规训与惩罚：监狱的诞生》（修订译本），刘北成、杨远婴译，生活·读书·新知三联书店，2019，第211页。
[2] 同上书，第212页。

是无所不在的微分权力，它深入到毛细血管中去了。

君主权力和规训权力这两种方式，在处理瘟疫的时候表现出了什么样的差别呢？第一个差别在于，前者是驱赶，后者是定位；前者是排斥，后者是控制；前者是抛弃，后者是容纳；前者是一分为二的严格划分，后者是用精心的规训技术包围着每一个身体；前者是大禁闭，后者是分割和解析。这是权力在运作方式上的差别。第二个差别是，君主权力非常粗犷、粗暴、野蛮，而规训权力非常细心，不遗漏任何东西；君主权力直接制造距离，而规训权力对每个人的身体进行无距离的、事无巨细的观察。第三个差别是，君主权力是一种消极的、否定的、镇压的权力，规训权力是一种积极的、肯定的、拯救的权力，处理鼠疫的规训权力要最大限度地增进个人的健康、寿命和力量，要救助人，而君主权力则是要消灭人。也就是说，处理麻风病的君主权力的反应是一种消极的、拒绝的、排斥的反应，处理鼠疫的规训权力的反应是一种积极的、容纳的、观察的反应，这种权力是观察和知识积累，是一种肯定的权力。从君主权力到规训权力，对瘟疫的处理方式发生了非常大的变化，简单地说，就是从否定的、排斥的、放逐的、边缘化的和镇压的权力技术，过渡到积极的、创造的、生产的、获取知识的一种肯定的权力技术。

福柯说，这两种权力在 17 世纪逐渐汇集在一起，排斥、驱逐的君主权力和矫正、救治的规训权力同时存在，它们存在一种特有的结合。比如说，社会中出现了犯人、疯子，首先要把他们从正常社会中排斥出去，这是驱逐的权力。把人抓到监狱里囚禁起来，与社会隔离，这是排斥权力在起作用。但是，一旦到了监狱里，就不像君主权力处理麻风病人那样，剥夺作为人的资格,让人变成混沌一团,然后自生自灭,而是马上采取规训权力,对每一个犯人进行仔细的分隔、矫正、监视和再生产,监狱实际上是再生产罪犯。对犯人的处理,同时运用了中世纪的君主式的驱逐权力和17世纪新出现的积极的、改变性的规训权力。这就是两种权力的结合。"这一切就是自19世纪初起在精神病院、妓女收容院、教养所、少年犯教养学校以及某种程度上在医院中规训权力的常规运作情况。一般说来,一切实行对个人的控制的权力机构都按照双重模式运作,即一方面是二元划分和打上标记(疯癫/心智健全;有害/无害;正常/反常);另一方面是强制安排,有区别的分配(他是谁,他应该在哪里,他应该如何被描述,他应该如何被辨认,一种经常性监视应如何以个别方式来对待他,等等)。"①

这两种权力还有一个差别。放逐麻风病人的君主权力有一个对政治社会的想象,就是要有一个纯洁的社会、纯洁的共同体。在鲍曼(Zygmunt Bauman)讲的大屠杀中,希特勒在某种意义上就有君主权力的影子,他也希望建立一个纯洁的社会、纯洁的种族,把异质性的种族彻底地驱赶、放逐、消灭、否定,这是君主权力的梦想在20世纪的希特勒那里的回光返照。但是,规训权力的社会梦想是什么呢?它是要建立一个有秩序的社会,要让每一个人井然有序,要让整个社会变得井井有条,完全排斥任何的混乱,要让整个社会被监视、被操控。这就是两种不同的权力对社会的不同构想:一个是纯洁的社会,一个是充满秩序的社会。

---

① 米歇尔·福柯:《规训与惩罚:监狱的诞生》(修订译本),刘北成、杨远婴译,生活·读书·新知三联书店,2019,第214页。

二

到了 18 世纪下半期，又出现了一种处理瘟疫的方式，就是对天花的处理。这就是生命权力的处置方式。这种方式既不是将得病的个体排斥和放逐出去，也不是将整个城市都圈定起来，让城市中每个人各就其位，再进行分割。处理天花的权力技术方式不是个别地看待每一个个体，而是整体性地看待全部人口。福柯的生命权力概念就是将单个的个人聚合为全部人口来看待，它要关注的是作为总体的人口的安全。生命权力的技术和目标就是人口的安全配置。生命权力要采取什么样的控制方式？要怎么处理 18 世纪的天花？首先，它考虑的对象是一个整体，在这个时候，全体人口都在考虑的范围之内。它和君主权力不一样，不再区分是不是病人，没有病人和正常人之间的隔离和断裂。而规训权力也不是监视全部人口，而是监视和检查记录每一个个体。生命权力怎么看待全部人口呢？它是观察可能的患病率和死亡率，也就是说，它要预计在全部人口中可能会死多少人，病死率是多少，哪个地方病死率更高，哪个年龄段病死率更高。它考虑的是一个概率问题，是全体人口的患病率、传染率和死亡率的问题。因此，同处理鼠疫的规训权力不一样的是，在处理天花的时候，生命权力就不会把每个人隔离开，而是密切观察疫情的患病率和死亡率，然后是画曲线图，要让患病率和死亡率的曲线保持在一个可接受的水平。生命权力并不是要对每一个生命负责，而是要对总体性的人口负责，也就是要让死亡曲线压低，让整个死亡率降低。一旦病死率变高了，就马上采取措施，开始使用规训权力，对人实施隔离，但是一旦死亡曲线降低到可接受水平，就重新放开。生命权力（安全配置）要确保患病率和死亡率在可接受的合理范围之内，这和规训权力已经完全不一样了。规训权力只记住每一个人的知识，不关注整体人口，也不画曲线图。所以，生命权力在处理天花的时候，就发展出了统计学。那么，要怎么降低过高的死亡曲线呢？福柯选的这个例子特别有意思：人类正是在处理天花时，第一次接种疫苗。我们知道，在任何一种流行病暴发时，疫苗总会有时间上的滞后。所以在疫苗出现之前，如果是按照生命权力的计划，人们既不采取规训手段，又不采取驱逐的方式，而是采取缓慢的集体免疫的方式。但这样全部人口可能都会感染，如果死亡率在可以接受的范围内，那就这样采取集体免疫的方式。而一旦疫苗出现了，人们就开始接种疫苗。接种疫苗和集体免疫之间有什么差别呢？集体免疫肯定意味着有一部分人会死掉，但是病死率是可以接受的。接种疫苗在这个方面和集体免疫是没有差别的，接种疫苗也一定会有人死掉，因为疫苗也有副作用，对身体也有伤害，也有致死率，它不能保证全部人口都得到救治。在治疗天花的过程中，欧洲18世纪下半期出现的生命权力特别强调一点，就是可以死去一部分人，可以死去一些健康的人，可以冒一些风险，允许死亡、发病，因为疫苗本身就是病毒，可能让人生病，也可能让人死亡。但是可以通过接种疫苗导致的不严重的后果，来克服不接种疫苗导致的更大、更严重的后果。所以生命权力对全部人口的处理方式是允许有一部分人感染。福柯说，接种疫苗不是为了阻止天花的发生，而是通过接种，在人身上激发程度较轻的天花，允许一定的风险，来达到相对的安全。也就是说，集体免疫和接种疫苗的共同特征是控制死亡率，但不是绝对地控制死亡，而是让死亡保持在一定的限度内，这是生命权力的运作方式。规训权力的目标是试图让所有人都活下来，救助所有染病的人和没染病的人，对每个人都进行管理，进行严格的监视。无论能达成什么效果，这都是它的目标。对君主权力来说，所有染病的人都应该自生自灭，所有没染病的人都应该活下来。而生命权力的目标是在整个人口中允许一小部分人死去，让大部分人活着。所以这根本不是一个绝对的安全问题，而是一个总体的安全问题，是降低死亡率的问题。治理全部人口总是涉及死亡率和存活率的问题，生命权力不是将关心的重点放在每一个具体的个体身上，而是放在统计学数据上，放在死亡率上，这是它和规训权力最大的差别。[1]

这里就有一个问题：为什么可以允许一些人死亡呢？难道18世纪下半期出现的生命权力和安全配置还不如规训权力吗？规训权力是立足于要对每个人负责的目标，但生命权力只是对大部分人口负责、对某一个比例的人口负责。那么，为什么在18世纪下半期会允许这种死亡出现？为什么会从死亡概率的角度来对待瘟疫呢？这里实际上就涉及成本的问题。如果追求绝对的存活率，就要对每一个人负责，要采取规训的绝对隔离方式，要把每个人都控制起来，这需要极大的成本；另一方面的成本是，隔离会让经济停滞下来。前者是要花很多钱，后者是没有产出，不能挣钱。因此，规训权力的方式使得社会要付出巨大的成本，一个规训社会就是一个高成本社会。打击犯罪也是如此，如果花大量成本，招募大量警察，用严格的管制方式，是完全可以控制犯罪的，但是这需要花太多的成本。还有另外一个选择，就是投入较少的成本，但允许有一定的犯罪率，让

---

[1] 米歇尔·福柯：《安全、领土与人口》，钱翰、陈晓径译，上海人民出版社，2018，第72—78页。

犯罪率保持在社会可接受的程度，也就是用较低的成本来取得较大的收益。这就是生命权力的目标。美国的枪支管理也是在这个逻辑下运转的：不绝对地禁枪，允许一部分枪杀事件发生，但是，容许少量的、低限度的恶性事件是为了保证较大的经济效益。如果完全禁枪，整个军火业会有巨大的损失。所以，对于美国的军火业来说，只要让枪支杀人的数量处在一个可接受的范围内就可以了，这样能保证巨大的经济利益。这就是生命权力和安全配置的特点：花较小的成本来取得较大的经济收益。犯罪也好、控枪也好、治理瘟疫也好，都是这个特点。这就是从 18 世纪下半期开始在欧洲和美国出现的生命权力和安全配置，它们和规训权力相比已经发生了根本的变化。后者是花费巨大成本来获取巨大收益的模式，但有时候成本过大，反而会让收益化为乌有，像全部监禁、全部控制、全部规训这种方式，可能会让整个经济崩溃。规训权力不考虑成本，而生命"权力对这些现象的反应被置于成本的计算当中。最后，它不是在允许的和禁止的之间建立二元划分，而是确立一个被认为最合适的平均率，然后确定一个可接受底限，超出界限的事是不能允许的。由此大致形成了对事物和机制的另一种分配"[①]。这就意味着，当枪支杀人少的时候，就没有禁枪的呼声，而当枪支杀人泛滥的时候，控枪的呼声就高涨了；同样，当犯罪率居高不下的时候，严密的犯罪控制就开始了。总的来说，到 18 世纪下半期，在欧洲就是这种以较小成本获取较高收益的生命权力和安全配置占据着主导地位。

这种根据现实的变化而产生的治理变化就是调节。安全配

---

① 米歇尔·福柯：《安全、领土与人口》，钱翰、陈晓径译，上海人民出版社，2018，第 9 页。

置的方式就是让对象自己调节。它不是教条式的非此即彼的决断，也不是一种理想状态的终极实现。福柯在《安全、领土与人口》中举了另一个例子，跟控制瘟疫一样也体现了安全配置的调节模式。他讨论的是关于食物短缺的问题。当一个国家出现了食物短缺、出现了饥荒时，就有两种不同的模式。一种是规训权力的模式，也就是严格控制的模式，这在经济上叫重商主义。对重商主义和规训权力来说，一旦粮食短缺，肯定就有人出于利益囤积居奇，会有人把粮食囤起来卖高价，这样的做法进一步加剧了粮食短缺。为了解决这个问题，权力以规训的方式运转，严格地对每一个人进行干预，它无所不在地管制，不允许囤积居奇，不允许卖高价，不允许粮食自由流通，不允许出口。它打击投机倒把，对市场进行监管和再分配，对粮食实行严格的计划和控制，目的是稳定市场，让价格低廉的粮食能够分配到所有人那里。显然，这是规训权力的模式。但是，面对同样的问题，重农主义者借用的是安全配置，或者说是符合生命权力的模式。重农主义者强调自行调节而不是严格的管控，即让粮食自由流通，让粮食的价格自行调节。当然，这样做可能会饿死一部分人，可能会短期损害部分人的利益。但是，它可以解决根本的问题：如果市场上缺乏粮食，粮食价格就会非常高，粮价一高，马上就会激发大量的农民种粮食，商人也会想尽办法进口粮食，这样市场上的粮食很快就会增多，从而缓解食物短缺的危机。在此，政府和国家不用管制，而是通过市场自己调节来解决问题。①重商主义和规训权力的处理方式，用我们熟悉的话来说就是计划经济，而重农主义的处理方

---

① 米歇尔·福柯：《安全、领土与人口》，钱翰、陈晓径译，上海人民出版社，2018，第38—43页。

式实际上就是市场经济。这就是我们说的 18 世纪下半期的安全配置。

不仅粮食危机的问题是这样处理的，甚至城市规划也是这样处理的。《安全、领土与人口》的第一章就举例讲了 17 世纪和 18 世纪的城市规划有什么不同。17 世纪就是凭空建造一个城市，让每个城市秩序井然，让城市空间充满等级，并进行严格的功能分配。简单地说，就是让严格分割的封闭性的规训权力在城市中运转，并且试图消灭任何可能的危险。这是完全人为规划的城市，它试图精确地测度和管理一切。而 18 世纪的城市建造则依赖具体而现实的自然物质条件，也就是尊重环境，并且试图因地制宜地组织而不是征服这些环境要素，并从中产生流动性，因此城市也是向外开放的，而不是一个想象的、封闭的理想之城。正是因为尊重环境，城市也不是力图消除任何可能的威胁，而只是要尽可能地让危险降低，尽可能地根据环境自身的条件来提高安全概率，它既向现实的可能性开放，也向未来的可能性开放。简单地说，这是按照生命权力的调节模式来建造一个城市的安全配置，即尊重自然和环境的本性。"综上所述，主权将领土首都中心化（capitalise），提出了政府位置（siège du gouvernement）的主要问题，规训架构起一个空间并且提出要素的等级和功能分配的关键问题，安全则试图……治理环境（milieu）。"①

城市规划的问题主要是住的问题，粮食问题是吃的问题，而这恰恰就是作为总体的人口时刻面对的生存问题。这也是生命权力要面对的最重要的主题，与之相关的是犯罪和疾病的问

---

① 米歇尔·福柯：《安全、领土与人口》，钱翰、陈晓径译，上海人民出版社，2018，第 26 页。

题，它们同样是整体人口生存的核心。如果说充分的吃、住是对生存的正面肯定，那么犯罪和疾病问题不过是负面的、对生存有威胁的一面。从正面来说，人们要吃好、住好；从反面来说，人们应该尽量地消除疾病和犯罪。如果没有疾病和犯罪，又能吃好住好，那么整个社会的安全框架就搭建起来了。人口的问题实际上是从正反两个方面来处理吃、住、疾病、犯罪这四个领域，这大抵是生命政治讨论的范围。福柯认为，关于现代社会的演变，一个重要的视角就是权力技术的演变，就是从规训权力到生命权力的演变。

我们再对比重商主义偏爱的规训技术和重农主义偏爱的生命权力（安全配置），对比城市建造的两种方式，对比处理鼠疫的方式和处理天花的方式，看看这两种权力的差别到底在哪些地方。第一个差别在于，规训权力主要是向心的、聚集的，它集中于一个点，划定一个封闭空间，它要包围、要封闭，"规训的第一个动作就是划定一个空间，在这个空间中，其权力和权力机制充分运转，没有限制"①。而"安全配置，是相反的，总是倾向于扩展，它是离心性的（centrifuges）。人们总是不断加入新的要素，加入生产、心理、行为方式以及生产者、购买者、消费者、进口商、出口商的活动方式，加入世界市场。它要组织，或者说无论怎样，让这些圈子越来越大"②。它是扩散的，它不是把人定位和控制在某个地方，而是让人流动，让人可以自由选择，让市场流通起来，让人和物都有可变性，而不是使之僵化。比如，要解决食物短缺问题就要有进口、出口，

---

① 米歇尔·福柯：《安全、领土与人口》，钱翰、陈晓径译，上海人民出版社，2018，第55页。
② 同上书，第56页。

要有世界市场，要不断地打破边界，用流动的、灵活的、可变的方式来解决。

第二个差别在于，规训权力是计划性的，它要进行严格的管制、不断的检查，但生命权力是自发调节的，这也就意味着它不管或者说少管。规训权力是一切都要管，鼠疫发生的时候需要全面的监视，粮食短缺的时候需要全面的管制，但是天花发生或者粮食短缺的时候，安全配置的生命权力不去紧张地监视，不去过多地管理，它更多是放任的，它不干预，这也就意味着它允许死亡、允许疾病、允许走动、允许价格上涨、允许囤积居奇、允许饥饿。一个是无所不包的管理，一个是什么都不管，是放任自由。

第三个差别是，君主权力处理麻风病人的方式是排斥和驱逐，是采取法律的手段，是不允许做、禁止做，是消灭和镇压，而规训权力是必须做、应该做，是规定每时每刻应该和必须做什么。生命权力和安全配置既不同于君主权力的禁令，也不同于规训权力的规范，它既不是禁止也不是必须，它是后退，它退到了足够的距离之外，它不管理、不强行干预现实，它尊重现实、回应现实，让现实按照自己的本性运转，让现实的各种要素相互作用、自行调节，从而自己解决问题。出现饥荒和食物短缺时，权力是后退的，它让市场自己去解决，让食物短缺这个现实的各种要素自己去互动，它尊重市场的现实，既不禁止也不命令市场做什么，它让市场自己来解决问题。就这三种权力而言，"法律禁止，规训规定，而安全既不禁止也不规定"[①]。

---

① 米歇尔·福柯：《安全、领土与人口》，钱翰、陈晓径译，上海人民出版社，2018，第58页。

第四个差别是,君主权力是通过镇压的法律来实施的,它的实践以想象为根基,因为法律的制定是在各种各样的现实发生之前,法律是在想象有些事情可以做、有些事情不能做,在这个意义上,君主法律是以想象的方式制定和实践的。规训权力针对的是现实,它不是想象,它试图让现实更完美、让人更完美。这和霍布斯的主张有相关性,对霍布斯来说,人是恶的,人的天性歹毒,现实因此也不完善,所以基于这样的现实,规训权力要补充一些对人的规定。现实越糟糕、越难以矫正,人性越坏,就越要人为地制定更多的义务,越要对坏人进行控制、矫正和改造。在这个意义上,规训权力是植根于恶的、坏的现实,它要补充,或者矫正这种坏的现实,让现实变得更完美、更秩序井然、更规范、更易于把控,这是规训权力运作的出发点。而生命权力既不是通过想象来运转,也不是因为觉得现实不完美而运转,它就是尊重现实本身,它的权力运作既不是依靠理想的想象,也不是依靠理想的现实。生命权力依赖于现实本身,依赖于现实的物质性本身。"政治在现实的要素中运作……他们(重农主义者)所指的现实是政治应当针对的唯一给定条件(donné),政治只能以此为基础采取行动。……重农主义者,经济学家,18世纪的政治思想说,无论如何,我们都在实在的物理秩序之中(l'ordre de la physique),在政治领域内行动,就是在自然领域内行动,当他们这么说的时候,他们的意思就是,政治只能在这个现实的游戏之中与这个现实一起运转。"[1] 这就是政治的现实性。政治按照现实的实际原则和物理原则来运作,不是按照上帝的原则来行事(基督教观点),也不是按照人的恶的原

---

[1] 米歇尔·福柯:《安全、领土与人口》,钱翰、陈晓径译,上海人民出版社,2018,第59页。

则来行事（霍布斯观点），也不是按照想象的原则来行事，而是按照实际的原则来行事，所以它既不是神学的，也不是想象的，也不是规训的。这就是安全配置和生命权力对现实和事物本身的尊重。

从根本上来说，这就是18世纪下半期诞生的自由主义治理原则。自由主义就是依据现实和尊重现实，它不去想象现实、改造现实和干预现实。现实，而非理想、非神性原则，才是自由主义政治唯一要关心的东西。自由主义是让人们自己能主动地去做，让人自己流动，让东西移动，任其自由，让现实自我发展和变化，按照其自身的规律在自己的路上运作。"新的观念是：对人的治理本质上首先应当考虑事情的本质而不再是人的恶习，对事物的治理首先要考虑人的自由，考虑他们想做什么，考虑他们的利益是什么，考虑他们之所想，所有这些都是相互关联的要素。……权力把自己理解为一种调节，它只能通过每个人的自由才能运转。"[①] 对自由主义的解释非常多，但是福柯的解释非常不一样，他是从治理技术变化的角度来说的。他把自由主义看作是一种特殊的权力技术，一个在18世纪下半期出现的新型的权力技术。通常我们会把自由主义说成是从洛克开始的一套观念，或者一套意识形态、一套教义，但是，福柯认为它是从权力技术的历史发展出来的特定形态，他称之为生命权力或者生命政治，其目标是为整个社会建立一个安全机制。自由主义就意味着一种特殊的治理实践，意味着让现实自行运转，意味着人和物的自由流通、运动、离心和四处奔走。自由主义的治理实践首先考虑人的自由，考虑他们想做什么，他们

---

① 米歇尔·福柯：《安全、领土与人口》，钱翰、陈晓径译，上海人民出版社，2018，第60—61页。

的欲望是什么，他们彼此之间的利益和关联是什么。这无数人的自由和欲望构成了现实，在这个意义上，权力就不是去干预和管制他们，而是让他们自行调节，不管是处理疫情还是粮食安全问题都是如此。

三

福柯从三种不同的处理瘟疫的方式，即君主权力如何处理麻风病、规训权力如何处理鼠疫、生命权力或者说安全配置如何处理天花，表明了三种权力不同的实践形式。君主权力关心和作用的对象是个体，只要是违法的个体就要被消灭，得病的个体就要被驱逐，这种权力是针对个体的。17世纪的规训权力针对的也是个体，它对个体进行矫正，要求个体具体地去干什么，指定个体应该怎么做、必须去做什么。但是，为什么18世纪下半期出现的生命权力，针对和治理的是全体人口呢？在处理天花的时候，单独的个体根本不是权力的关注对象，权力关注的是整个人口的病死率和感染率，即把整体人口作为关注和治理的对象。这个人口的概念是怎么来的呢？

讨论这个问题前，我们先简单地回顾一下前面讲到的欧洲的治理观念史。不仅仅是基于现代欧洲的视角，我们可以从古代开始。在古希腊时期，柏拉图最重要的著作《理想国》是怎么讲治理国家的呢？所谓的理想国应该是什么样的呢？对柏拉图来说，理想的国家要充满正义，正义和德性是治理国家的目标。到了中世纪，简单的一个例子就是托马斯·阿奎那。阿奎那说，治理一个国家就应该让每一个人都进入天国。如果说正义和美德是自然的要求，那么对中世纪、对基督教来说，治理国家应该符合神的要求，每个人都应该进入天国。那国王要怎么治理呢？国王应该引导人走向至善，至善是人的神圣的终点，也只有这样的治理才能满足上帝的要求。在古希腊，治理国家应该满足自然的要求；在中世纪，治理国家应该满足神的要求。文艺复兴时期的马基雅维利有本非常有名的、也可以说声名狼藉的书《君主论》。对马基雅维利来说，君主只要能够满足自己的要求，达到自己的目的，采取任何手段都是可行的，这就是所谓的马基雅维利主义。马基雅维利主义者可以抛弃任何道德、伦理和正义，去实现自己的个人目标。那么君主要达到什么目的呢？在 16 世纪，君主的目的是永远保有他所在领土的主权，要和领土保持持久的、牢靠的、不可动摇的支配关系，也就是说，君主希望自己永远是国家的所有者。如果说古代的治理是要实现正义的目的、自然法的目的，中世纪是要实现上帝的目的、神法的目的，那么到了马基雅维利这里，治理就完全是为了实现君主的目的。这是 17 世纪之前欧洲的三大治理思想，它们有一个共同的特点：治理国家的目标都不是国家本身，都超出了国家，都是国家之外的目标。到了 17 世纪，情况就发生变化了，出现了一种新的治理技术，它的治理目标开始内在于国家，它的目标就是国家本身，而不是国家之外的自然正义、上帝、君主，治理目的就是要让国家变得更强大。17 世纪秉承这种目标的治理技术被称为国家理性。国家理性的对象是国家的本质以及它自身的合理性，它治理的目的就在于强化国家本身，满足国家的要求，治理转向了国家的内在性。

为什么在 17 世纪，治理会有这样一种转向？17 世纪是理性主义的时代，所谓的治理就变得越来越理性化了。追求上帝的至善、追求自然的正义、追求君主的永恒权力，这类治理对国家来说都显得不够理性，而治理国家就是为了让国家强大，这才是最富于理性的要求。整个时代的理性主义原则迫使治理转向国家的内在性，这是第一个原因。第二个则是更现实、更历史主义的原因。在 17 世纪的时候，欧洲发生了长达三十年的宗教战争，整个欧洲成了一片流血的战场，数百万人死亡。在三十年战争之后，欧洲签了《威斯特伐利亚和约》，这个国际公约意义重大。这个公约确定了一个平衡原则，即国家和国家之间要保持平衡，没有哪个单一国家能够轻而易举地统治欧洲，这是一个防止战争的公约。在 17 世纪之前，欧洲一直有人想重现古代神圣罗马帝国的梦想，想统治欧洲，但是经历了三十年战争之后，欧洲众多的君主国都开始明白，想重温罗马一统天下的帝国梦想不太可能了，欧洲的国家开始变得现实化了。没有人能够统一欧洲，也没有人愿意被他人统一。在这个背景下，欧洲的诸多国家签订了和约，互相承认国与国之间主权平等，每个国家都有自主性。不过，尽管有这样的和约，但是国与国之间的竞争是不可避免的，即使不能成为帝国吞没别国，也不能被别国吞没，每个国家都要让自己在互相虎视眈眈的状况下存活下来，这是每个国家的理念。为此，各个国家都要保存和增加自己的实力，要拼命地发展自己、强化自己。这样一来，欧洲国家治理的主要目标就转移到了自我强化的方面。即便君主掌控了本国的君权，但如果国力很弱的话，自己的国家很可能还是会被别的国家侵蚀和占领。因此，与其说是让君主维护自己的君权，不如说应该让整个国家变得更强大，让国力无限地提高。治理就这样转向了国家的内在性。

但是如何增强国力呢？一方面要发展军事外交机制，抵抗其他国家可能的侵略，一方面要加强内部的治理。对外的治理主要是军事外交，它的目的是要对外保持平衡关系，保持不受到侵犯，而不是主动的进攻，也就是说不再有一统天下的帝国梦想，所以国家对外的治理是有限治理，对外军事和外交的机制能起到防御的功能就可以了。而对内治理则是无限治理，国力可以无限地强大，可以把国家变得极其富有，国家内部的强大是没有上限的。这就是17世纪国家理性治理的特点：对外是有限治理而不是无限治理；对内是无限治理而不是有限治理。[1]

接下来的问题是，怎样才能使国家变得更加强大？国力怎样才能无限地扩充呢？首先，要把国家看成自然的客体，要了解领土内的山川、矿产、森林，要对国家的整体知识有全面的了解。正是在17世纪的时候，为了完成这一理解任务出现了统计学。福柯特别喜欢讲一门学科是在什么情况下出现的，17世纪统计学的出现是为了了解国家的整体，为了对国家无所不知，从而控制和管理国家内部的一切，因为国家是内部的个别要素组成的互动整体，任何一个变量的出现都会让整个国家发生变化。所以福柯说，当时的国家理性就是要对整个变量的互动了如指掌，要对国家进行全面的监视和认知。这就是统计学产生的背景。

四

除了把国家作为自然客体，了解国家总体性的环境资源之外，国家理性还要关注人的问题。治理不仅是对环境、对事情的治理，人也是非常重要的治理对象，要把人的因素考虑进来，

---

[1] 米歇尔·福柯：《安全、领土与人口》，钱翰、陈晓径译，上海人民出版社，2018，第392—405页。

因为人也非常重要，人的变化也会对国家力量的变化产生重要影响。国民是否健康、国家人口的多少、人口和粮食的关系、人口和环境的关系，这一切都和国家的综合力量息息相关。就是在这个意义上，人口开始进入国家治理的视野，人口作为国力的重要变量为国家治理的目光所关注。如果人口和人力非常重要，那么国家的力量要怎么来利用和吸纳人的力量？国家的力量和人的力量怎么结合在一起？所以在17世纪就出现了对人的规训和管理。《规训与惩罚》讨论的就是不断对人进行生产，学校在生产学生，军队在生产军人，工厂在生产工人，监狱在生产犯人，它们的目标都是让人变得驯服而有用，这就是规训。17世纪的时候，人们把这种管理人的权力技术称为治安，治安就是把人力吸纳到国力中的技术。治安意味着政府开始将治理的目标锁定在人身上，人民成为治理的对象。

从对事的治理、对自然的治理、对环境的治理转为对人的治理，对人的治理又逐渐变成对人的生活的治理，因为人的生活质量、寿命、幸福感决定了人的能力。国家把人的健康、寿命、幸福作为治理目标，人只有健康、快乐和幸福了，才能成为国家的正面力量，才可以强化国家的力量，这也是国家正面力量的标志。人和国家在这个意义上有一个相互强化的作用。国家让人变得幸福，它的目的并不在于人本身，而在于提高国力。也就是说，只有国家强大、国力增强，才会让人幸福。或者说，人之所以要改善生活、变得幸福，其目的就是增强国力。在这个意义上，国家理性的治理目的还是国家本身，人不过是国家本身强大的前提条件。治理人是为了国家在和其他国家的竞争中保持不败。所以福柯说，人口是财富的来源，是整个国家内部最重要的生产力。这表现在很多方面：没有足够的人口，就无法进行大规模的农业和手工业劳动，国家就没有足够的粮食，也缺乏手工产品；而且只有足够的人口，才会让人和人彼此竞争，从而压低人力价格，让国家的成本变得更低，国家因此会更加强大。

人口和国力的关系在 17 世纪是一个非常重要的话题，大体上说，一方面要用规训的方式将人口变得驯服有用，另一方面又把人口作为财富的基础。人口"是国家和统治者力量的源泉。人口是基础要素，也就是说这个要素决定了其他一切要素的条件"①。这是 17 世纪欧洲的人口观念。从根本上来说，这实际上仅仅"是把人口作为臣民的集合，可以随心所欲地从上至下对他们施加一系列法律和规则，对他们说应该做什么、在哪里做和应该怎么做。换一种说法，重商主义者主要是在统治者和臣民的轴线上思考人口的问题。作为法律的主体，服从于法律的主体，可以接受强制性的管制，重商主义者（财税重商主义者或者说科尔贝主义者）的计划基于统治者的意志与人民服从的意志之间的关系"②。就 17 世纪的人口问题，我们可以总结性地说，17 世纪用规训的方式去治理人口，其目的就是让国家变得更强大。在此，国家理性、规训权力、君主制和重商主义是一体化的。它们共同训练、管制和塑造人口这一全新的对象，使之有利于国力的增强。

而 18 世纪的人口观念又发生了变化，人口还是治理的核心对象，但不再仅仅是被规训权力对待，它也逐渐被生命权力对待。在此，人口不是法律对象，不是统治的对象，也不再被

---

① 米歇尔·福柯：《安全、领土与人口》，钱翰、陈晓径译，上海人民出版社，2018，第 85 页。
② 同上书，第 87 页。

看作是臣民的集合。它被看作是一个自然和自主的东西。"由于重农主义者或者说整个18世纪的经济学家的学说，人口不再被视为法律主体的集合……人们将把人口看做整体的过程（processus），对这些过程的治理应当置于它们所具有的自然性之中，并从它们所具有的自然性出发。"① 何谓自然性？也就是说，人是公民，不是臣民，不是君主的所属物，君主不能改变他，人口有自己的自主性、自然性。自然性表现在哪几个方面呢？

第一个方面是人口的变化有自身的规律，人口处在一系列可变要素的制约之下：人口随气候的变化而变化、随物质环境的变化而变化、随贸易繁荣的变化而变化、随粮食增产的变化而变化、随饥荒的变化而变化。人口作为一个变量，它的变化不是来自人为因素，而是来自自然的因素。统治者并不能施加影响来改变人口，人口对于统治者来说并不是透明的，不能随心所欲地操控。人口对统治者也不是简单的服从或反抗，它有它自身的规律。在这个意义上，人口不能像17世纪那样用规训和管制的方式来对待。如果要对人口施加影响，也不能直接施加，只能以间接的方式施加，通过与人口相关的可变因子来施加，这样才能影响人口的变化。在这个意义上，我们说人口有自然性，就意味着它不是统治者可以人为地强行改变的。

第二个方面是，18世纪时，人们发现人口有一个共性，即人口是单独的个体结合在一起的总体，而每个个体都有唯一的共性，就是每个个体都充满欲望。既然每个人都充满欲望，那么人都是按照自己的欲望行事的。如果说17世纪的君主统治可

---

① 米歇尔·福柯：《安全、领土与人口》，钱翰、陈晓径译，上海人民出版社，2018，第87页。

以对人进行规训、进行强行的管理，可以对欲望说"不"，那么到了18世纪的时候，君主的法律规训能力被削弱了，或者说不存在了，每个人就会按照自己的欲望来行事。集体人口都按照欲望来行事，也就是说人口的利益总是以它的欲望为出发点的，而欲望是自然的。每一个人的欲望都与自身的利益吻合，无数人的欲望产生无数的利益要求，那么整个人口就会产生集体的利益，这里隐含的就是我们前面提到的亚当·斯密的观点。亚当·斯密有一个非常出名的说法叫"看不见的手"，他讲的是市场调节。市场就意味着买卖活动对双方都有利，不同的利益和欲望在此都满足了。这也意味着，每个人都从自己的利益出发，社会才会有最大的利益。亚当·斯密说，一个人并不想去增加公共福利，他所追求的是他个人的安乐和利益，但是，追求个人利益恰恰促进了社会利益，所以要尊重每一个人的欲望，把集体利益和个人利益、集体欲望和个人欲望结合在一起。因此，社会的治理就是要刺激个人的欲望，刺激个人的自然性，从而产生全部人口的利益，满足全部人口的欲望。人口的自然性在这里就意味着人口的整体欲望和整体利益要得到满足和尊重。这是人口的自然性的第二种表现：欲望的自然性。

人口的自然性的第三种表现非常奇特，或者说，正是因为它奇特、不好进行人为解释，才称为自然的。比如为什么每年生男孩和生女孩的比例差不多，交通事故的死亡率差不多，因肺癌死亡的人数差不多，自杀率也差不多，从而使人口呈现出一种现象上的稳定性——这些现象好像有一个不可更改的规律，有时候难以解释，也就是说，人口有它自身的自然稳定性。这是福柯讲的人口的三种自然性，这是18世纪全新的人口观念：人口有自身的稳定规律，有自身的欲望，有自身变动的内在模式。如果说，人口是这样的自然之物，有这三种自然性的话，就意味着我们不能改变人口、不能强行控制人口、不能干预人口，我们应该尊重人口的自然性。这就回到了我们讲的生命权力和安全配置的特征：不是去规训对象，既不能禁止，也不能规定，而是要退开一定距离，让对象自我发展、自我调节、自我运转。人口在自己调节和运转的过程中，就获得了最大的利益。人口按照欲望来运转，人口自身就会变得富裕，这就是我们所说的市场经济。市场经济就是不管，就是让每个人都去追求自己的最大利益。①

人口是自然的，一方面意味着我们应该尊重人口的自然现实，让它自行运转；另一方面意味着可以把人口当作和其他生物种类一样的自然生物，当成生物意义上的人种，可以把人类植入地球的生物圈中，人不再是属于君主的臣民，也不是一个法律主体和政治主体，人就是一个自然物种，人类被称为人种。权力现在面对的是自然人种，因此无法再去强行改变，而是任其自发调节，通过调节的方式让自然的人口自行处理、自行运转，这就是18世纪下半期出现的自由主义。这也是福柯说的简朴治理和节省治理，它不是像17世纪那样无所不管，而是尽可能少管。符合自然的治理，才可能取得最好的效果。而要符合自然，治理就不能过度、盲目和傲慢；符合自然的治理，恰恰是适度的治理，是要自我限制的治理，是在某种数量范围内、某个界线内、某个程度内的治理，是不凌驾和不超越于自然的治理。另外，18世纪卢梭的理论，也以人权的观点反对过度治理，人现在是公民而不是臣民，人不是君主的财产，不能被随

---

① 米歇尔·福柯：《安全、领土与人口》，钱翰、陈晓径译，上海人民出版社，2018，第84—94页。

意治理。这两种对人口的治理的差异，即全面的、无所不管的治理和适度的治理，就是国家理性和生命政治的差异。如果说古代和中世纪的治理是要符合某种外在目标，是对自然律、神律的符合，而17、18世纪国家理性的治理是要在内部足够深入、足够细致、足够强化地治理，那么，18世纪中期开始的现代治理理性则是按照事物自然性的要求进行适度的、有限的、节制的、简朴的治理。用浅白一些的话来说就是："不要无事生非。""放任我们自由干吧！"这也就是18世纪中期开始出现的自由主义的治理理性。它"不是保证国家的军力、财富、力量的增长，不是保证国家无限定（indéfinie）的增长，而是从内部限制治理权力的实施"[1]。显然，这同国家理性内部的无限治理完全相反。

生命政治和国家理性还存在另一个差别。我们已经讲到，国家理性的治安在外交领域的目标是有限的，想达成一个无限的帝国是不可能的，它有限的目标就是确保不被别国吞并。但是现代的自由主义呢？一旦开始相信市场，而且相信通过贸易，双方都能够获得利润的话，自由主义就把眼光放到全世界的市场上去了，它不再只在欧洲国家内部达成平衡，它认为欧洲国家应该把世界市场作为其目标，也就是说市场对欧洲国家而言是无限的。这样，从外交方面来说的话，自由主义恢复了欧洲国家的无限视野，也就是世界视野。这正好和19世纪欧洲殖民主义的扩张相吻合，欧洲要对整个世界进行瓜分，将整个世界作为其无限的市场。

这就是17世纪的国家理性和18世纪下半期的生命政治（自

---

[1] 米歇尔·福柯：《生命政治的诞生》，莫伟民、赵伟译，上海人民出版社，2018，第37—38页。

由主义的治理术）在三个方面的根本区别。首先是人口观念的区别。17世纪将人口看作臣民，看作是法律和统治可以全方位介入的法律和政治主体；而18世纪将人口看作是自然的人种，人口有自身的自主性和自然性，法律和政治无法介入。其次，正是因为权力可以介入人口，所以17世纪的权力可以对人口进行规训、矫正和管理，可以无限地在国家内部进行管理，使之符合国家总体能力提升的目标；而18世纪下半期的生命政治因为认识到了人口的自然性而尊重人口的现实，奉行少管或者不管的原则，不干预人口，让人口自然调节。最后，17世纪的国家理性对内部的治理是无限的，但对国家外部的治理是有限的，而生命政治对内是有限治理，对外则是无限治理。

但是，二者也有相通之处，即人口都开始成为一个重要的治理对象，人口的幸福、健康和安全都是治理的要求。只不过二者的途径不一样，导致的后果也不一样。这是国家理性和生命政治的区别，也是17世纪的古典主义和19世纪的现代性的一个重要区别。

第七讲

上帝之死

一

尼采（Friedrich Nietzsche）开拓了一种新的哲学写作文类，就是用碎片式的方式来讨论哲学。他完全不顾学院漫长的哲学传统，不顾长久以来思辨性的、论述性的哲学传统。而且尼采的文风非常奇怪，嬉笑怒骂，根本没有推理，没有逻辑，也很少引用，这和传统的哲学写作非常不一样。福柯对尼采有个评价，他说尼采在哲学史上，相当于从山里面突然走出来的农夫，拿着一把哲学的斧头，对着哲学史乱砍滥杀，完全不把哲学当回事。德勒兹对尼采也有一个很有意思的评价，说读尼采一定要发笑，要大笑、狂笑，读尼采要是不笑的话，就读不懂尼采。因为尼采所有的东西都是在嬉笑怒骂、讽刺、挖苦，极尽戏谑之能事。这是尼采给人们带来的直观印象。但是，这样的写作方式也有一个问题，就是尼采的书读起来并不容易，因为没有太多的论证，也没有非常清晰的逻辑。人们很难抓住尼采的核心思想，或者说，尼采到底有没有一个思想系统呢？正是因为这种碎片化，人们也可以从各自的角度出发去解释尼采。这样一来，每个人眼中都有属于自己的尼采。尼采去世后，在法国和德国的尼采形象和遗产是完全不同的。德国人很警惕尼采，而法国人则激活了尼采。后结构主义很大程度上是在尼采的影响下出现的，德勒兹和福柯的很多想法和概念就是从尼采这里来的。但是，他们各自运用了尼采思想的不同方面。德勒兹对福柯有一个评价，他说，尼采射了一支箭，福柯把这支箭拾起来射向另一个方向，然后击中了各种各样的靶子。也就是说，我们可以通过运用尼采来激活尼采，可以让尼采变成自己的工具。这样就不存在一个所谓的真实、完整和体系化的尼采。试图把尼采的本意完全搞清楚是一件很无趣的事情，关键是怎样去对待他、运用他和激活他。实际上，很多哲学家都是这样，要去阐发他们的原意非常困难，他们甚至不能肯定自己的所谓"原意"。而哲学有意思的地方就在于让你去激活它，让它重生，进而开掘出哲学家自己都意识不到的秘密。尼采之所以令人费解，除了他的碎片式的、毫无背景交代的写作方式之外，还在于他的论述有时候看起来也有很多自相矛盾之处。比如，他经常否定道德，但有时候又肯定道德；他有时候说权力意志的本质是积累，有时候又说是释放。为什么会出现这些看起来充满悖论的东西？我们到底应该如何理解尼采？

我们可以从尼采的一个核心概念"权力意志"（will to power）入手。这个概念有时候也被翻译成"强力意志"。什么是权力意志？根据尼采的解释，权力意志就是生命的本能、生命的本质，就是生命本身，"生命就是权力意志"[①]，这二者是等同的。尼采将生命抽象化为权力意志，而权力意志实际上就是力的自我强化本能。也就是说，生命的本质就是力的自我扩张。尼采哲学的重要主题就是生命，这是叔本华（Arthur Schopenhauer）开创的德国生命哲学传统的延续。叔本华也认为生命就是意志，这是他对尼采的重要影响，这个意志被尼采改造为权力意志。

[①] 尼采：《权力意志》（上卷），孙周兴译，商务印书馆，2007，第190页。

但是，对叔本华来说，这种冲动的意志让人的欲望永远得不到满足，从而导致了生命的苦痛和悲剧。因此，叔本华要否定这种意志："没有彻底的意志之否定，真正的得救，解脱生命和痛苦，都是不能想象的。"① 只有对意志进行否定，人生才能平静地度过。尼采一开始认可叔本华这样的观点："对叔本华的哲学也始终应该首先作如是解：个体化的，由个人仅仅为了自己而建立，以求获得对自己的不幸和需要、自己的局限之洞察，并探究克服和安慰的手段，它便是弃绝自我，服从最高贵的目标，首先是正义和怜悯之目标。"② 但是，后来尼采完全走到了叔本华的对立面。他不是要否定这种意志，而是要肯定这种意志。

对尼采来说，生命就是权力意志。那么，权力意志到底是什么呢？或者说，生命的本质是什么呢？尼采认为，权力意志就是力的增长，生命的本能就是权力意志，权力意志就是力不断地强化自身、扩张自身，不断地向外扩张、增强、攀升。所以，生命的本质就是要反反复复地强化自身，就是自我增长、自我扩充、自我繁殖。生命的过程是强化的过程、增长的过程、扩充的过程，这个过程也是一个无限的过程，它永远在增长。力在任何一个时刻的停滞都意味着生命的退化。对生命而言，要么是在增长，要么是在退化，没有停滞可言。生命要一直处于增长和强化的过程中，这就是生命的本能和本质。生命之所以是生命，就在于它要反反复复地自我强化。也就是说，生命是一种力，这种力要不断地扩大，这是力的本能，也是生命的本能。

---

① 叔本华：《作为意志和表象的世界》，石冲白译，商务印书馆，1982，第545页。
② 尼采：《作为教育家的叔本华》，周国平译，译林出版社，2014，第27页。

那接下来的问题就是，生命如果要反复地扩大自身、要持续地强化自身，那么，它是用什么方式来扩大自身和强化自身的呢？在这个地方，尼采引入了一些很重要的概念，就是"斗争""竞技""冲撞"。生命要强化自身，不在于生命内部的力的自我增长，而是要找一个敌人、一个对手、一个障碍物，生命是在和敌人、对手、障碍物的搏斗之中进行自我增长和自我强化的。也就是说，权力意志一定处在关系之中，一定是在和另一个权力意志发生关系的过程中获得增长，一定要和另一个权力意志产生冲突才能增长。也就是说，力只能在和其他力的关系中才发生作用，力永远不能脱离别的力而存在。我们如何理解这种力和力的冲突呢？我们来看运动员的例子。运动员最好的成绩通常是在比赛的过程中取得的，通常是在和各种对手竞技的过程中，他才会把自己最强大的力量爆发出来。一个人要获得最大的增长，要让力积累到最高的状态，就必须找一个旗鼓相当的竞技对手，就要让自己变得紧张、变得警觉，这样才会让自己充满力量。那些最伟大的足球或者网球比赛都是在旗鼓相当的高手之间进行的，因为对方总是会成为你的障碍，总是会激发你的力量，总是让你的生命展现出不可思议的能力。所以尼采特别强调，生命要强大，必须借助对抗来完成，甚至不限于人和人之间的力的竞赛，人和动物之间也可以存在竞赛。在李安的电影《少年派的奇幻漂流》中，一个少年和一只老虎在大海上、在一条狭小的船上展开了竞技。少年之所以能摆脱绝望而生存下去，能爆发出强大的生命力，能战胜巨大的孤独、战胜大海的暴虐，主要是因为这只老虎。他在和老虎反复的对抗中，在不断的竞争中，激发出了自己最强大的生命力。他自己后来也说，没有老虎的话，他早就葬身大海了。不一定是被海浪掀翻，而可能是在无聊而漫长的孤独中死去。老虎激发了少年的生命感。少年在海上漂泊了两百多天，一开始船上还有别的动物，如果后来伴随少年的是一种家养动物，如果是一匹马而不是一只老虎，如果不是具有对抗性的动物，少年也可能死掉了。所以，尼采反复地讲，敌人比朋友更重要，要爱敌人，因为只有仇敌才能激发我，才能把我的权力意志、把我的生命彻底地激活。"需要敌人甚于需要朋友：在对立中它才感到自己是必要的，在对立中它才成为必要的"，"一个人只有充满矛盾才会多产；只有灵魂不疲沓，不贪图安逸，才能永葆青春"[1]。尼采讲的权力意志以及它的强化，从根本上来说还需要一个对手，面对这个对手，权力意志要去竞技、侵略、攻击，要冒险地去和对手进行争斗，只有这样，力才能积累到最大的状态，生命才能得到最强的满足。"生命本身实质上是占有、损害、对异国人和弱者的征服、镇压、严酷，即便用最温和的词语形容，至少也是剥削。"[2] 这是权力意志的一个特点：在竞技中，在对对方的剥削中，完成力的积累和强化，战胜对方就强化了自己。

尼采讲权力意志和生命的积累，但是他又在很多地方讲到权力意志的特点是释放。为什么权力意志一方面要求积累，另一方面却要求释放呢？力的释放，就意味着力积累到了饱和状态必须释放。尼采反复讲到，力是永远要增长的，力的本能、生命的本能是永远要增长的。但是，增长的空间是有限的，一个人的身体空间是有限的，世界的空间也是有限的，一个人如果一直在增长，那么在有限的空间内，就会到达边界

---

[1] 尼采：《偶像的黄昏》，周国平译，光明日报出版社，1996，第30页。
[2] 尼采：《尼采论善恶》，朱泱译，团结出版社，2006，第289页。

和顶点，没法再增长了，要再增长就会被空间束缚住。这个时候力就要释放一部分出来，必须消耗掉一些。就像盛满水的桶一样，必须倒掉一部分水，才会有剩余的空间。力只有消耗掉一部分，才能腾出一部分空间，这腾出来的新的空间就可以让力有再增长的余地。也就是说，力的积累和释放构成一个不断的轮回，在这个轮回中，力的增长是不会停止的，因为力释放后留下的空间可以让力继续保持增长。增长的实践、增长的过程、增长的程序永远不会停下来。这个轮回的程序，使得力的增长和释放永不停息。也就是说，只有释放，才能让力永远保持增长的状态。如果不释放，一旦积累到饱和，力就不能再增长了。

　　这是力的释放的一种功能。但力到底如何去释放呢？我们正是在这里看到了力和力的对抗。力积累到饱和之后一定要释放，而释放就是去和别的力、别的权力意志斗争，去战胜其他的权力意志。力去战斗、释放完之后，生命就有了剩余的空间，就可以再次积累，积累到饱和之后再次释放。生命就是在这种积累和释放的过程中得到肯定，也变得更加强大。力的释放对生命而言至关重要，就像力的积累一样重要。我们还可以举孩子的事例。我们仔细观察小孩就会发现，孩子们在正常情况下都特别好动，他们在家里翻箱倒柜，在外面活蹦乱跳，他们没有目的地消耗自己，我们可以将这当作是一种广义的游戏。游戏就是无目的地消耗自己，孩子们除非太劳累了或是生病了，否则几乎停不下来。孩子的这个游戏和运动过程，就是力的释放过程，是一个消耗的过程。家长经常说小孩调皮、好动，尤其是男孩，完全没法管制，令家长筋疲力尽。但他们为什么这么调皮好动，为什么一天到晚没完没了地蹦蹦跳跳？孩子或者年轻人走路的时候，有时会忍不住踢路上的石头，甚至踢路边的树干，他们就是通过踢石头或者踢树干来消耗自己剩余的精力。老人就从来不踢石头，因为老人没有多余的力气，他们缺乏精力，没有饱满和充溢的力。年轻人为什么会斗殴？就是因为年轻人有过量的旺盛的力，力充溢和饱满之后必须释放，释放就是以战斗和消耗的形式完成的。这些都是没有目的的消耗和释放，都是通过释放获得快感。力一饱和就要释放，不释放人就会很难受。孩子们天然地热爱游戏，所有无目的的运动、和其他孩子的竞技对抗，对他们来说都是游戏。游戏给他们带来了什么？带来了欢乐。他们在消耗、对抗和释放中感到快乐。孩子一旦通过运动的游戏将力释放完了，他们体内的力的空间就空了，这时就需要停下来，需要吃喝、睡觉、休息，也就是说要进行积累。一个空的空间需要积累，吃喝、睡觉、休息就是积累的过程。孩子经过一夜的休息积累，第二天醒来之后，力又处在饱满状态，又需要释放，他们又要去无目的地运动消耗。孩子们就是在不断地经历这样的积累和释放的轮回过程，通过这个游戏的过程，他们就逐渐在这样积累和释放的快乐轮回中长大了。他们的生命因此得到了肯定，这是积极的生命过程，是生命的自我肯定。这就是积累和释放的永恒轮回。生命的奥秘就在于：它一方面是力的积累，一方面是力的释放。这也就是权力意志的实践过程。

还有一种身体的释放，尼采在他的书中讲过几次，但不太被人重视。我觉得这是尼采非常重要的一个观点，这就是性的释放，我认为这个观点对生命的解释比弗洛伊德更深刻、更有意思。尼采讲到了性的释放问题：当孩子在力的积累和释放的轮回中长大了，当他的身体积累到一定的时候，当他有性的冲动的时候，或者说，当他的性能量也积累到饱满的时候，这样的性能量就要释放，这种释放过程表现为性爱。"性爱意愿征服、占有，并且显现为献身……"①尼采将性的释放看作是权力意志和权力意志的较量、权力意志对权力意志的征服，它当然是一种释放。而这个权力意志的释放、这个性的释放，就诞生了一个新生命：婴儿。这是性的释放的产物。这个新的婴儿逐渐长大、逐渐积累，积累到一定程度后，又再次进行性的释放和征服，一个新的生命就又诞生了。这不仅仅是个体生命的轮回，而且是人类生命的轮回。因此，无论是一个婴儿的诞生和长大过程，还是人类种群的诞生和延续过程，都是力的积累和释放的轮回过程：先是力充分地积累，到达饱满状态后自然地流溢而出、自然地释放。由此，新的生命得到了诞生和肯定。永恒轮回就这样永恒地生育生命。

我们可以看到，生命积累和释放的轮回过程中，都伴随着巨大的快感。释放都是快乐的：小孩的游戏是快乐的，人的性行为也是快乐的。也就是说，权力意志在积累和释放的过程中，在征服的过程中，在斗争的过程中，在克服对手和战胜敌人的过程中，会获得巨大的欢乐、巨大的幸福感——没有快乐就不会有轮回。而欢乐、幸福恰恰也是对生命的肯定和祝福。人生追求的不就是欢乐和幸福吗？或者说，生命本身不就应该是快乐和幸福的吗？这就是权力意志所引发的情感，是积极而乐观的情感。总体来说，权力意志是力的向上爬升的过程，它通过积累和释放的轮回让自己永恒爬升、永恒向上、永恒跳跃，让自己永恒增强。它需要这种快乐轮回，在这种轮回和爬升中，

---

① 尼采：《权力意志》（上卷），孙周兴译，商务印书馆，2007，第481页。

它要甩掉各种包袱和重负，它会变得更轻盈，这实际就是生命的舞蹈。生命要舞蹈，要欢乐，要跳跃，要歌唱。尼采说，健康的生命、以权力意志为本能的生命，一定是跳舞的生命，它是跳舞的精灵，它总是欢欣的、活泼的、活跃的、喜悦的。这才是真正的生命的实质，这是尼采理想中的生命。或者说，这也是尼采对生命的期待和理解。这也是查拉图斯特拉的生命形象。这也是强者的生命——这样的生命能感受到力的充盈、饱满和增强。但是，这种理想的生命在欧洲逐渐遗失了。而它最初的形象，即权力意志的最早的形象代言人，就是希腊酒神狄奥尼索斯。尼采说："我是第一个人，为了理解古老的、仍然丰盈乃至满溢的希腊本能，而认真对待那名为酒神的奇妙现象，它唯有从力量的过剩得到说明。"[1] 所谓力量的过剩，就必定意味着力的释放。也正是在酒神这里，权力意志和生命在释放和积累的轮回中得到了激发，这才是本真的生命。但是之后的大部分欧洲历史，恰恰就是对这种生命进行贬低的历史。或者说，苏格拉底以来的欧洲历史，就是权力意志走向反面、走向否定的历史，也是否定的权力意志、反动的权力意志、针对自我内部的权力意志大行其道的历史。当然，在某些时刻，在欧洲起主导作用的，还会有肯定的权力意志，比如罗马的贵族、文艺复兴时期的艺术家，以及拿破仑这样的现代人，对尼采来说，他们都是肯定的权力意志的形象代言人。不过，总体来说，欧洲的生命自苏格拉底后，尤其是在基督教主宰的时代，走向了上升和轻盈的反面。也就是说，尼采所说的生命，尼采理想中的酒神狄奥尼索斯的形象，从苏格拉底以来就开始衰落，而十

---

[1] 尼采：《偶像的黄昏》，周国平译，光明日报出版社，1996，第99页。

字架上的基督是酒神不折不扣的对头。正是在这里，积累和释放这样一个轮回的、本然的生命过程遭到了最彻底的贬斥。

　　对尼采这种释放的生命过程心领神会的是法国哲学家巴塔耶（Georges Bataille）。巴塔耶说资本主义的问题就是只重视积累，而不重视消耗（释放）。这是资本主义的无趣所在——没有消耗和释放就没有快乐。受新教影响的资本家的特征就是贪婪地占有、贪婪地积累，而没有消耗的意愿，这只会导致资本主义的真正危机。巴塔耶对尼采的推进在于，他不仅仅是谈论身体之力和生命之力的释放和消耗，对他来说，任何的剩余能量都应该被消耗，像太阳的特征就是永不停息地在消耗，太阳的消耗就是一切能量消耗的基础，这当然包括财富的消耗，财富饱满之后也要释放和消耗掉。巴塔耶所讨论的能量释放的问题包括经济的问题，他的普遍经济概念就意味着，一旦财富饱满，富人（富国）就应该把钱都花费掉。像美国这样的富裕国家应该将财富无偿地赠予贫穷的国家，否则只能通过战争的方式来消耗它们，因为过剩的能量必须被消耗掉。巴塔耶有一篇著名的文章就叫《耗费的概念》，他说人类有许多耗费行为，即没有目的、没有功利心、不求回报地对精力和财富的耗费。这些都是精力过于饱满、过于充沛而导致的释放。比如说最初的艺术，就是一种纯粹的精力耗费。只是到了资本主义时代，耗费消失了，积累取代了耗费，资本家的节俭取代了贵族的铺张。巴塔耶从莫斯（Marcel Mauss）等人类学家那里发现了奢华浪费的早期起源，而资本主义的积累则葬送了这一切铺张耗费。相对于尼采将积累和释放作为一个轮回的不可分的过程而言，巴塔耶则更突出了释放和耗费的作用。

二

但是，对尼采来说，永恒轮回中"释放和耗费"这一维度的消失，不仅仅发生在资本主义时代，而且贯穿了欧洲一段漫长的历史。巴塔耶批判的是单纯耗费的消失，尼采批判的是积累和释放这一生命轮回的消失、这一权力意志的实践过程的消失。权力意志的积累和释放正是生命被肯定的实践，因此，从根本上来说，尼采批判的是生命的肯定特性被逆转这一历史过程。而基督教是对权力意志最坚决、最彻底的逆反和否定。尼采将基督教道德称为奴隶道德，他认为基督教治下的欧洲是奴隶道德对主人道德的总造反。凡是肯定符合权力意志的生命的，肯定自然本能的扩充和增长的，都被尼采称为主人道德，这样的主人通常是一些贵族、猛士，是一些好战之徒和暴力分子。尼采特别强调，这样的人强大有力，他们凶狠、不顾一切、充满冒险精神，喜欢挑衅敌人并能战而胜之。他们没有任何心理障碍，根本不怕失去什么东西，他们没有心灵的深度，完全凭身体的本能行事，他们凭瞬间性的、闪电一般的直觉行事。他们见到弱者就要无情地践踏，正是在对弱者的战斗和剥削中，他们增加了力量，强化了自身。尼采有一个核心性的哲学划分，就是要区分出两类东西：一类是强的，一类是弱的。我们说的生命的肯定性的权力意志就是强的生命，与之相反的就是弱的生命。如果推崇强的生命、推崇权力意志，就是在信奉主人道德，这也是尼采肯定的道德。尼采反对的是弱者的奴隶道德。奴隶和主人完全相反，其特点就是怨恨、胆怯、算计和耍小聪明，就是一天到晚躲在墙角嘀嘀咕咕，他们内心充满了复杂的地图，他们发明了内在的灵魂和深度，他们每天都在那里琢磨和盘算。一个奴隶,"他的心灵是斜的,他的精神喜欢隐蔽场所、秘密路径和后门,任何偷偷摸摸的事情都会构成他的世界、他的安全、他的爽快而诱惑他,他知道如何保持沉默,如何记忆,如何等待,如何暂时地卑躬屈膝"[①]。如果说主人的特点是遗忘,因为强大的人根本不去记忆,那么一个脆弱的人、一个奴隶最大的特点就是把一切都默默地记在心里,他充满怨恨,他喜欢自己折磨自己。

因此,二者道德感的形成机制也不一样。因为主人不思虑,他是自我立法,所以主人的价值观首先是自我肯定:我这样的行为,我的暴力、屠杀、征服、剥削等行为是好的,所以你们跟我相反的行为就都是坏的。主人是先肯定自己,然后否定他人。而奴隶的价值观形成恰恰相反,他是先否定他人,认为主人和暴徒的杀戮和征服是坏的,因此自己这样善良的人、和平主义者、利他主义者、充满同情心的人才是好的。主人是先肯定自我然后贬低否定他人,而奴隶是先否定他人然后肯定自我。奴隶是通过他者来确立自身,而主人是自我确定自身。尼采特别强调生命的这种自我肯定:生命就是要自己肯定自己,整个权力意志的轮回过程、整个积累和释放的过程充满着肯定性,都是主动性的。战斗、积累、释放都是主动的,都充满着生命的自主性和肯定性。相比之下,奴隶是被动的,是在被动的反应中、在对他者的参照中来确定自己的。

这是两类人的力的特征,也是两类价值观。尼采是通过这两类人和两类价值观的冲突和战争展开他的欧洲历史叙事的,他是历史哲学家。在罗马贵族彰显主人道德之后,欧洲开

[①] Friedrich Nietzsche, *On the Genealogy of Morals*, trans. Walter Kaufmann and R. J. Hollingdale (New York: Vintage Books, 1989), p. 38.

始了奴隶道德的大翻转。奴隶和主人的纷争，最早是犹太人和罗马人的纷争，确切地说，基督教——这一"民众的柏拉图主义"——成功地征服了罗马帝国，受难、忍让、谦卑的奴隶价值标准战胜了冒险、好战和征服的主人价值标准。这是罗马的主人道德第一次被颠覆，这也是奴隶的最初胜利。对尼采来说，这场胜利恰好构成了欧洲衰退的起点。基督教的奴隶道德开始统治欧洲，它是对权力意志的抑制和否定，是对生命和生命本能的谴责，它把强者的本能定义为邪恶，将强者视为恶人，它居然站在弱者和衰败者的一边，这也是尼采反基督教的根本原因。尼采指出了基督教谴责和否定生命和权力意志的诸多技术，这是尼采整个工作的重要一环。就基督教而言，尼采特别提出了它所固有的同情的危害：基督教是同情的宗教。"还有什么东西比任何一种恶习更有害的呢？——有，这就是同情，就是对所有失败的人和虚弱的人的行为的同情——基督教……"[1]但是，什么是同情？"——同情乃是某种与那些提高生命的活力而使人奋发的冲动相对立的东西；它的作用就是抑郁。当一个人在同情的时候，他就失去了力量。同情极大程度地削减了那种本身确实会给生命带来痛苦的力量。……在某种情况下，它可能会导致生命与生命能量的完全丧失"[2]，"同情乃是虚无主义的实践"[3]。同情使一个人的生命力变弱，同情就是软化对方又软化自己，而不是让对方变得强大。在基督教中，正是因为同情的广泛存在，所以失败者苟延残喘，同情包围和保护着失败者，这些失败者如此之多，以至于人们认为生命本身是阴

---

[1] 尼采：《反基督》，陈君华译，河北教育出版社，2003，第68页。
[2] 同上书，第73页。
[3] 同上。

郁的和可疑的。这就进一步为基督教提供了土壤。[①]尼采拼命地攻击基督教奴隶价值观的大行其道。基督教绝对地肯定弱者、受难者、穷困人、贫贱者。但是，我们不要忘了，尼采所说的这些弱者，仅仅是权力意志的否定者，是降低力的存在感的人，是感受不到生命力的弱者，而不是经济上或地位上的弱者。如果从地位的角度来衡量的话，教士就不是弱者。但没有谁比尼采更讨厌这些教士了。尼采眼中的弱者，只是生命力量方面的弱者。尼采说自己的身体不好，但他是欧洲最健康、最强大的人，就是因为他认为自身充溢着权力意志，因为他在努力地肯定生命本身。强者和弱者，与其说是某些个体，不如说是一个时代的所有人。在整个基督教的文化氛围中，所有的人都是弱者。这个时期的欧洲就是一个巨大的、受苦的疯人院。

但是，在文艺复兴时期，还是主人道德观获胜了。文艺复兴时期的人肯定生命，肯定现实，热爱此刻，热爱人生。此刻，世俗性重新变得容光焕发，艺术和美在世俗的魔力中激动得发抖。生命获得了凯旋，高级和美好的事物获得了战栗般的肯定。这是对基督教奴隶道德的颠倒。但是，马丁·路德的宗教改革再次颠倒了文艺复兴的价值观。他恢复了奴隶的道德标准，宗教改革依然是奴隶的胜利，是奴隶价值标准的胜利，是民众怨恨运动的胜利，它又一次催生了欧洲的不可救药之病。到了法国大革命时期，平民和奴隶再一次战胜了欧洲的政治贵族，倡导人人平等，多数人享有特权，奴隶的道德理想再次胜出（基督教是这一运动的准备和先声）。不过，拿破仑又惊人地再次颠倒了这个情况，少数人统治出现了，高贵理想又开始重现了。

[①] 尼采：《反基督》，陈君华译，河北教育出版社，2003，第73页。

但是，现代的民主终究要埋葬拿破仑这样的主人。在尼采这里，所谓的现代思想中的主宰性道德，仍旧不过是卑贱的奴隶道德，是群居者的道德，也是群盲的道德。现代社会藐视高傲和冒险的个体，却去尊重庸碌的群盲。"群盲是手段，仅此而已！然而现在，人们试图把群盲当作个体来理解，而且赋予他们一种比个人更高的地位，——其深无比的误解啊！！！把造就群盲的同情刻画为我们本性中更有价值的方面，也是如此！"① 现代社会的道德观都是奴隶的道德观。从这一点而言，基督教同18、19世纪欧洲民主思潮并没有区别。尽管民主启蒙运动不断地对基督教进行攻击，但从尼采的视角来看，这二者在一些关键性方面是一致的：都是奴隶道德作为主宰，都强调平等（基督教那里是上帝面前人人平等，启蒙民主则要求法律面前人人平等），都没有人和人之间的等级距离感，都反对高贵和主人，反对战斗、暴力、冒险和剥削，都强调同情、爱和利他主义。总之，二者都是力的衰退，都是颓废当道。在某种程度上，在民主启蒙时期，人的虚弱和虚无较基督教时期更甚："人的自我贬低、人的自我贬低意志，难道不正是自哥白尼以来不断加剧的吗？呵！对人的尊严的信仰、对人的特性的信仰、对人在生物序列中的不可替代性的信仰消失了：人变成了动物，无可比拟、不折不扣、没有保留地变成了动物。……自哥白尼以后，人似乎被置于一个斜坡上，他已经越来越快地滚离了中心地位——滚向何方？滚向虚无？滚向'他那虚无的穿透性的感觉'？"② 基督教道德是奴隶道德，同样，"民主的欧洲只不过

---

① 尼采：《权力意志》（上卷），孙周兴译，商务印书馆，2007，第267页。
② 尼采：《论道德的谱系》，周红译，生活·读书·新知三联书店，1992，第129页。

是导致了一种对奴隶制的高雅培育"①。现代的欧洲，还是在基督教欧洲所铺设的奴隶道德轨道上延伸。历史就这样一幕幕地上演着主奴交战的道德悲喜剧。这就是尼采勾勒出来的一部简明的欧洲道德战争史。

这也是尼采反对现代性的原因：现代性也是对生命的戕害。用现代性重新勾兑的启蒙新酒在对待生命的态度上，还是被置放在它所反对的基督教的旧瓶当中。但是，我们要问，这种基督教的奴隶道德是如何战胜主人道德的呢？为什么奴隶道德会长期在欧洲盛行呢？它的形成机制是什么？尼采在《论道德的谱系》中有一个精彩绝伦的章节，论及了内疚和负罪感的形成，而内疚和负罪感恰好是奴隶的特征。我们反复强调，在尼采看来，主人在杀戮、征服、剥削的时候永远是欢乐的，主人善于遗忘，没有负疚和思虑，他释放的力是向外的，释放的力就是同外在对象的战斗。而奴隶身上也有力，但他的力是内转的，他的力无法向外发泄，只好调转过来针对自身。他自己敲打自己，自己反击自己，自己折磨自己，从而在自己的内部形成了深度、厚度、宽度，进而出现了灵魂，出现了一个心灵世界。而强者、主动的权力意志就是单纯的力的上升，他不在自己内部建立深度，他开始了无辜的力的游戏。而生命真正的本质就应该是力的不断提升、不断增长，力不断地往外扩张、溢出，不断地外化。但是奴隶的力则相反，他的力是自己往自己的内部猛戳。尼采说，这就是内疚。我们内疚的时候会感到痛心疾首，就会不断地折磨自己，就会萎缩、变小，就会自我囚禁、匍匐在地，就会让扩张的权力意志收缩。而这恰恰是让生

---

① 尼采：《权力意志》（上卷），孙周兴译，商务印书馆，2007，第183页。

命变得反动，是对生命的损毁。如果说权力意志激发下的生命是增长、是跳跃、是欢欣鼓舞，那么，内疚的生命则是下坠、是堕落、是愁眉苦脸。一个是上升的生命，一个是下坠的生命；一个是轻盈的生命，一个是滞重的生命。

三

为什么基督徒会内疚呢？尼采说，内疚是上帝的发明和诡计。为什么呢？在《圣经》里面，上帝为了拯救子民，把他的儿子耶稣送上十字架。从基督徒的角度来看，上帝为我们做出了多么大的奉献！为了我们，他牺牲了自己的儿子，我们对他欠付了多少！所以，我们对上帝深深地负债。负债和负罪在德语里是相关联的两个词。因为欠付了上帝太多，所以基督徒充满了负债感、负罪感，这同时也是内疚感。罪恶感和内疚感在基督徒的灵魂深处一结合，就让他变得畏畏缩缩，让他紧张、颤抖、面色严峻，让他苦行和禁欲，让他倍感痛苦。只有感到痛苦，他才可能免除和抵消上帝的债务，才可能让自己的罪责减轻一些。也就是说，欢笑和喜悦只能加剧自己的罪恶感和内疚感。这样，自然而然地，"到处都将苦难误解为生命的内容"[①]。生命必须受苦。于是，所有的生命活力荡然无存。这与罗马的贵族、猛士的生命的欢欣跳跃截然相反。

尼采将这归结于基督教的诡计。对尼采来说，要让生命力勃发，要让权力意志重新出现在欧洲的大地上，理所当然地就要宣判上帝之死。因为怨恨、内疚、虚无等和反动的生命相关

[①] Friedrich Nietzsche, *On the Genealogy of Morals*, trans. Walter Kaufmann and R. J. Hollingdale（New York: Vintage Books, 1989）, p. 141.

的一切都和上帝有关，都是基督教发明出来的。在这个意义上，我们就能理解尼采宣布的"上帝之死"。上帝之死，首先就是要把否定和反动的权力意志、把僵化和萎缩的生命消除掉。只有把上帝推倒了，人们才有机会重新激发生命，重新让生命变得生机勃勃。那么，到底什么是上帝呢？我们很自然地想到，这个上帝肯定是基督教的上帝。但是尼采所说的上帝不仅仅指的是基督教的上帝。这种奴隶道德观、弱者的道德之所以会出现，之所以会战胜强者的道德，除了基督教的上帝，还有一个更深远的背景，就是柏拉图主义。基督教是怎么形成的呢？它和柏拉图主义有密切的关联。尼采称基督教为"民众的柏拉图主义"，上帝的概念是柏拉图理念的变体。所以尼采不仅要拔掉基督教的上帝，还要拔掉柏拉图主义的理念，他既要反对基督教，也要反对柏拉图主义。

什么是柏拉图主义呢？简单来说，就是万事万物背后都有一个终极性的起源，我们看到的任何表象的底部都有一个核心性的本质，我们看到了无数的"多"，但是"多"都是由背后的"一"决定的。柏拉图主义有一个模式，就是深度和表层的模式，深度是本质性的、核心性的、决定性的，我们通常把它称为本体。而我们能看到、能感受到的都是表象性的东西，这些东西都是幻象。所以在柏拉图这里，就是由本体的"一"派生出了表象性的"多"，但是"多"是不真实的，只有"一"、只有那个本体，即那个最深层的东西，才是真理之所在。这与上帝和基督教有什么关系呢？基督教的上帝正是对柏拉图主义的本体的挪用：我们看不见上帝，但是万事万物都由他创造，都是他的表象；上帝无处不在但又隐而不显，上帝是真理之所在，是一切事物的起源和根源。上帝和他所创造的、派生出来的世界的关系，与柏拉图的"一"和"多"的关系，遵循的是同一种本体论模型。我们把这种模型统称为形而上学模型。柏拉图主义不仅影响了基督教，甚至影响了整个欧洲哲学传统。怀特海说，西方哲学的历史不过是柏拉图主义的注脚。因此，尼采要反对的上帝，既包括柏拉图的理念，也包括基督教的上帝，同时还包括基督教式微之后的现代社会的各种各样的本体论，尤其是康德的物自体概念。物自体实际上也是柏拉图主义的变体，和柏拉图的理念一样，物自体存在，但也是隐秘的、决定性的存在。我们无法认识它，因为我们的认识理性是有限度的。也就是说，从古代的柏拉图主义，到中世纪的基督教，一直到现代哲学，在某种意义上它们遵循的哲学模型都是一样的，都是由一个隐秘的本体决定各种各样的、可见的多元现象。尼采要反对和拒绝的，恰恰就是这种不同形式的本体、各个时期的本体，也就是哲学和神学中决定性的终极因。尼采要恢复哲学的绝对表面，他也因此要恢复生命的绝对自主性。生命不再束缚于任何一个外在于它的支配本体，生命就是它自身的力的游戏，就是力的表层的无辜游戏。尼采是第一个脱离这种本体论支配的哲学家。上帝之死，首先是形而上学的本体之死。

这样我们就可以将尼采和启蒙时期哲学家的上帝之死区别开来。伏尔泰和18世纪的一些启蒙哲学家早就宣布上帝死去了，他们早就不信上帝了。但是尼采为什么还要说上帝之死呢？这两种上帝之死有什么区别呢？上帝虽然死了，但是尼采说，上帝的死法多种多样，有不同的杀死上帝的方式。有三种上帝类型：柏拉图主义的本体、基督教的上帝和康德的物自体。同时，也有三种上帝死亡的方式。一种是启蒙时期的上帝之死。

启蒙时期的人不信上帝，但这不是杀死上帝，他们是通过了解科学知识来证实上帝不存在。他们是不信上帝，而不是去杀死上帝，因为上帝本来就不存在，不存在的东西就无从说去杀死他了。所以这是信不信上帝的问题，而不是杀不杀死上帝的问题。这是上帝之死的第一种意义——上帝不再被信仰了。第二种上帝之死，指的是那些基督徒自己杀死了上帝。尼采的《查拉图斯特拉如是说》里有一小节叫"最丑陋的人"，讲的是最丑陋的人杀死了上帝。他为什么要杀死上帝呢？他说：因为上帝对我了解得太清楚了，上帝看见了我的灵魂、我的一切，我所有的东西都暴露在上帝的眼皮底下，我终于清醒了，我要报复上帝，我要把上帝杀掉。也就是说，有一种基督徒，他原来是信上帝的，上帝把他的每个角落看得清清楚楚。对启蒙时期的某些人来说，只要我不信上帝，上帝就看不见我。只有信上帝的人，上帝才能把他看得清清楚楚。所以第二种凶手，开始是信上帝的，但是后来又不信了，他觉得上了上帝的当，他要报复上帝。从信徒变成怀疑论者的人非常多，以前他们非常虔诚，后来经过某个时刻的顿悟，觉得上帝欺骗了他们，所以要杀死上帝。这是从基督徒转化而来的杀死上帝的凶手。杀死上帝，并不意味着摆脱了上帝的阴影，也不意味着生命自动地获得了肯定。这个最丑陋的人，在杀死上帝后却并没有改变自己作为一个反动生命的命运，也可以说，此处的弑杀，是一个反动的生命容忍不了另一个反动的生命。还有第三种杀死上帝的人，这就是尼采。尼采自认为他杀死上帝和前两种人都不一样。尼采之所以和启蒙时期的人不同，和那种转化过的基督徒也不同，是因为那两种人在杀死上帝的过程中没有解决根本的问题，他们杀死了上帝，但没有把强劲的生命带回来。虽然上帝死了，但是肯定的生命、肯定的权力意志没有得到张扬。为什么这么说呢？因为秉持启蒙理性的人虽然把上帝杀死了，但是他们在基督教上帝死去的位置上重新安置了一个上帝，重新安置了一个信仰的对象。启蒙时期的人不再信上帝，而是开始信仰自由、信仰平等、信仰最大多数的人的最大幸福。人们还是在信，还是要把自己的生命依附于某个外在的对象上，生命的价值和标准还是攀附在生命之外的某个客体上。而尼采思想的核心是生命要自我肯定、自我做主，不依附在某个外在对象上。这就是尼采和启蒙者的根本区别。启蒙者不信上帝，但是信别的东西，他们还是有宗教性，只不过不是基督教的宗教性。一旦将生命绑缚在外在客体上，那就意味着他们还是没有肯定生命。而尼采为什么对这些持怀疑论的基督徒也不满呢？因为他们虽然不信上帝了，但是他们的气质和价值观并没有发生变化，他们还是充满着同情和怜悯，还是利他主义者，还是强调灵魂深度，还是充满怨恨。虽然杀死了上帝，但他们本身没有发生根本的变化，还是奴隶的形象。这些杀死上帝的基督徒，这些尼采笔下的小丑，后来演变成了叔本华式的悲观主义者。

而尼采式的上帝之死，跟前两种上帝之死完全不同，他把原来的整个价值观全部推倒了。尼采发现，自从欧洲的上帝死了，欧洲出现了几种新类型的人。第一种是悲观主义者，因为上帝所代表的最高价值消失了，悲观主义就出现了。我们现在的生命没有寄托、没有依赖，没有什么可追求的，万事皆空，所以我们就变成了颓废主义者和悲观主义者，干脆就这样一劳永逸地沉寂下去，反正生活毫无意义。这类人最典型的代表是叔本华。他们表现出的就是"悲观主义者疲惫的目光、对于生命之谜的怀疑、厌倦人生者的冷冰冰的否定"①,尼采讽刺性地把这类虚无主义和悲观主义称为西方的佛教。第二种类型就是启蒙时期的民众,就是尼采说的现代市民、现代自由民主制下的公众。对他们来说,摆脱了上帝是一种幸福,人们不再过苦行生活,而是过上了现世的美好生活,人人都自由平等,人人都享受民主。原来上帝是牧人,现在没有牧人了,人们过着没有牧人的羊群式的生活。他们很快乐,但都是自我满足,这样的人恰恰是没有超越性的,没有把自己变得更强大的意愿,也就是说没有力的扩张,他们完全是在自我保存的情况下存活,像动物一样地存活,吃饱喝足就行了。尼采称这样的人为"The Last Man",通常翻译为"最后的人"或者"末人",如果让我来翻译的话,这就是衰人,现代社会的衰人,这是现代社会的人的普遍状况。末人是现代思想的奴隶,虽然不是悲观的人,但也是衰退的人,因为自我保存就意味着不增长,不增长就是衰败,就是缩小。"大地在他的眼里变小了,最卑微者②使一切都变小了,他在大地上蹦蹦跳跳。他的种族不会灭绝,犹如跳蚤一样。最卑微者寿命最长。"③尼采说,现代的市民都是这样的庸众,没有出类拔萃的明星。

---

① 尼采:《论道德的谱系》,周红译,生活·读书·新知三联书店,1992,第47页。
② 即 The Last Man。
③ 尼采:《查拉图斯特拉如是说》,黄明嘉译,漓江出版社,2000,第10—11页。

四

显然,对尼采来说,上帝死了并不意味着对生命的肯定就会自动到来。尼采宣布上帝之死,是要和上帝之死所引发的虚无主义和悲观主义区分开来。对他来说,上帝之死意味着超人的出现。但是,上帝之死如何引发了超人的出现呢?尼采正是在宣布上帝之死的同时提出了他的永恒轮回教义。在尼采这里,除了前面提到的力的积累和释放的永恒轮回之外,还有另一个层面的永恒轮回,这就是他在《查拉图斯特拉如是说》中反复宣讲的教义。在《查拉图斯特拉如是说》中,尼采潜在地把自己当成了类似耶稣的传教者,尽管他在不断地讽刺和攻击耶稣,但他是把耶稣当作高贵的敌人,尼采在内心深处也是以救世主自居的。他觉得自己是现代的耶稣,他也要救赎欧洲,尽管他们的教义截然相反。耶稣三十岁开始传教,查拉图斯特拉也是三十岁开始下山传教的。他宣讲的教义就是"同一物的永恒轮回"(eternal return of the same)。永恒轮回看起来很好理解,它似乎非常简单,就是万事万物会一而再再而三地出现。尼采这样谈论永恒轮回:"你现在和过去的生活,你将再过一遍,并且会无限次地再次经历它,且毫无新意。你生活中的每种痛苦、欢乐、思想、叹息,以及一切无可言说、或大或小的事情皆会在你身上重现,会以同样的顺序重现。"[1] "万物中凡能行走的不都已经走过这条路了么?万物中可能发生的事不是已经发生、完成和消失了么?"[2] "万物走了,万物又来,存在之轮永恒

---

[1] Friedrich Nietzsche, *The Gay Science*, trans. Josefine Nauckhoff (Cambridge: Cambridge University Press, 2001), p. 194.
[2] 尼采:《查拉图斯特拉如是说》,黄明嘉译,漓江出版社,2000,第 171 页。

运转。万物死了，万物复生，存在之年永不停息。万物破碎了，万物又被重新组装起来；存在之同一屋宇永远自我构建。万物分离，万物复又相聚，存在之环永远忠于自己。"①

我们如何理解这样的永恒轮回呢？尼采在《查拉图斯特拉如是说》里说，永恒轮回的历史很古老，它的历史和曾祖母的年龄一样，他不过是把它唤醒了。但是，尼采认为他的永恒轮回思想和古代的轮回思想不一样。永恒轮回有两种，一种是积极的永恒轮回，一种是消极的永恒轮回，要把这两种永恒轮回区分开来。尼采要证明他自己所倡导的积极的永恒轮回，只要信奉了他的永恒轮回教义，超人就能出现，积极的生命肯定就能出现，权力意志的增长就能得到保证。尼采首先要证明永恒轮回这个教义或者说这个学说的合理性，他大概是从这几个方面来证明的。第一个方面是能量守恒定律。世界的力和能量的总量是永恒不变的，但是这些力忽左忽右、飘来荡去、变化万千、四处奔腾，它们从不安静下来，力的特点就是永恒的流动。如果说能量和空间是有限的，但是力又永远在变化、生成、流动，那么，无限的力的流变在一个有限的空间里，只能是一再轮回。这是能量守恒定律导致的力的永恒轮回，我们前面说的力的积累和释放就是这样性质的轮回。第二个方面是概率论。尼采举的例子是掷骰子。你可以无限次地掷骰子，但是两个骰子落下来的时候，它们组合而成的结果是有限的。也就是说，偶然的一掷可以是无限的（可以掷一万次、一亿次、无数次），但是组合而成的结果总是有限的，无限地投掷下去，只能出现数目的重复和轮回。这就意味着无限多的偶然一定会导致必然

---

① 尼采：《查拉图斯特拉如是说》，黄明嘉译，漓江出版社，2000，第236页。

的轮回，尼采将此称为概率的轮回。第一种是力的轮回，第二种是概率的轮回，而第三种轮回指的是，时间是无限的，但是万物都是有限的，有限的万物出现在无限的时间中，它也只能重新出现、轮回发生。这就是我们通常所说的太阳底下无新事。太阳是永恒的，它意味着时间的无限性，而事物总是有限的，在这个无限的、永恒的时间的观照下，事物总是已经发生过的了，事物的出现总是对过去事物的重复和轮回。尼采就这样从力的角度、概率的角度、时间的角度来论证轮回的必然性：轮回是一定会发生的，一定会一再出现，轮回是永恒的。

我们把这三种面向的轮回结合起来，就能揭示出尼采的世界观：世界是有限之力的世界；世界是时间无限的世界；世界是永恒游戏的世界。在尼采看来，世界就是有限之力在无限的时间内的永恒游戏。正是在这个世界中，同一物一再轮回。那么，尼采所传达的这个永恒轮回和先前的永恒轮回有什么区别呢？《查拉图斯特拉如是说》里有一个章节非常重要，这个章节就叫"幻象与谜"。一个侏儒和查拉图斯特拉在一起，尼采的观点当然是借查拉图斯特拉之口说出来的。侏儒认为所谓的永恒轮回无非就是一遍遍的时间重复，重复地绕圈子，时间本身就是一个圆。但是查拉图斯特拉，也就是尼采呵斥他说：你这个侏儒，你根本不懂轮回的意思！尼采在这里设置了一个很具体的场景：有一个门槛，门槛往后有一条无限的路，往前也有一条无限的路。侏儒对此说时间不是一条直线，历史就是一个圈子在绕来绕去，这就是轮回。但尼采告诉他：你根本不懂轮回，或者说你所说的轮回不是我理解的轮回，我们有不同的轮回观。尼采和侏儒的差异就在于，尼采注意到了将前后两条线连接在一起的门槛。门槛是一个结点，尼采把它称为瞬间，或者说此刻。这个此刻、瞬间有什么特殊的含义呢？它虽然是此时此刻，但是既包含着往后的过去，也包含着往前的未来。所以尼采对侏儒说：你瞧这个门槛，这个此刻，它非常重要，轮回不是那种简单的绕圈子而正是把这个此刻突出出来了，没有这个此刻，怎么能轮回？轮回意味着每一个此刻、每一个瞬间都很重要。轮回不是轻飘飘的轮回，轮回肯定了此刻。这是尼采的轮回和侏儒的轮回的根本差异。侏儒的轮回不在意轮回的每个瞬间，他忽略了瞬间，所以这样的轮回是轻飘飘的轮回。

这个门槛很重要，此刻是把过去、未来和现在集结在一起的瞬间。为什么这么讲呢？尼采特别瞧不起侏儒，认为他们有的是所谓的奴隶道德、卑贱的道德，他们的特点就是下坠、蹲在地上，所以尼采讽刺性地用了侏儒这个形象，侏儒就是指代奴隶道德的。而查拉图斯特拉在高山上、在山巅，可见尼采特别讲究空间的上下、高低的关系。为什么尼采总是讲永恒轮回？永恒轮回确实是反基督教，或者说反上帝的，因为基督教的历史观是目的论的历史观，基督教说我们一定要有一个美好的未来，有一个天国、一个终极目的在等着我们。一个人之所以现在这么生活，就是为了达到将来的目的、为了进入天堂，进入天堂的时刻，是最重要最终极的时刻，而现在的此刻只是服务于这个终极时刻的，它自身并不重要，可以被牺牲掉。基督徒有特殊的时间观，这和黑格尔、马克思的时间观一样，都是直线型的时间观，但是永恒轮回是圆圈型的，没有终点。对侏儒来说，历史就是简单地转圆圈，这意味着什么呢？意味着每时每刻都不重要，都是轻飘飘的。但是对尼采来说，每一个瞬间都很重要。因为每一个瞬间都是把过去、现在、未来聚集于一身的，所以每一个瞬间都充满着重量，每一个瞬间都是决定性的瞬间，决定了轮回的方向，决定了如何轮回，所以每一个瞬间都是命运的重大抉择。在这个意义上，生命的每一个瞬间，都有它垂直的深度。瞬间也是永恒的。查拉图斯特拉通过他的永恒轮回教义，强调了生命的每时每刻的重要性，强调了每个时刻对于人生决断的重大意义，生命的意义就在于自我决断、自我选择甚至是自我创造，而不是托付给外在的上帝或者他者。相形之下，侏儒的轮回毫无意义，只是机械性的轮回和重复，没有决断，没有选择，没有主动性。这样的轮回让人被动，让人只能接受外界的摆布，这是有毒的轮回论。

这是对尼采永恒轮回的生存主义的解释。但还有德勒兹的不一样的非存在主义的解释。尼采的那个门槛把过去、现在、未来聚集于一身，但对德勒兹来说，那个此刻意味着变化，没有此刻、没有对此刻的重视，变、生成、轮回就没法进行，时间就没法流逝。就是因为注意到了此刻的门槛，我们才知道了生成的重要性。这样一来，尼采就和柏拉图主义截然对立了，柏拉图主义恰恰强调不变的重要性，强调"一"的重要性。对柏拉图主义来说，任何变的东西，任何表象的、生成的、多样性的东西，都应该被"一"吞噬，只有永恒的、本质的、固定的、绝对的东西才是真实的，变的东西都是虚假的。而尼采在这里把柏拉图主义颠倒过来："生成"（becoming）才是最重要的、最核心的，才应该被关注。尼采的思想由此而恢复到了赫拉克利特永恒变易的哲学上。变是永恒的，轮回本身也是永恒的，所以轮回才是不变的，轮回过程、轮回事实也是不变的。永恒轮回就意味着轮回是永恒的，是作为本体出现的。所以在永恒轮回中，一方面强调变，另一方面，变和轮回的事实本身恰恰是永恒的、不变的，也就是说，永恒轮回同时意味着变和不变，同时意味着生成和存在。只有无数的变、无数的生成，才确定了存在，确定了不变性，不变恰恰是以多变为基础的。不变和多变相互肯定，"一"和"多"相互肯定。这和柏拉图的思维模式完全相反，柏拉图说要保持"一"，就一定要消灭"多"。只有消灭多样性，才能保持稳定性；只有消灭生成，才能确保存在；只有消灭偶然性，才能得到必然性。但是尼采恰恰把它颠倒过来，要肯定偶然性，才能得到必然性；肯定"多"，才能得到"一"。这也就是尼采所谓的思想的巅峰：在永恒轮回中，生成和存在无限地接近。

第八讲

民族主义

一

民族主义和自由主义、社会主义是 19 世纪的三大意识形态。我们提到自由主义和社会主义时，能够清楚地想到它们是什么，能够想到一些最经典的理论家、最经典的理论和著作。当我们讲到自由主义时，马上会想到洛克或亚当·斯密；讲到社会主义时，马上会想到马克思。但是民族主义就没有这样具有代表性的伟大作家，也没有特别经典的著作。每个人对民族主义的看法也都不一样，民族主义是一个不断变化的概念，关于它的定义不计其数。或许，我们可以从民族主义的起源开始。

盖尔纳（Ernest Gellner）说："民族主义并不是根深蒂固地存在于人的精神里。"[1] 民族也是历史性地形成的。也可以说，每一个民族的形成都有它特定的历史背景和原因，它并不是一个自然的观念。我们只能谈论最早出现在欧洲的民族和民族主义意识形态。有两本很重要的书讲到了欧洲出现的民族概念。第一本就是本尼迪克特·安德森（Benedict Anderson）的《想象的共同体》。

对安德森来说，民族不是一个自然概念，而是一种特殊类

---

[1] 厄内斯特·盖尔纳：《民族与民族主义》，韩红译，中央编译出版社，2002，第 46 页。

型的"文化的人造物",是在特定时期发明和创造出来的。准确地说,是到了 18 世纪末、19 世纪初才在西方慢慢创造出来的一种意识形态。这其实也是现代性进程的一个关键环节。但到底什么是民族呢?这是安德森的定义:"它是一种想象的政治共同体——并且,它是被想象为本质上有限的(limited),同时也享有主权的共同体。"①对这个定义,我们要注意几点。第一,民族是想象出来的。为什么是想象出来的呢?"因为即使是最小的民族的成员,也不可能认识他们大多数的同胞,和他们相遇,或者甚至听说过他们,然而,他们相互联结的意象却活在每一位成员的心中。"②第二,民族是有限的。这就是说,一个民族总是有边界的,是有限的人构成的共同体,因为它不可能将地球上的每个人都当成自己民族中的一员。这也就意味着民族总是在外部有其他的民族,存在着多种多样的民族,民族不止一个,一个民族指的是特定的一部分人的共同体。第三,民族享有主权。因为民族的观念浮现于启蒙运动和法国大革命时期,这个时期开始对王朝的合法性产生怀疑,民族试图从神圣王朝的等级管制之下解脱出来,同时也对宗教的统一体产生怀疑。在这个意义上可以说民族开始对自由和独立有了渴望,而"衡量这个自由的尺度与象征的就是主权国家"③。也就是说,一旦摆脱了宗教和王朝的统治,民族就要开始寻求自己的主权独立,民族要自己决定自己的命运选择。第四,民族是一个共同体,就意味着一个民族是一群人的集合,而这群人的内部,

---

① 本尼迪克特·安德森:《想象的共同体:民族主义的起源与散布》(增订版),吴叡人译,上海人民出版社,2016,第 6 页。
② 同上。
③ 同上书,第 7 页。

或者说，这个民族内部总是被设想为有一种深刻的、平等的同志友爱，人们之间有密切的关联。也正是因此，人们会为了这个友爱的民族而献身，为了民族的利益去杀戮或者赴死。

二

以上就是有关民族的定义。因为民族是历时性地诞生的，我们要看看它到底是如何诞生在18世纪末期的。实际上，在民族诞生之前也有共同体，人需要生活在共同体中，人都依附于一个共同体，人的特性就是必须和其他人生活在一起，必须有依附性、有归属感。自中世纪以来，欧洲人是归附于神圣共同体、基督教的共同体的，也就是上帝的共同体。在面积很广的欧洲，大部分人生活在农村，每个村庄就像一个孤岛，人们也不太了解外界是怎么回事。但是每个人都信奉上帝，都相信自己和上帝有特殊的联系。因此，每个人都觉得和其他人有关联，因为大家都是上帝的子民，他们认为所有的人都像兄弟一样，每个人都隶属于一个无限的、看不见的共同体，即一个基督教的神圣共同体。他们在心理上有一个神圣归属，这个归属以上帝为中心。这个共同体的特征是呈现出一种纵向关联，因为地上的每一个人都和上天的神有一种垂直的关联，而且地上的人也都以上天的神为中介发生关联，这就是我们所说的神圣共同体。自中世纪以来，人都归属于这个神圣共同体。这个共同体还有一个很重要的特点是，人和上帝并不直接发生关联，而是通过教士和教会来发生关联，教士是联结人和上帝的中介。这些教士是知识分子，都讲拉丁文，所以拉丁文在某种意义上也是媒介，是一种语言媒介，是联结人和上帝的语言中介。而且，欧洲的基督徒当时都相信，普天之下只有一个上帝，也就是说，普天之下只有一个共同体，这个共同体是无边无际的，是无限的共同体。

但我们知道，这个神圣的、无限的共同体逐渐被打破了。首先被打破的是基督教共同体的无限性。第一个打破它的方式是地理大发现。哥伦布（Cristoforo Colombo）在15世纪末16世纪初经过远航后发现了美洲，这些欧洲以外的人并不知道上帝，也不知道耶稣。实际上，在哥伦布之前，很多前往东方旅行的欧洲人就发现了欧洲之外的许多陌生文化。正是这些发现，使得欧洲人原先认为的无限的共同体开始有限化了，欧洲人这才明白他们信的上帝是有范围、有界线的，是有一个固定地域的，地球上不同的人有不同的生活方式和信仰对象，基督教共同体只是一个有限的共同体。因此，这个上帝也是相对的，他并非无限和普遍的。既然是相对的，他的神圣性就不是绝对的，也不是无限的和完全的，这就是基督教神圣性的相对化。同时，这个有限的共同体正是民族形成的前提，没有有限性就没有民族意识，民族意识至关重要的一点是一个有限的、特定范围内的共同体。此外，从16世纪开始，基督教共同体的普遍语言媒介——拉丁文的神圣地位也开始衰落，它丧失了上层知识阶级的具有优越性的语言地位，拉丁文的霸权开始衰退。"拉丁文的衰亡，其实是一个更大的过程，也就是被古老的神圣语言所整合起来的神圣的共同体逐步分裂、多元化以及领土化的过程的一个例证。"① 这进一步促成了神圣共同体的瓦解。接着到了18世纪的启蒙运动，人们从思想和观念上开始质疑上帝

---

① 本尼迪克特·安德森：《想象的共同体：民族主义的起源与散布》（增订版），吴叡人译，上海人民出版社，2016，第18页。

了。启蒙思想家伏尔泰和狄德罗等人公开宣告了对上帝的不信任,上帝在欧洲开始被动摇了。如果人们开始怀疑上帝,怀疑这个共同体的核心,那么这个神圣共同体就一定会解体。"到了1799年,只有零星的地区还保持虔敬,那里的人因为信仰而生活艰难。相当部分的人口已经停止日常宗教活动。与1789年相比,在西北部和中部的某些地区,复活节领圣餐仪式的参与人数减少了三分之一。在周日工作开始成为惯例。许多教堂重新开放后仍然无人光顾。拉梅内(Lamennais)认为,1808年时宗教已彻底毁灭。"① 可见,神圣共同体的解体大概有三个步骤:首先是让它变得相对化和局部化;其次,它的语言联结纽带拉丁语逐渐丧失霸权;最后,上帝的确定性遭到质疑。如果是这样,这个无限的神圣共同体自然会解体,人就会从这个瓦解了的基督教的共同体中游离和分散开来。当人不再依附、归属、乞求于上帝时,就可能变成单个的个体,一个原子式的个体。

但是,我们还知道中世纪的人,甚至16、17世纪的人,他们除了组成基督教的神圣共同体之外,还置身于一个王朝共同体中。从中世纪一直到17世纪,甚至是18世纪,人在精神和信仰上是臣服于上帝的,但在世俗的权利上又隶属于君主。君权是神授的,它不能被动摇。也就是说,人不仅是上帝的子民,还是君主的臣民,这是人和人之间的另外一个联结纽带,这同样是纵向的纽带,因为君主处在世俗权力的中心和高位,臣民们靠中心化的君主联结在一起。无论是以上帝为核心,还是以君主为核心组成的共同体有一个共通的特征,就是

---

① 雅克·索雷:《拷问法国大革命》,王晨译,商务印书馆,2015,第296—297页。

垂直的、纵向的连接：上帝和君主都高高在上，他们都是连接的核心焦点。在某种意义上，每一个单独的个体都以他们为参照物，和其他个体发生关系。启蒙运动打击了信仰，使神圣共同体瓦解了；同时，作为欧洲历史上的一个决定性事件，启蒙运动催生的法国大革命也打击了王朝。从17世纪到18世纪，欧洲历史上先后发生了两次重要的革命，其核心的目标就是针对君王的。第一次革命是1688年英国的光荣革命（Glorious Revolution），这是比较温和的革命，是不流血的革命。它保存了君主，所以到现在英国的王室还存在。但王室权力被限制，君主逐渐变成了一个单纯的象征、一个符号，起到凝聚人心的作用，世俗的君主权力让位于王室外的议会和政府。所以，英国的革命不是激进的革命，它没有把君主摧毁，但是把君主的绝对权力拿掉了。而真正的激进革命，或者说意义更为深远的革命，是法国大革命。我们讲过卢梭，他是法国大革命的精神领袖，法国大革命的很多主张和观念都是根据卢梭的理论提出来的。这次革命最重要、最核心的，或者说最具有象征意义的影响是什么呢？就是路易十六被押上了断头台，革命直接砍掉了君主的头颅，现在要由人民当家作主。君主制在法国大革命中被推翻和废黜了。法国大革命是欧洲历史上一个决定性的断裂点，其真正的意义在于使我们从政治上、社会观念上、心态上进入了所谓的现代。它的核心就是人民取代了君主成为权力的拥有者，这就是所谓的民主，它特别强调了人民是平等和自由的。我们知道，大革命之前的法国充满了等级制，有宗教阶层，有贵族阶层，还有大量的平民。不同的阶层占据着不同的等级，每个等级有不同的特权，这种权力的等级在欧洲的历史上是长久地存在的。法国大革命把这种等级制完全掀翻了，人类社会第一次试图实现真正的人人平等，试图实现民主。个人不再依附和隶属于君王。在这个意义上，这个革命非常残酷、非常激进，因为它把旧社会和旧体制的东西全部颠覆了，只有旧体制所无法容忍的东西才在法国大革命之后留存下来了，这是和历史一刀两断。这才是真正的革命，全体人民变成了主权的化身。

既然欧洲经历了这类革命，尤其是经历了将君王送上断头台的法国大革命（法国大革命以恐怖著称），那么，我们刚才讲的所谓的王朝共同体、一个以君王为核心纽带的共同体也就解散了。君王不存在了，就像上帝不存在了一样，也就是说神圣共同体和王朝共同体都会瓦解。这就是民族出场的背景。当先前的共同体瓦解了，一个新的共同体势必要出现，民族就是新出现的共同体，它的出场实际上是在一定程度上替代了原来的神圣共同体和王朝共同体。安德森说："我们应该将民族主义和一些大的文化体系，而不是被有意识信奉的各种政治意识形态，联系在一起来加以理解。这些先于民族主义出现的文化体系，在日后既孕育了民族主义，同时也变成民族主义形成的背景。"[1] 这说的就是神圣共同体、王朝共同体和民族共同体的关系。民族共同体是从前二者那里孕育出来的。神圣共同体，或者说宗教共同体如何孕育了民族主义呢？基督教解体了，天堂不存在了，或者说，人们不再是宗教意义上的兄弟，但是，人们的兄弟情结还在，可以在另一个意义上形成兄弟关系，因为人总是要找到一个共同体，人不可能生活在一个孤独的、绝对自足的世界中，他一定要有归属感，要和他人达成一种联合，

---

[1] 本尼迪克特·安德森：《想象的共同体：民族主义的起源与散布》（增订版），吴叡人译，上海人民出版社，2016，第11页。

要生活在一个共同体中。也就是说，人和人可以在一个新的共同体中形成兄弟关系，这个新的共同体就是替代性的民族，人和人要在民族内部形成兄弟关系，寻找兄弟之爱。另外，基督教解体了，但是，人的困境、人的罪恶、人的受苦、人的必死性以及伴随而来的救赎问题、人的存在的意义等，这些宗教性的根本问题并没有消失，它们如果不再被放在基督教的框架内来获得答案的话，那么，必须放在另外的文化体系中来获得答案，也就是说，必须放在民族的框架内来获得答案。我们或许可以说，对上帝的信仰转化为了对民族的信仰，可以为上帝献身转化为了可以为民族献身，宗教意义上的受苦转化为了为民族而受苦。基督教赋予偶然之人的生死以意义，现在则是民族赋予偶然之人的生死以意义。人的文化体系就这样从基督教那里转换到民族这里。"使人性得以充分实现的基本人类单元不是个体，不是可以随心所欲地解散、改变或背弃的志愿团体，而是民族"[①]，在这个意义上，可以说民族共同体是宗教共同体的一个替代物。毫无疑问，君主的功能和角色更容易转化到民族这里，忠诚于民族比忠诚于君主更容易被接受。

三

如果说，宗教和王朝这两种共同体从 18 世纪开始瓦解、消亡和崩溃，那也并不意味着民族就会自动地生成。两种共同体的瓦解不过是民族出场的否定因素，还有一些积极和肯定的因素推出了民族主义。有哪些积极和肯定的因素呢？第一个就

[①] 以赛亚·伯林：《反潮流：观念史论文集》，冯克利译，译林出版社，2011，第 407 页。

是时间观念的总体变化。在基督教的神圣共同体的观念中，人们的时间意识总是参照上帝的。人类是怎么诞生、怎么死亡的，人类是怎样犯罪的，又是怎样获救、怎样上天堂的，这样的时间概念是纵向的、历史性的，人总是把自己和神的创世说、救赎说结合在一起，每一个时间点都和另外的时间点处在一个历史性的关联中，一个时间点是另一个时间点的预兆或者统摄。也就是说，时间总是一个历史性的纵向过程。但是到了现代，一些科学发明，尤其是时钟、日历的发明，就带来了新的时间观，即横向的时间观。这也是一种同时性的时间观。何谓同时性的时间观？它的核心是"时间上的一致性"。这种横向的时间观和基督教的时间观有根本的差别。比如我们说晚上 8 点，这个时刻再也不会和人的受难、堕落、救赎这些时间点，以及人的开端和终结这样的时间点联系起来，我们不会将这个时间点放在一个历史性的关联坐标之内来看待。现在的晚上 8 点，如果是用新的横向的时间观来看待的话，就意味着此刻，还有别的人，还有横向的其他无数人在干另外的事情。比如我此刻在讲课，而我的朋友正在喝茶，还有另一个人在另一个城市散步，等等。在有了现代的时刻表、现代的日历之后，我们还能知道此刻某一趟火车开到哪个地方了、某一架飞机是否起飞了，等等。我们开始通过这样的横向时间把许多人连接在一起，通过横向时间，可以知道有无数人和自己同时在做不同的事情或相同的事情。这样，人们就不再把时间或时刻当作纵向的、纵轴上的历史点，当成是与之前或者之后的时刻相关联的一个点，它也不再是同神圣时间相关联的一个时间点。

这样的横向时间观念恰好意味着此时此刻我和周围的人、

旁边的人存在着水平式的关联。也就是说，原来基督教里神谕式的历史纵向时间，现在变成了一个世俗的横向时刻。到了报纸出现的时候，这一点尤其明显。报纸每天都记载着同一天的事情，不同地区的人在同一天干着不同的事情。通过看报纸，我们才能发现有很多不同的人跟我们在同一时刻做着不同的事情，尽管我们和这些人根本不认识，但是对他们的存在、对他们和我们同时性的存在、对他们和我们同时性的所作所为深信不疑。不仅如此，我们还会看到同一份报纸在到处售卖，会想到还有很多陌生人和我们同时看一份报纸，同时分享一段新闻，同时因为一个新闻而产生悲戚或者欢快之感。总之，人们会想象有一个共同体和自己共在，这就是所谓的"想象共同体"。这种横向的、水平面的、同时性想象的共同体非常契合民族的概念。我们不可能认识一个民族的所有人，但是会想象有一个民族存在，这个民族的许多人和我们分享相同的事件、相同的情感。中世纪时，人们会将所有时刻的所有行为跟上帝的救赎关联在一起；但现在，人们是跟一个不可见的陌生人群关联在一起，这正是民族概念诞生的一个条件。在这个意义上，民族是一个想象的共同体。

这是时间观念的变化导致的一个想象共同体出现的可能性。此外，还有一个很重要的变革，就是在16世纪出现了最初的资本主义。我们知道，资本主义的本能、欲望就是扩大市场，就是资本的自我增值。在16世纪的欧洲，印刷业变成了欧洲资本家的一个伟大产业，印刷业也在改变世界的面貌。作为资本主义的重要环节，印刷业也要扩大自己的市场，也要自我增值、也要赚钱。那它印什么呢？最初的印刷语言是拉丁文，拉丁文书籍是主要的印刷市场产品。但在整个欧洲，懂拉丁文的人都是知识分子，而且都是懂双语的人，因此，读者总人数很少，以拉丁文写成的书也很少。所以没过多久，大概一百五十年后的17世纪，整个拉丁文书籍市场就饱和了，无论是读者还是书籍都已经饱和了，没有什么新的拉丁文的书可以印，也没有什么新的读者需要买了，这个市场已经没有可塑性了，这对印刷业来说是一个危机。但是，资本主义的特点就是要不断地创造市场、扩充市场，这是方言书籍被大量印刷的资本主义动机。资本主义催生出了书写性的方言，与此同时，欧洲各国也发展了自己的用于行政的方言，这些方言是因为便利实用而被偶然地使用，它们逐渐在各国变成有权力的语言，从而挑战了拉丁语的主导地位。无论是从各国行政使用方言的便利上看，还是从印刷业的资本主义本能扩张的角度来看，代表着基督教共同体的拉丁文都在衰落。

  宗教改革也意味着方言书籍的扩张还有一个现实的动机。16世纪的马丁·路德为了对抗天主教，他要让信徒自己去理解《圣经》而不是根据教士的解释去理解《圣经》，于是他就自己用德语翻译了《圣经》，这就打破了原来的拉丁文版《圣经》的统治地位。讲德语的普通人看不懂拉丁文的《圣经》，他们只能听教士的解释。但是，他们现在人手一本路德翻译的德语版《圣经》。所以，德国人就是通过读《圣经》、读路德的德语版《圣经》而形成了一个德语共同体。路德翻译的《圣经》对现代德语的奠定和形成起到了至关重要的作用。马丁·路德新教改革的关键性的环节，就是利用印刷资本主义来普及《圣经》，而"新教和印刷资本主义的结盟，通过廉价的普及版书籍，迅速地创造出为数众多的新的阅读群众——不仅只限于一般只懂得一点点、或完全不懂拉丁文的商人和妇女——并且同时对他们进行政治或宗教目的的动员"①。

　　印刷资本主义要扩充市场，就要想办法印一些拉丁文之外的书。从资本主义的角度来看，就是印一些用欧洲方言写成的书、一些单一语种的书。因为要寻求最大量的市场，所以哪个地区人口密度大、讲某种方言的人多，资本家就会找到这样的相关地区。实际上这些相关地区所用的语言并不完全一样，但是人们基本上能相互理解。印刷资本主义就采取最大公约数的方式，将几个不同地方的人都能听懂的语言、都能理解的文字进行抽象的化约，也就是对有差异的、临时性和偶然性的方言进行综合，进行平衡和调和，从而制造出一种新的方言共同体，这种被调和过的、可理解的方言一旦印刷出来，就会固定下来，在让人们都能理解的同时也获得了最大量的听众和读者。在这个意义上，用方言写成的著作铸造了一批共通的读者，而这批读者也逐渐地习惯和适应了这类方言著作，他们开始形成一个方言共同体，一个语言的共同体，一个新的"读者同胞"群体，这实际上就是民族的最初模型。"资本主义、印刷科技与人类语言宿命的多样性这三者的重合，使得一个新形式的想象的共同体成为可能，而自其基本形态观之，这种新的共同体实已为现代民族的登场预先搭好了舞台。这些共同体可能的延伸范围在本质上是有限的，并且这一可能的延伸范围和既有的政治疆界（大体上标志了王朝对外扩张的最高峰）之间的关系完全是偶然的。"②

　　这个新型的、以同一语言为基础的想象共同体完全不同于

---

① 本尼迪克特·安德森：《想象的共同体：民族主义的起源与散布》（增订版），吴叡人译，上海人民出版社，2016，第40页。
② 同上书，第45页。

基督教的神圣共同体，也不同于王朝共同体。它不再是以上帝和君王为核心纽带，也不是以拉丁文为普遍的沟通语言。不过，我们要明确的是，民族形成的一个决定性要素是必须使用印刷语言，也必须使用同一种印刷语言，但是，这并不意味着一种印刷语言和一个民族完全重叠，不同的民族也可以使用同一种印刷语言，一个民族内部也可能只有少数人会使用这种印刷语言。一个民族一定要有一种印刷语言，但同时民族和这种印刷语言之间有一种断裂。这就是印刷语言和民族之间的断裂的关联性（discontinuity-in-connectedness）。

四

在安德森看来，民族首先是先前的两大文化共同体——王朝共同体和神圣共同体——衰退后的产物和替代物，它是通过印刷资本主义的扩张制造出来的。在这个意义上，民族是一个偶然的发明，是印刷资本主义的后果。而这同盖尔纳的民族起源的研究迥然不同。盖尔纳的重要著作是《民族与民族主义》，他说历史上有三种社会，一个是狩猎社会，也就是前农业社会，还有农业社会和工业社会。民族主要是在农业社会向工业社会转化的过程中形成的，工业社会兴起的过程也伴随着民族的形成。我们知道在18世纪，除了法国大革命这一政治革命之外，同时发生的还有另一场革命——工业革命，这就是所谓的双元革命（dualrevolution）。这两次革命把欧洲整个改变了，法国大革命使欧洲的政治、观念和文化发生变化，工业革命导致了技术和生产方式的巨大变化，二者同时把欧洲推向了现代。

工业革命是怎么产生出民族来的呢？在农业社会的时候，整个欧洲遍布着村落，只有极少量的城市，城市本身也非常小、非常孤立。在欧洲的大地上，每一个村落都像孤岛一样，互相之间很少联络，因为那个时候交通、通信等方面都非常薄弱，人们都是在自己出生的特定的角落里进行再生产和再培训，世代不变。"小型农民群体一般过着内向型的生活，不是受制于政治上的命令，就是被经济上的需要束缚于当地。"① 这些不同的农民群体有不同的方言，有文化差异，但是，没有人会促成不同群体之间的文化同一性，国家的功能也只是维持统治和秩序，保证税收与和平，文化的同一性并无必要。因此，农业社会的大多数人都是处在封闭状态，都是处在对这样一个封闭传统的承袭和再生产状态。一个村落、一个家族数百年不变，家庭也会采取一些特殊的再生产式的培训和教育方式，一代一代地重复。比如说，一个人生活在海边或者湖边，家族一直靠打鱼为生，曾祖父是打鱼的，祖父和父亲是打鱼的，那么这个人也是打鱼的。由于一直到祖父那辈都是打鱼的，所以他就听家族里的老人讲，打鱼有哪些各种各样的技术，刮风的时候、水退潮和涨潮的时候鱼有什么运动规律，怎样结渔网，冬天和夏天要用怎样不同的方式捕鱼……捕鱼的知识和经验特别丰富，就这么一代一代地传下来。这些知识口口相传，但它永远不会冲破封闭的、狭隘的一隅。这是因为农业社会的人没有太多流动性，他们对外界知之甚少。在这样的情况下很难产生民族的观念，人们会有家族的观念、宗族的观念，有村落的观念或者部落的观念。人们只知道自己这个村落，认识这个村落及

---

① 厄内斯特·盖尔纳：《民族与民族主义》，韩红译，中央编译出版社，2002，第 14 页。

附近的人，大部分人的知识就是在这个村落中如何生存下来的知识。一个靠湖为生的渔民，他的知识就是关于湖的知识，关于船的知识，关于网的知识，关于鱼的知识，这些知识一代一代地传承下去。人们知道有一个王朝、一个君主，知道自己是君主的臣民，也知道国家机构中的各级权力关系，知道自己在一个纵向权力结构中的臣属位置。他们在政治上会把自己放在一个权力结构中来看待，在文化上会将自己看作是一个相互熟悉的宗族中的一员，但是，他们决不会将自己和不认识的横向的庞大人群视作一体。也就是说，民族这样的观念尚未明确诞生。

但是，工业革命打破了这种封闭的村落结构，让整个村庄发生了动荡。因为工业革命在大城市发生，有了工厂、商品，就需要从各个地方的农村招募大量的工人，这些工人在城市的聚集，一定意味着流动，意味着人从不同的地方往城市涌来。所以原来安静的、孤僻的、封闭的村落，终于打开了豁口，随着技术的发展——火车的出现、交通的改进、信息的逐步推广，人们开始流动起来。比如说，在各个不同的封闭的村落中的人，以前对外界没有任何了解的个人开始到城市里来，他与另外一个同样从封闭村落来的人完全没法沟通和对话。但是，工业社会的大机器生产需要他们合作，需要他们交流，不仅是有语言方面的沟通要求，还有技术上的协调要求。这样，国家和政府就必须提供一种普遍化的通用的教育和培训，让他们能有一个相通的基础。这也就是要让每一个人打破原有的封闭的知识限制、文化限制和语言限制。因为这些人现在在城市里、在工厂里，可能会到处流动，原先在村落里习得的技能和语言失去效用了，现在他们要有最基本的文化素养和技术能力，也要在交往中说大家都能听懂的语言，要懂得城市生活的一般规则，要知道自己的公民权利和义务，也就是说，要将自己变成一个现代人，而所有这些只能通过国家的普遍教育来达成。这样一来，国家就必须把教育放在首要的地位，如果没有普遍和公共的教育的话，这个社会共同体是无法达成的，陌生人和陌生人的交流是没法实现的，也就是说，流动到城市里的人在城市里无法做一个现代社会的合格公民，也无法适应工业社会的要求。简单地说，工业化进程需要统一的教育模式从而打造可以互相沟通的普遍共同体。

要进行这样的教育，必须保证两个方面。首先，必须有强大的组织来从事教育，因为每个村落情况都不一样，村落自行安排的教育、私塾先生的教育、父母等长辈的手艺培训和教育肯定是不够的，这些教育只是让你在一个封闭角落进行再生产。所以必须有一个强大的机构来完成教育，而这个教育机构本身必须是一个强大的、统一的权力中心，它不应该是由私立组织来实行的。实际上这样的教育也不可能是由私立组织来完成的，因为它的规模太庞大了，经费也太高了，简单地说，它只能由国家来完成。国家让不同的村落按照统一的方法、统一的教材、统一的语言、统一的知识进行教育和培训，让教育变成通用的和普遍的，这样，接受教育的人就可以适应流动性，可以胜任一般的工作。每个人都会在这种教育中学到最基本的东西，为他们将来走向社会、走到城市、走向国家的不同地域，为完成他们的职业工作打好基础，这就是我们所说的基础教育。因此，盖尔纳说："现代社会秩序的根基不是刽子手，而是教授。国家权力的主要工具和象征，不是断头台，而是（名副其实的）国家博士……如今，对合法教育的垄断，比对合法暴力的垄断更重要，更具核心意义。"① 我们全国各地都有中小学，而且都使用同类型的课本，介绍同样的知识，都要求讲普通话，这样等孩子们长大了，结束了基础教育后，在城市里流动的时候，就可以和陌生人自然地融合在一起。

通过教育，以前完全不相关的、互不认识的人，封闭在局部领域里的孤独性个人，现在能够融合、组织、交流，能够分享同一种文化、同一种语言。他们获得了相同的知识，取得了相同的文化背景，他们在历史书和语文书上认识到他们有共同的历史。这种统一教育的方式，将原来封闭的、单独的、孤立的个体带到一个整体中来，于是，一个文化共同体形成了。这个共同体就是为了适应工业社会的要求、为了满足技术体制内在性的要求而形成的，这就是国家通过教育锻造的民族共同体。在农业社会，国家内部的文化是割据的、分离的、多样的，而国家和文化之间的关系也是最低限度的关系，它们是松散的、偶然的、多变的关系，国家不太重视，也没有太大必要来塑造一个文化统一体。而在现代工业社会，国家出于实用的目的，通过教育的方式打造这个共同体。国家塑造了文化共同体，国家和这个文化共同体重叠起来，也就是说，"民族主义首先是一条政治原则，它认为政治的和民族的单位应该是一致的"②。一个文化整体的头部戴上了政治的帽子，这就是民族的形成。"民族主义，是那种人类群体形成大型的、集中教育的、文化上具有同质性的单位组织"③。这就是盖尔纳的理论。

---

① 厄内斯特·盖尔纳：《民族与民族主义》，韩红译，中央编译出版社，2002，第46页。
② 同上书，第1页。
③ 同上书，第46—47页。

我们能看到盖尔纳的理论和安德森的理论还是有很大的区别的。虽然都跟工业化进程和技术有关，但是，安德森主要谈的是一种具体的工业——印刷工业的发展，印刷资本主义的市场要求打造一个语言共同体，语言共同体是资本主义市场扩张的结果。而盖尔纳完全没有提及印刷资本主义，在他这里，是工业主义的内在要求通过国家教育的方式，把不同的、分散的个体编织成一个共同体，而安德森完全没有提及国家的公共教育。这是民族起源的两种不同理论模式。安德森采用的是技术资本主义（印刷资本主义）的决定论，盖尔纳采用的是教育决定论。

五

还有很多其他的民族主义理论模式，我再简单提及两种。安德森和盖尔纳的理论都强调民族主要是在一个特定历史阶段创造出来的，它是现代社会的产物，是在现代化进程、资本主义进程中，或者说工业化过程中创造出来的。他们更多地强调是历史实践创造了民族的概念。也可以说，民族是历史功能主义的结果。但还有另一种理论，是从心理主义或者说情感主义的角度谈论民族的起源。人们在心理上和情感上需要一个民族。这就是安德森所说的，两种共同体消亡后，人们在心理上还需要一个民族。美国的理论家汉斯·科恩（Hans Kohn）认为，在18世纪后半期自由主义开始出现，个人主义观念也越来越强烈。人越来越成为一个孤独的个体，越来越重视自己的权利和利益，越来越强调自己的个性，而不和别人交往，也不依附别人和群体。这里不是指实际的交往，在工业社会，大家的交往都特别多，但都是肤浅的交往，是缺乏内心认同的交往，是没有情感的交往。即便到了现在，这样的个人主义还是很盛行，这是自由主义的一个特征。自由主义的个人主义发展到极端的时候，人们备感孤独。现代人的内心深处还是需要一种心理上的归属感。

但是他们归属谁呢？他们不愿意归属国家，对自由主义者而言，资本主义国家是不可信的，是统治性的官僚机器，就像韦伯所讲的，现代资本主义社会中，每个人都成了铁笼中的人，每个人都成了社会机器中的一颗螺丝钉。人们在生活中找不到任何的寄托，所以这时个人都会有意识地寻找另一个归属、另一个媒介，将每个人都团结和勾连在一起的媒介。人们试图穿过僵硬的、冰冷的官僚机器而去寻找一个更普遍、更柔软的东西，这个东西就是民族。人们不是在国家中寻找一个心理归属，而是在民族中寻求心理和情感归属。国家和民族对个人的意义是不同的，他们想要归属于一个文化共同体，也就是说，他们在情感上、心理上和文化上希望有一个民族的归属。自由主义的个人主义的盛行反向地激发了对民族的认同，这样的民族认同表现为会了解民族的历史，会对民族英雄充满崇拜，会看民族知识分子的著作、民族最优秀作家的小说和诗歌。人们通过这种方式寻找心理上的归属。这种孤独的个人主义与我们之前说的农业社会的个人主义是不一样的，农业社会的个人主义完全是出于地理的原因，人们无法和别人见面，听不懂外乡人的语言，无法置身于一个大的共同体中。而在工业化的现代社会，人们天天都和别人见面，彼此都很熟，但每个人还是一座孤岛，每个人都知道其他人的面孔，但都不了解别人的内心，这是情感和精神上的个人主义。在这个意义上，我们只是在民族这里找到自己的心理寄托而已，民族是一种心理归属。归根到底，是人需要一种归属，需要置身于一个共同体中才有安全感，需要摆脱个体化的孤独状态，这或许是人和动物的一个重要差异。这是汉斯·科恩的理论。

这就是民族的形成。民族的形成也许是因为实用的需要，也许是历史的偶然发明。但是，一旦它被创造出来，就可能会出现民族主义。民族和民族主义是两个有差异的概念。民族主义到底是什么呢？以赛亚·伯林认为民族主义有四个特征："坚信归属一个民族是压倒一切的需要；坚信在构成一个民族的所有要素之间存在着一种有机关系；坚信我们自己的价值，仅仅是因为它是我们的；最后，在面对争夺权威和忠诚的对手时，相信自己民族的权利至高无上。"[1] 这四个特征有没有一个共同的核心呢？社会主义最推崇的是社会，自由主义最推崇的是自由，而民族主义，顾名思义，最推崇的是民族本身。民族是最重要的，民族是最好的，因此，要不顾一切地维护民族，维护它的特异性，维护它的历史和现实。那么，如何确保和维护民族的特异性呢？就是要强调民族自决和民族自主，要防范一切可能摧毁和瓦解民族的力量。民族必须自己决定自己的命运，只有这样，才能相信和保障自己的权利至高无上，所以民族都应该有自己的主权，民族要自己管理自己，自己控制自己。说得再直白点，民族一定要形成一个国家，国家应该是在民族的基础上建立起来的——这就是民族国家的应有含义。

但是，民族自决这个观念是如何产生的呢？一个民族和另一个民族融合在一起不行吗？我们知道民族是 18 世纪末 19 世

---

[1] 以赛亚·伯林：《反潮流：观念史论文集》，冯克利译，译林出版社，2011，第 411—412 页。

纪初产生的，民族的观点和民族主义意识形态紧密地绑在一起。实际上这些民族自决的意识形态概念来源于卢梭，经过卢梭转到了康德那里，又经过康德转到了费希特（Johann Gottlieb Fichte）和赫尔德（Johann Gottfried Herder）那里。费希特和赫尔德都是持有强烈民族主义意识形态的人，他们是第一批真正的民族主义者，他们的民族主义意识形态很大程度上来自对法国的抵抗。但康德和卢梭并不是民族主义者，只是他们的理论后来被费希特和赫尔德借用了，他们的自由理论被转换成了民族自主理论。卢梭的自由，就意味着个人意志服从集体意志，但是因为个人意志与集体意志是统一的，也就是说，服从集体意志就是服从自己的意志，自由就意味着自己服从自己，意味着自主，意味着自己按照自己的想法行事，自由就是自律、自决和自主，自己决定自己。前面我们已经讲过多次，洛克式的自由是消极的自由，是别人不管我，我就自由了，这是免于被管理的自由。而卢梭认为的自由是自己服从自己，按照自己的意愿办事，这就是自由的。卢梭的自由观对康德产生了影响。康德讲的内心的道德法则令他敬畏，就是说道德不是服从别人，道德是自己给自己制定的一个法则，道德在一个人的心中，人的心里有一套至善的法则，只要服从自己那套至善的法则，服从自己内心的法则，人就是自由的。这跟卢梭说的自己服从自己的自由非常接近。在康德之前，人们总是把道德标准、道德原理放在外在于自己的地方，放在一个他处。道德是外在于自己的原则，而人之所以是道德的，就是因为符合别人制定的某种东西，符合外在的某些原则。而康德讲的是道德在我们内心，服从自己的内心就是自由的。只要内心有一个标准、一个原则，自己符合这个内心标准和原则，哪怕在监狱里也是自由的。这种自由不像洛克主张的那样是免于外在的束缚。对洛克而言，只要在监狱里，只要存在着外在的束缚，就肯定不是自由的。

　　康德这样的道德观，即道德自律，对费希特产生了强烈的影响，费希特把它改造为民族主义。一个民族怎样才是自由的呢？如果说一个人要自主才是自由的，那么，一个民族也不能听别人的，它也要听自己的，民族自身也要按照自己的意志行事，也要自我做主，民族自身的自主才是民族自由。这样，费希特就把康德的自由理论扩大到民族层面上来了，民族自决和民族主权的原则就是这样来的。如果说民族是自主和自决的，民族自己决定自己，自己掌控自己的命运，这同时也就意味着它在和别的民族的对照中确立了自主性。这也意味着，各个民族是不同的，民族是相对的，每个民族都有自己的特殊性。因为各民族占据的土地不同，自然环境不同，它们各自形成了单一的民族单元，所有这些决定了独特的民族气质和民族性格，这是浪漫主义的民族主义。显然，它反对自由主义的民族主义，反对各个民族都有共同性的普遍主义的民族主义。当然，这也是对启蒙普遍主义的反对。也正是因为民族的特异性和相对性，它要求自主性。所谓的自主性是什么呢？就是相对于别的民族而言要获得自主，不依附于别的民族，也不能和别的民族混淆，不能和别的民族认同。民族主义强调的民族自主，同时还意味着自己这个民族是最特别的、最好的，不然为什么要强调自主性呢？我们之所以是最好的，就是因为我们和别的民族不同。在这个意义上，我们要绝对维护民族的特异性，要维护民族的尊严，任何其他民族对我们进攻和侮辱都要予以反击。因此，民族主义的意识形态自然而然地会采取一种进攻性的方式，这就是以赛亚·伯林讲的进攻性民族主义。一旦自己这个民族和别的民族发生冲突，就马上要愤而反抗。伯林就此提出了一种"弯枝"（bent twig）的民族主义理论。他的意思是，一个被欺侮的民族就像一根弯曲的树枝一样，越是对它进行压抑和拉扯，它就越是会产生强大的反弹力量，"民族主义首先是受到伤害的社会做出的反应"①。这样的民族主义是在民族的比较和竞争中形成的，也可以说是外力引起的。

德意志民族就是伯林讲的这种弯枝式民族主义的起源和表现。为什么德意志人有强烈的民族主义思想呢？因为他们遭到了法国人的欺侮，在法国大革命之后的19世纪初，拿破仑的军队击败了普鲁士，那时候的德意志民族分成了不同的小国家，被拿破仑的铁蹄践踏之后，德意志的民族意识得到了激发。用伯林的说法，就是他们的弯枝开始反弹了。费希特在1807年到1808年发表了一系列演讲，然后形成了一个非常重要的作品——《对德意志民族的演讲》，这实际是第一份关于民族主义的宣言，也可以说是一个试图促使失败民族振作起来的宣言。其中的关键是对青年的教育，他认为青年应该创造出一个全新的意志坚定的自我，应该克服利己主义，主动学习，永葆生机，高瞻远瞩，应该将自己融入民族的整体中，将自己的行动和责任献身于民族的总体性，将个人事业和民族命运相结合。总体来说，一个人的教养就是整个民族的教养，"人们如果能在每个部位综观整体，就总知道自己的处境，并且凭靠业已得到的清晰认识，对自己从事的事业确信无疑"②。个人的差异和阶

---

① 以赛亚·伯林：《反潮流：观念史论文集》，冯克利译，译林出版社，2011，第416页。
② 费希特：《对德意志民族的演讲》，梁志学、沈真、李理译，商务印书馆，2010，第13页。

层的差异应该消失在民族的总体性中。而这样的民族总体性总是有它的显现，它特别体现在语言的总体性中："这个超感性部分在永葆活力的语言中是以感性形象表示的，在发展的每一步都能以完全统一的方式，把语言中储存的民族的感性生活和精神生活概括为一个整体，以期指称一种同样不是随意的，而是由民族先前的全部生活必然产生的概念，明眼人根据这个概念及其指称回首往事，便必定能重建民族的全部文化史。"[①] 显然，这个总体性还和整个文化传统密切相关。民族不意味着对自己传统的割舍，民族在对伟大的传统的尊重过程中获得新生。

拿破仑发动的战争，实际上是把欧洲的民族主义激发起来了，除了德国，还有意大利和其他一些国家，都遭受了拿破仑的侵略。所以，在民族相互竞争的状态下，为了唤起民族的士气和民族主义情绪，民族主义者会为民族主义找到强劲的支撑，比如宣传这个民族最杰出的英雄人物，甚至会为民族撰写好连贯的历史，把民族悠久的传统、共同的祖先、独一无二的文化、共同的风俗等，都进行神话化和总体化。也就是说，要让人们热爱民族的语言，继承父辈传统，尊重先在的价值体系，对民族的黄金时代保持敬意，从而让这个民族成为一个有深厚根基的、令人骄傲的，甚至值得为之献身的民族。这是赫尔德等人的民族浪漫主义所坚持的原则。这样一个连续性的民族应该是每个人的栖身之地。在日本侵略中国的时候，钱穆先生就撰写过一本《国史大纲》，这是一本关于中国通史的经典之作，也是民族处于危机的时候通过构建一个统一的民族共同体来激励

---

① 费希特：《对德意志民族的演讲》，梁志学、沈真、李理译，商务印书馆，2010，第 67 页。

民族精神的感人之作。

从民族的内部而言，如果说民族至上，它就会要求完全以民族的利益为自己的利益，以民族的自由为自己的自由。这样，民族就会要求民族内部的各成员、要求年轻人献身于民族，完全献身于民族的人就是民族英雄。这是因为，个人的自由只有体现在民族的自由当中才能够实现，或者说民族的自由也体现为每个人的自由。这也和卢梭的理论相契合。在卢梭那里，个人的意志和共同体的意志是完全统一的。卢梭的共同体是国家，但是对民族主义者而言，这个共同体就是民族。因此，服从一个民族，献身于一个民族这样一个共同体，也是人真正的自由所在，在某种意义上也是个体获得的最大幸福所在。民族主义者都鼓吹个人献身，对他们来说，个人是愚蠢的，但民族是智慧的；个人是会犯错的，但民族永远是真理性的；个人是无知的，但民族永远是先知的；个人是偶然的，但民族是永恒的。所以个人应该无条件地服从和忠诚于民族。

第九讲

种族主义

一

我们讲完了民族主义,现在讲种族主义。民族主义是现代社会的产物,同样,种族主义也是现代世俗社会的产物,它同非宗教的现代思想相关,它甚至是以所谓的科学发现为前提而诞生的。种族主义也是一种历史建构,人们出于各种目的建构了这种臭名昭著的意识形态。种族主义最核心的观点是强调种族之间存在着差异,有一些好的种族,有一些坏的种族,有一些高等的种族,有一些低等的种族。"简单说,就是在生物学领域内部建立生物学类型的区分。"[1] 而这种生物学内部的种族区分,主要取决于种族能力的不同。因此,这是一种"将种族主义缩小为明确的种族确定能力,甚至是态度和行为的能力的理论"[2],这种种族能力的不同跟进化的程度有关,因此,这种理论"似乎是对'人种不平等'说给予了科学的基础,向历史或人类演变提供了一把钥匙"[3]。显然,这是后神学时代科学主义的建构。正是这种种族能力的不同,导致了种族价值的不同,

---

[1] 米歇尔·福柯:《必须保卫社会》,钱翰译,上海人民出版社,2010,第194页。

[2] 皮埃尔-安德烈·塔吉耶夫:《种族主义源流》,高凌瀚译,生活·读书·新知三联书店,2005,第9—10页。

[3] 同上书,第10页。

这样,"人由于其自然归属于价值不等的种族('进化度'不同),价值也不同,应当以不同的方式对待他们"①。种族歧视、种族隔离和种族屠杀就由此展开。

我们先简要地讲讲种族主义建构的四种类型。

第一种是政治经济学的种族主义,马克思主义式的种族主义,也可以说是殖民种族主义。它和殖民主义的历史密切相关,是16、17世纪出现的,是跟种植园经济相关的种族主义。黑人被贩卖到殖民地成为奴隶,奴隶制是种族主义的起源。要使剥削合法化,使黑人能够被驯服、被奴役,使他们变成永久臣服的劳动力,就必须强调这种黑皮肤的有色人种是低等种族。他们的种族,他们的身体特征,匹配他们的奴隶身份,这使他们只能从事奴隶劳动,永恒地从事奴隶劳动。这种种族主义甚至内化到黑人内心,让他们既臣服也自卑。也就是说,是经济剥削导致了种族剥削,是政治经济的统治意图制造了种族主义,这也是实用主义的种族主义。马克思和法农(Frantz Fanon)都相信,种族主义是资本主义和殖民主义的一个重要的内在驱动。无产阶级也是纯粹的经济剥削对象,无产阶级的出现也意味着一个阶级对另一个阶级的统治和奴役,但是,白人对黑人的经济剥削,不仅是古老的、阶级之间的剥削和奴役,而且还包括了新的种族剥削和奴役,它是经济统治,也是种族统治,在法农看来,它还导致了精神统治和文化统治。黑人在多重意义上被奴役,经济奴役、种族奴役和心理奴役相互强化,这也是北美黑人陷入噩梦般深渊的历史根源。毫无疑问,这是白人出于自己的利益建构起来的种族主义。同时,因为需要将黑人永久

---

① 皮埃尔-安德烈·塔吉耶夫:《种族主义源流》,高凌瀚译,生活·读书·新知三联书店,2005,第16页。

地奴隶化，就需要将黑色皮肤永久化，因此这种种族主义也害怕混血，需要保持黑白之间的纯粹对立。因此，种族隔离是必要的，这就是种族隔离的起源。

　　第二种是科学知识的种族主义。这是更晚近的种族主义，我们一般说这是现代的种族主义。17、18世纪是科学知识兴起的时代，福柯用再现知识型来表述这种知识类型，就是要将各种客体进行清晰的区分、归类、再现和描写。博物学是其中的一门重要科学，而这种种族主义也是以18世纪的博物学中的分类学，尤其是人种分类学为基础的。这种分类学对人种进行科学和知识上的分类和描述，我们可以说这是现代种族主义的诞生：它"将种族主义看作为'人种'分类活动的直接结果（根据他们的假定，固定的或遗传的形态学性质区分）"[①]。这实际上是博物学家和人类学家的分类工作。什么是博物学？它的"首要目标是观察、比较、度量和整理动物与人类身体（或者说是动物与人类身体的类级）"[②]，也就是用直观的方式来看生理的特征。"这些特征使人们能够辨识出动物和人体的同一和差异、平等和不平等、美和丑。"[③]它的方法是用表格、目录、清单和索引的方式来划分生理特征，通过对身体图式的分类描述，强调生理特征的差异和等级秩序。人因为生理特征不同，就会被划分为各种不同的人种类型，而不同的人种类型就可能有不同的等级。显然，这种对人种的知识分类强调的是白人优越论。

---

① 皮埃尔-安德烈·塔吉耶夫：《种族主义源流》，高凌瀚译，生活·读书·新知三联书店，2005，第9页。
② 科内尔·韦斯特：《现代种族主义的谱系》，伍厚恺译，载汪民安、陈永国、张云鹏主编《现代性基本读本》，河南大学出版社，2005，第719页。
③ 同上。

这种分类学在对不同人种的描述中有各种等级式的暗示。比如说，有一本非常重要的书《自然体系》，这是瑞典生物学家卡尔·冯·林奈（Carl von Linné）的著作。他将人种划分为四类：欧洲人、美洲人、非洲人和亚洲人。他看起来没有进行明确的种族等级划分，但是，他在书中说，欧洲人文雅、精明、有创造力，而非洲人狡猾、懒惰、反复无常，等等。对18世纪的博物学家来说，白色是人真正的自然肤色，也是文明的标志，"黑人和其他种族是这种自然色的变种"①，它意味着文明的退化。简单地说，"现代西方种族歧视的谱系是与自然史（博物学）中种族分类范畴的出现分不开的"②。这是现代科学知识导致的种族话语的诞生。包括休谟和康德在内的很多人都有歧视黑人的种族主义言论。

第三种是美学的种族主义。现代种族主义还有另一种形式，我们可以称之为美学形式，这跟面相学相关。面相学"这一新学科将人类身体特定的可见特征，尤其是面部特征与人类的性格和智能联系起来"③。还有后来的"颅骨学的出现，这一新学科认定人的性格能够通过人的头颅读解出来。法朗兹·约瑟夫·戈尔（Franz Joseph Gall）是一位受到高度尊敬的德国医生，他在1796年论证说大脑的内部工作机制能通过颅骨的形状来确认"④。比如，如果一个人的前额是拱形的，他就会对形而上学推理感兴趣；如果一个人脑后是拱起的颅骨，他就会追逐名

---

① 科内尔·韦斯特：《现代种族主义的谱系》，伍厚恺译，载汪民安、陈永国、张云鹏主编《现代性基本读本》，河南大学出版社，2005，第720页。
② 同上书，第719页。
③ 同上书，第722页。
④ 同上。

声；如果一个人底部的颅骨宽大，他就是天生的犯罪分子；等等。也就是说，颅骨和面相决定了人的精神和性格特征。而面相学和颅骨学是如何通向种族主义的呢？或者说，为什么某类面相和颅骨要优于另一类面相和颅骨呢？"这一新学科公开地表述了许多早期博物学家和人类学家心照不宣的假设：关于美、比例和适度的古典理想调控着人体种属的类别划分和等级排序。"[1] 也就是说，他们强调希腊雕塑中的人体解剖比例是最美的，也是最高等级的，古希腊人的面相是最优面相。这是受艺术史家温克尔曼（Johann Joachim Winckelmann）等的影响。温克尔曼认为古希腊人的比例和身材是最美的。尽管温克尔曼从没有去过希腊，也没有见过任何希腊艺术的原作，但是，他还是推崇古希腊人体的美学标准，认为它是最高级的，而"美的面部、美的身体、美的天性、美的性格和美的灵魂彼此是不可分割的。他力图证明欧洲人的'面角'是大约97度，而有色人种的'面角'在60到70度之间，更接近猿和狗而距人类较远"[2]。也就是说，有色人种距离希腊标准比例最远。因此，古典审美和文化理想是这种种族主义的评价基础。这种种族主义实际上是面相学、颅骨学和温克尔曼的古典美学理论的一个结合。显然，越是接近希腊古典理想的面相和颅骨，就越属于高级种族。如果秉持这一标准，有色人种当然会被划分为低级种族。此外，面相学和颅骨学同时也意味着不同的人种有不同的性格、能力、文化和精神气质，而"固定的和遗传的器质的特性和精神的特

---

[1] 科内尔·韦斯特：《现代种族主义的谱系》，伍厚恺译，载汪民安、陈永国、张云鹏主编《现代性基本读本》，河南大学出版社，2005，第722页。
[2] 同上书，第721页。

性相联系"[①],也就是说,不同的种族有不同的生理构造,也就会有不同的精神构造和文化构造。换句话说,文化和精神是附着于自然的生理特征的,因此,文化和精神也被自然化了,也被说成是固定不变的。比如说,将黑色人种说成是懒惰或者冷漠的,因为这是由他们的生理特征决定的,这样就将这些特征变成了他们的固有特征,这就是种族主义的策略。这是通过复兴古典美学标准而建构的种族主义。

所以这些种族主义,无论是政治经济论的、科学和知识分类学的,还是美学视角的,都是建构起来的种族主义。种族主义也是一种发明,是现代社会的产物。用福柯的理论来说的话,种族主义都是权力策略性地生产出来的知识。

但是,还有一种种族主义的历史要久远一些,可以说是现代社会之前的种族主义。这是第四种,血统论或者说生物学种族主义、反犹主义的种族主义。这种种族主义发生得更早,大概从15世纪就开始存在了。这种种族主义最先预示了种族主义的一些特征:排斥、歧视、隔离。种族主义同时意味着种族排斥、种族歧视和种族隔离,这种排斥、歧视和隔离总是需要一套意识形态的合法性论证,总是有它的思想基础,这就是种族主义的血统论。血统论者信奉纯粹而干净的血统,他们恐惧对这种纯粹而干净的血统进行的污染或玷污。也就是说,这种种族主义要通过血统来区分不同类型的人。这是区分血统的种族主义,也是自15世纪开始到18世纪的第一波种族主义,它表现在对犹太人的歧视方面。在这之前,欧洲盛行的是信仰共同体,也就是基督教共同体。只要人们都信仰基督教,就都

---

① 皮埃尔-安德烈·塔吉耶夫:《种族主义源流》,高凌瀚译,生活·读书·新知三联书店,2005,第11页。

是上帝的子民，就可以无区分地共存。圣保罗说："不再有犹太人，不再有希腊人，不再有奴隶，不再有自由人，不再有男人，不再有女人；因为你们都是耶稣基督的附体。"[①] 这是圣保罗确定的基督教的普遍性，即所有的信徒都是上帝的子民，都是兄弟。在基督教的传统中，人都是亚当的后代，彼此之间没有区别，这也是欧洲奠定的第一波普遍主义。普遍主义跟基督教的普遍适用性有关，正是圣保罗将基督教从犹太人的宗教发展为一种普适性的宗教，从而导致了普遍主义的诞生。在这里，人们重视的只是纯粹的信仰，而不看重血统的差异。只要有统一的信仰，人就没有区别。也就是说，哪怕是犹太人，只要改信基督教就不会遭到排斥，不会被另眼相待，这是15世纪之前的观念。

但是，从15世纪开始出现了一种血统论，就是强调血统的纯粹性，认为不同类型的人流着不同的血液，同一种血液的人形成了特定共同体，这就是种族的共同体。种族是以血液为标志的，基督徒内部有不同的血统。这实际上就是差异论在基督教内部的爆破和复活，是以血统特殊论来反对信仰的普遍主义。血统同一性和信仰的同一性发生了抵牾。在某种意义上，血统共同体的重要性超过了信仰共同体，从15世纪开始，出现了通过血统的划分来确定种族进而确定社会等级的情况。所以，即便犹太人信仰了基督教，还是会遭到排斥，因为犹太人的血液不同于正统的基督徒的血液。而且，血液是不可改变的，它有遗传特征，犹太人即便改变了宗教信仰，即便信了基督教而不再信犹太教，也不可能改变他们的血液遗传。这样，血液（血

---

① 转引自皮埃尔-安德烈·塔吉耶夫：《种族主义源流》，高凌瀚译，生活·读书·新知三联书店，2005，第22页。

统）的差异就成了永恒的差异。如果是这样，犹太人对基督教的信仰和皈依，也是不重要的，或者说是虚假的。人种的决定因素是血。这种种族主义的核心是要捍卫纯粹血统，任何的混血就是对纯粹血统的玷污。"'纯正血统'的神话与因为可能产生不可挽救的污点或堕落的错误婚配或混血引起纯正的丧失的焦虑是不可分的。禁止'种族'、血统或'根源'的混杂，也即反混合论，位于种族主义的核心，甚至早于种族分类的制定（18世纪）和世界种族主义的观念（19世纪）。"[①]

这是基于血统差异的种族划分，也是最早的种族主义。它一方面打破了基督教的共同体，另一方面又是古老的社会等级制的一个变体，它不过是将等级制和一种生物特异性结合起来了。"对'血统'或对'种族'的援引离不开以等级制为基础的社会"[②]，离不开等级差异，血统的差异和社会等级的差异密切关联。在这些种族主义者看来，犹太人的血液是低级的、脏的，是有污点的，这污点会一代代地遗传下来，他们不可能改变自己。因此，哪怕是他们改信了基督教，也必须和他们彻底地隔离开来。正是这种血统论确定了对犹太人的种族隔离和歧视，也正是这种血统论使种族主义者相信，一个特殊种群的人是无论如何都无法消除自身的缺陷的，也无法融入一个所谓的正常群体中来，因此，犹太人永远无法被基督徒改造和同化。这就是反犹主义的逻辑。

---

① 皮埃尔-安德烈·塔吉耶夫：《种族主义源流》，高凌瀚译，生活·读书·新知三联书店，2005，第10页。
② 同上。

二

但是，为什么在 20 世纪会出现希特勒式的犹太大屠杀？福柯是将这种种族主义大屠杀放在生命权力和生命政治的背景下来思考的。种族主义在欧洲治理思想的历史链条上以新的形式爆发，也就是说，种族主义在 19 世纪是以战争的方式、以种族灭绝的方式出现的。福柯认为 19 世纪的欧洲的主要治理框架是安全目标，每个国家都要建立自己的安全体制，这就是现代欧洲国家采纳的现代治理模式——生命政治。它的根本意义就是国家要确保本国人口的生命安全，而要获得安全，就要清除各种各样的威胁。种族的威胁、血液混杂的威胁这些来自 15 世纪的担忧，现在整合进了 19 世纪的生命政治框架内，变成了生命政治的关注目标。

老式的血的种族主义担忧可能导致种族歧视或种族隔离，甚至种族杀戮，但是，在生命政治框架内，这种种族主义担忧就导致了更加激进的种族灭绝的方式、战争的方式。福柯的意思是，种族主义使得人口的总体连续性因为种族的差异而出现了断裂：在低等种族和高等种族之间，存在着一个人口总体的沟壑。对福柯来说，新的种族主义的表现不再是传统的、种族之间的意识形态歧视或者隔离，而是一场为了寻求安全而发起的你死我活的战争："低等种群死得越多，不正常的个人消灭得越多，在整个人种中退化者越少，我（不是作为个体而是作为种群）就越能存活，我会更强壮，我会更加精力饱满，我会更能繁衍。"[1] 因此，为了让自己更安全、更好地繁衍，高等种族

---

[1] Michel Foucault, *Society Must Be Defended*, ed. Arnold I. Davidson, trans. David Macey（New York: Picador Press, 2003）, p. 255.

将消除生物学上的低等种族。这些低等种族对高等种族构成了威胁，有玷污其血液的威胁。因此，一种与生物学有关的"全新的战争方式在19世纪末出现了，根据物竞天择和为生存而战的主题，这种战争不仅通过消灭敌对种族来改进自己的种族，而且还让自己的种族再生，我们当中死去的人数越多，我们所归属的种族就将越纯粹"[1]。简单地说就是：我要活，你就得死；我这个种族要活得好、活得纯粹，你这个种族就要消亡。因此，隔离是不够的，杀死一部分也是不够的，必须让整个种族灭绝。之所以说这是全新的战争，是因为人类以前的战争都不是由于生物学的威胁而发动的，都不是因单纯的种族差异而发起的。人们杀死对方，是因为要获取财产、占领土地，因为宗教信仰的纠纷，因为复仇，因为可能被对手杀死而先行杀死对手，或者如黑格尔说的，人们为了让对方承认自己而要杀人，等等。但是，出于纯粹的生物学原因、出于有血液混杂威胁的原因而大规模杀人，则是全新的战争形式。战争是在种族差异的基础上展开的，或者说，新的种族主义采取了战争的形式。大屠杀就是种族主义的战争，是为了种族的纯洁性而战。

阿甘本接受了福柯这样的关于种族的生命政治解释。纳粹的政治就是生命政治，即把人民的身体、一种生物学意义上的身体，作为国家的首要照看目标，它旨在使人民的身体健康，旨在保护他们特殊而优越的身体。而这主要取决于他们的种族优势和遗传优势。要保持这种优势，就势必要消灭任何种族和血统威胁，就要让自己时刻意识到自己的种族纯粹性所面临的威胁。对纳粹来说，犹太人正是人民身体的损害因素，它是优

---

[1] Michel Foucault, *Society Must Be Defended*, ed. Arnold I. Davidson, trans. David Macey (New York: Picador Press, 2003), p. 257.

生学的威胁，意味着遗传的可能损毁。阿甘本在《神圣人：至高权力与赤裸生命》一书中的解释，几乎就是福柯在《必须保卫社会》中解释的翻版——"国家社会主义革命希望诉诸以下力量：想要排除诸种导致生物性退化之因素的力量，和维持人民之遗传性健康的力量。因此，它的目标是增强作为一个整体的人民的健康，消除诸种损害民族之生物性成长的影响因素"①。因此，要保持日耳曼种族的纯粹、优越和健康（希特勒认为雅利安人是日耳曼人的祖先），要让日耳曼人免于犹太人"血的污染"的威胁，就务必根除所谓的低等种族犹太人。

三

这是种族主义的战争逻辑，这种战争逻辑无疑也是属于现代的。就像我们开始谈过的那样，种族主义是在现代才得到了肯定和放大，是在科学的视角下才得以放大，并且获得了它决定性的战争和屠杀形态。原初的基督徒和犹太人有重大的分歧，基督徒甚至形成了一套针对性的歧视教义，但如果只是从文化或宗教的角度去看待犹太人，是不会产生灭绝的观念的。只有从以血为根基的种族主义的角度去看待犹太人，才会导致整体的人群灭绝。要求灭绝一定是在种族主义的背景下开始的。不仅如此，大屠杀背后的目标是建立一个单一而纯粹的种族国家，也就是说，希望有一个理想而美好的未来国度，这也是现代观念和现代文化的产物。这也是鲍曼（Zygmunt Bauman）将大屠杀和现代性联系在一起讨论的原因。希特勒

---

① 吉奥乔·阿甘本：《神圣人：至高权力与赤裸生命》，吴冠军译，中央编译出版社，2016，第 198 页。

要让日耳曼种族变得纯粹、干净，变得完美无缺，建立一个绝对统一的理想国度，从而获得一个完美的社会模型。除了拥有福柯所说的生命政治的安全目标，它本身就是一个充满现代性的规划，这是建立在现代性的进步论的观念之上的。这也是现代思想和古代思想非常不一样的地方：古代思想更多地相信轮回论，并没有表现出强烈的目的论和进步论；现代的进步论思想则认为，社会一定是进步的，即将来临的社会一定是更好的社会，而且一定会进步到一个更同质更完善更理想的社会，哪怕中间会有曲折。这样一个进步论和目的论的现代思想内在地要求人们去设计、去创造这样一个清晰的理想目标，并努力去实现这个理想目标。现代社会观念一定意味着一个乌托邦式的理性社会工程，这注定是一个花园般的社会。建立和治理这个社会的计划，就像一个园丁试图建立和看护一个完美的花园一样。在这个园林中，任何杂草都应该被清理干净。现代的种族灭绝就像一个园丁为了花园的绝对美丽和纯洁而要清除杂草一样。

在这样一个完美社会中，那些被视为低等种族的人，"被他们的过去或者是血统所带来的不可磨灭的恶劣影响玷污的人，不能适合于这种冰清玉洁、健康华丽的世界。他们的天性如同杂草一般无法改变。他们不可能被改善或者接受再教育。……他们必须被除去"[①]。因此，"他们被杀害是因为他们由于这个或那个原因而不适合完美社会的方案。对他们的屠杀不是毁灭，

---

① 鲍曼：《现代性与大屠杀》，杨渝东、史建华译，译林出版社，2011，第125页。

而是创造"①。屠杀别的种族,就是创造一个完美社会的手段。进步论、生命政治和种族主义,在现代聚集在一起。这就通向了现代性的大屠杀。"在大屠杀的例子中,设计就是千年德意志帝国——自由的日尔曼精神王国。那个王国把所有的空间都给了日尔曼精神。对犹太人来说则没有多余的空间,因为犹太人不可能在精神上改变信仰,也无法接受日尔曼民族的精神。这种精神上的无能被说成是遗传或血统的特性——在那个时代遗传或血统至少体现了文化的另一面,文化无法梦想培育的领域,一块永远不会成为园艺对象的荒地。"②

但大屠杀的现代性不仅表现在现代社会的生命政治这样的治理目标方面,也不仅表现在现代的进步论的观念方面,更重要的是,屠杀的技术也是现代的。我们知道,这是人类历史上首次要强化生物纯粹性和血液纯粹性的大屠杀。那么,大屠杀是如何实施的呢?有关大屠杀的技术性的解释涉及两个问题,一个是能不能杀,一个是如何杀。前者是一个法律问题,即杀人是否合法;后者是一个技术问题,即什么样的屠杀方式才能完满地完成任务。就法律而言,希特勒以紧急状态的名义先将犹太人的公民权利剥夺了,继而将他们的人权也剥夺了,将他们变成了赤裸生命,然后投到一个悬置法律的例外空间,也就是集中营中,这个紧急状态下的例外空间意味着悬置犹太人的法律权利是符合法律的,也就是说,这种不合法的对人权的剥夺恰好也是合法的。如果是这样,"主体性权利和司法保护的概念不再有任何意义。而且,如果进入集中营的人是一个犹太人,

---

① 鲍曼:《现代性与大屠杀》,杨渝东、史建华译,译林出版社,2011,第125页。
② 同上书,第89页。

他就已经被纽伦堡法剥夺了他作为一个公民的权利，并随后在'最终灭绝方案'中被完全剥除国籍"[1]。这就是集中营中赤裸生命的结果：一旦不被法律保护，人就变成了动物，尽管他们是人，但他们仅仅是在生物学意义上活着，作为动物而活着，而作为享有公民保护性权利的人却死掉了。一旦成为这种被从人类世界剔除掉的生命，那么，对他进行的任何行为都谈不上是犯罪，也就是说，杀死他可以不用承担任何的责任，没有人世间的法律为他负责。

这样的赤裸生命和古代的赤裸生命同样是没有得到任何权利保障的。但是，犹太人的赤裸生命还是通过法律条款的剥夺而形成的，即便是例外状态下的法律条款。在这个意义上，它仍旧具有现代的特征，这是现代的赤裸生命。相比之下，屠杀技术和屠杀过程则体现了非常典型的现代性，是现代性的不同要素的结合导致了大屠杀在技术上的可能性，这也是鲍曼《现代性与大屠杀》这本书的关注点。这些现代因素大致包括：一个权威政府所特有的现代官僚机构的形成，现代工业技术的完善和成熟，现代人的冷漠以及犹太人对秩序的遵从，等等。我们可以看到，所有这些要素都带有理性的特征，而理性正处在现代性的核心位置。在这些因素的配合下，屠杀的暴力被高度技术化和机器化了。正是这种中性的不带感情色彩的抽象的杀人机器，在短时间内杀掉了数百万人。"没有现代文明，大屠杀是不可想像的。正是现代文明化的理性世界让大屠杀变得可以想像。"[2]

---

[1] 吉奥乔·阿甘本：《神圣人：至高权力与赤裸生命》，吴冠军译，中央编译出版社，2016，第229页。
[2] 鲍曼：《现代性与大屠杀》，杨渝东、史建华译，译林出版社，2011，第18页。

正是因为它的现代特征，或者说，正是因为其屠杀技术和屠杀组织体现了现代社会的管理方式，这种屠杀和之前的屠杀区分开来。按照阿伦特（Hannah Arendt）的说法，可以称之为行政性屠杀："种族灭绝曾被专门用来指称一种前所未知的罪，但这个概念的适用范围有限。原因很简单：对整个民族实施的屠杀并非没有先例。在古代，种族屠杀乃日常法则；在殖民主义和帝国主义统治的那几百年里，种族屠杀的例子同样层出不穷，尽管屠杀的结果并非都像这一次成功。用'行政性屠杀'概括这次屠杀比较合适。"①

四

我们如何来具体理解"行政性屠杀"呢？

首先，大规模的杀人是借助工业技术来完成的。奥斯维辛就是一个现代工厂，一个死亡工厂，它是生产尸体的工厂，这绝对是一个现代现象。高度组织化的程序，火车的搬运，毒气的制作，将犹太人作为生产材料进行的有序的清点和分类，这一切都是按照工厂的生产模式进行的。"[奥斯维辛]也是现代工厂体系在俗世的一个延伸。不同于生产商品的是：这里的原材料是人，而最终产品是死亡"②。这里也有一个生产表，记录着各种各样的数量和单位。"而现代工厂体系的象征——烟囱——则将焚化人的躯体产生的浓烟滚滚排出。还有现代欧洲

---

① 汉娜·阿伦特：《艾希曼在耶路撒冷：一份关于平庸的恶的报告》，安尼译，译林出版社，2017，第 307 页。
② 费恩戈尔德：《大屠杀到底有多么独特？》，转引自鲍曼《现代性与大屠杀》，杨渝东、史建华译，译林出版社，2011，第 11 页。

布局精密的铁路网向工厂输送着新的'原料'。这同运输其他货物没有什么两样。"① 毒气、火车、汽车、火葬场和集中营的各种配套设施也是现代工程师的设计，它们是现代工业技术的产品，它们本身就是现代之物。现代技术在这里表现出它惊人的价值中立，也可以说表现出它惊人的冷漠。大学和科研机构只是单纯地追求知识和真理，而不顾及技术产生的实际效果。集中营这样的死亡工厂从根本上来说就是大学和科研的产物。这些屠杀技术的设计者或者专家，会尽心尽力地改善这些技术，会强化自己的专业知识，提高这些技术的效率。他们只服从他们的专业伦理，而不会过多地考虑这些技术的后果或造成的痛苦。而那些没有知识的人则完全按照专家的设置行事，他们听从专家的意见，他们的责任就是安置这些技术设置，操作这些技术设置，使之良好地运行。也就是说，这个工厂从发明到设置再到运转都是技术和技术专家在起着主导作用。而杀人的严密计划也是现代科学精神的一种扭曲的运用。整个杀人程序变成了一项现代意义上的工业生产，这是一个现代的屠宰工厂，只不过屠宰的不是动物而是人。这跟以前的战争杀人迥然不同。以前的战争杀人充满了偶然性，杀人的数量无法估量，杀人充满了各种意外，充满了激情。战争中的杀人并没有规范和章法，它用多种多样的器具来杀人，它的效率无法得到保证，它的结果也难以准确地衡量。它的屠杀既可能是过量的，也可能是不足的。1938年"水晶之夜"的反犹行动就不是真正的大屠杀，这是希特勒的反犹计划中罕见的旧式种族屠杀，它发生在街头，利用群众的反犹情绪，重在对犹太人进行恐吓，打、

---

① 费恩戈尔德：《大屠杀到底有多么独特？》，转引自鲍曼《现代性与大屠杀》，杨渝东、史建华译，译林出版社，2011，第11页。

砸、抢的方式非常原始、低效，但同时也富有激情。这些暴力令人恐怖，既让犹太人恐怖，也让德国人自己感到恐怖。这种恐怖行动的最终效果难以预测，死亡人数也不能准确确定。在这个意义上，这不是现代的种族灭绝，这也不可能完成种族灭绝。

而大屠杀是计划杀人，是按照图纸杀人，是按照同样的技术杀人，是根据一个时间表和严格的空间定位来杀人，是用标准化的模式杀人。一群人以同样的方式被关押，以同样的方式被杀死、被焚毁。杀人成了一种计划性的工业生产。除了严密规划的程序之外，这种死亡工厂还特别强调杀人的效率："工业的影响则突出表现在会计、节约、废物利用以及屠杀中心等类似于工厂的效率。"[1] 我们正是在这里感受到现代工业和现代技术至高的野蛮一面。不错，它带来了繁荣和效率的一面，但是，它也带来了史无前例的黑暗和丑陋的一面。这也是一种启蒙的辩证："备受我们文明夸耀的工业潜能和技术知识在成功地完成一个史无前例的重要任务时达到了新的高度。……由于我们一直被教育要尊重和崇尚技术效率和认真计划，因此我们只能承认，在赞扬我们的文明所带来的物质进步时，我们已经过分低估了它的真实潜力。"[2] 没有比这更加具有讽刺性的了：屠杀就是一种生产，它以最高效率来生产死亡和尸体。

但是，仅有这种现代的工厂体制和工业技术还不够，没有更大范围内官僚制度的支撑，工厂式的杀人也无法实现。工厂式的杀人是大屠杀的终端环节，此前还有大量的准备和组织

---

[1] 库佩尔:《种族灭绝》，转引自鲍曼《现代性与大屠杀》，杨渝东、史建华译，译林出版社，2011，第19页。

[2] 鲍曼:《现代性与大屠杀》，杨渝东、史建华译，译林出版社，2011，第12页。

的基础环节，这是一个国家层面的计划。大屠杀是一个社会工程，它还需要整个国家的组织支撑，这个组织的核心就是官僚制。"如果没有这种官僚体系的话，大屠杀是无法想像的。"[1]为了提升工业的效率，必须有一种相应的官僚体制，这是现代社会的制度维度。正是因此，大屠杀再一次体现为现代性的后果。

什么是官僚制？韦伯认为官僚制是现代的治理形式，它是一种法理统治，区别于现代之前的两种统治类型——权威统治和魅力统治。大体上而言，法理型的官僚制强调管理范围和权力是以法规来确定的，它有明确的权限。这正是它和权威统治、魅力统治的根本差异，后两者的统治充满了人为的偶然性，也可以说是人的意志的统治。而官僚制是一个严格的、层级化的管理模式，下一级必须服从上一级并受上一级的监督；管理人员是非人格化的，就像一台大机器中的配件一样，他没有自己的个性；在这里的工作人员也没有自己的私利，他有一个专门的、职业化的办公室，在这里从事的工作和私人生活完全分隔开来；他也需要专业技能，需要学习，需要全职工作，也通过工作领取固定薪水，从而保证他的持续而长久的工作。韦伯说现代社会是一个铁笼，这个铁笼就是一个装配严格的、形式化的僵硬机器。而官僚制内在于这个铁笼，它既是这个铁笼的根基，也是这个铁笼的表现。它是一个不以人的意志为转移的管理机器。它也是伴随着工业机器的发展而发展起来的，伴随着理性化——各种类型的理性化——的兴起而兴起的。正是这个非人格化的、理性化的特征，使这个管理机器可以抛开价值取

---

[1] 鲍曼：《现代性与大屠杀》，杨渝东、史建华译，译林出版社，2011，第24页。

向来工作，它对程序的信奉超过了对实质内容的关注。因此，管理机器在大屠杀中能够非常顺利地变成毁灭机器，或者说，毁灭就是它的管理，管理就是它的毁灭。鲁本斯坦（Richard L. Rubenstein）对此说得非常明确："在韦伯阐述的现代官僚制度、理性精神、效率原则、科学思维、赋予主观世界以价值等理论中，并没有可以排除纳粹暴行的可能性的机制。"[1]

这个负责大屠杀的具体部门被命名为"管理与经济厅"（the Section of Administration and Economy），这个名字有不言而喻的掩饰意味。它看起来是一个普通的经济管理和指导部门，不过从管理程序本身而言，它也确实像一个经济和管理部门。要进行这样的大屠杀，必须有一个现代的管理体制，一个计划周密的、高效率的官僚制，必须有清晰的目标，有完成这个目标的预算，有恰当的技术支撑，还要进行各个部门之间的协调、对不同资源的调动，从而找到最有效、最流畅和最经济的解决办法。通往奥斯维辛之路就是这样一个官僚制运行的结果。在这个管理机器，也可以说是毁灭机器中，贯穿着严密的理性程序，有严密的专业化分工，每个人像体制中严丝合缝的配件一样各司其职，一环套一环，保证细节上的完美和流畅，从而让这个机器高效地运转。这个部门像一台机器一样工作，而它又镶嵌在更大的社会机器中，而正是这大小不同的组织化机器完美地编织了整个德国社会的官僚体制。它们彼此镶嵌，也一起加固了这个大型国家体制，它们既支撑国家体制，也从国家体制那里得到了稳靠的支撑，二者融为一体。这样，整个社会也像一台庞大的机器一样在高效和不停地运作。"毁灭机器与有组织

---

[1] 转引自鲍曼：《现代性与大屠杀》，杨渝东、史建华译，译林出版社，2011，第14页。

的德国社会从整体上说在结构上是没有区别的。从它所扮演的那个特定角色来说,毁灭机器就是组织起来的社群。"① 从根本上说,是编织了社会总体性的理性化的官僚制度,使大屠杀变得井然有序。

在这个意义上,就不是某个具体的个人来杀人,不是狂暴的激情来杀人,不是面对面的嗜血战争来杀人——这些都是前现代的杀人方式。现在,是这个官僚机构在杀人。"彻底的、全面的、无遗漏的屠杀需要用官僚机构来代替暴徒,用服从权威来代替蔓延的狂暴。……它会通过组织化的例行行为,而不是通过唤起激情来支配其成员的行为"②,即组织化的机器在杀人。正是在这个高效的非人格化的官僚体制中,邪恶的犯罪和屠杀被忽视和掩盖了。官僚制是一个抽象但精确的语法,它呈现出什么样的工作内容并不重要,也就是说,屠杀本身似乎对这个官僚体制没有任何的障碍。官僚体制也不会因为是屠杀而改变它的运作程序。官僚体制不负责正义,只负责效率;不负责实质,只负责程序——哪怕是屠杀的效率和屠杀的程序。没有一个庞大的官僚体系机器,就不可能有大屠杀,官僚体系的指纹"遍及整个大屠杀的历史"③。

官僚体系表现为一套严谨和理性化的流程:先是定义和找出犹太人,然后将他们开除,没收财产,集中起来对他们进行

---

① 希尔博格:《欧洲犹太人的毁灭》第 3 卷,转引自鲍曼《现代性与大屠杀》,杨渝东、史建华译,译林出版社,2011,第 12 页。
② 沙比尼、西维尔:《摧毁良心清白的无辜者:大屠杀的社会心理学》,见《幸存者、受害者和迫害者》,转引自鲍曼《现代性与大屠杀》,杨渝东、史建华译,译林出版社,2011,第 121 页。
③ 鲍曼:《现代性与大屠杀》,杨渝东、史建华译,译林出版社,2011,第 140 页。

剥削劳动并且让他们处在饥饿状态，最后对他们进行灭绝，将他们彻底抹除。这个流程也是精心策划的，不是愤然地公开杀戮，而是一步一步地通向最后的杀戮，每个步骤都充满理性，前后相续，以至于最后的灭绝变成了一个必然的结局。正如莫姆森（Hans Mommsen）所说："法西斯的政策险毒地在循环，'故意创造出无法忍受的紧急局势和状况，然后用它们来使甚为极端的步骤变得合理'。"[1] "这样，最后的行动——灭绝——无论如何都不是一个突兀的变故。就是说，先前采取的多个步骤合乎逻辑（即使我们记得，一开始并没有被料及）的结果就是灭绝。虽然已经铸就的事态并没有使其后的每一步变得不可避免，但是在毁灭之路上，每一步行动都使得下一步的选择变得合理。"[2] 而这一步步的完善施行，毫无疑问需要官僚体制的支撑，无论是官僚体制庞大的组织能力，还是官僚体制严密的计算能力。因此整个屠杀计划本身是现代的科学精神的设计，个人的激情并不可靠，在激情杀人的时候，有时候人会良心发现，会有意外和偶然性，激情杀人不可能达到这样的规模。正是因为这是组织性的机器杀人，是这种设计性的理性组织在杀人，才可能在如此短的时间内杀死如此之多的人（450万—600万犹太人）。

那么，那些具体的党卫军士兵呢？他们难道没有同情心吗？动物性的同情，是正常人在看到备受折磨的人时所自然产生的

---

[1] 莫姆森：《反犹太政策和大屠杀的意义》，见《第三帝国的挑战》，转引自鲍曼《现代性与大屠杀》，杨渝东、史建华译，译林出版社，2011，第250页。

[2] 鲍曼：《现代性与大屠杀》，杨渝东、史建华译，译林出版社，2011，第250页。

一种心理状态，这些党卫军士兵难道没有道德上的愧疚和不安吗？他们难道没有良知吗？不杀人难道不是普通人内心深处的律令吗？尤其是，大多数的德国人看起来是正常人，在生活中富有理性、富有同情心，对家人和邻居很友善，他们不是恶魔。但是，他们为什么最后都成为施暴的凶手或帮凶呢？

这是因为暴力被赋予了权威，暴力来自权威的指令，实施暴力就是服从权威。暴力行动被规范化，是在严格的规章约束下进行的，是在体制的肯定下进行的，这两点都是官僚制的产物。也就是说，现代的官僚制可以让暴行畅通无阻，可以让普通人变成屠夫。

官僚制为什么会有这样的效果呢？在官僚制中，最重要的特征就是服从组织纪律、献身于组织，服从于权威、绝对听从于权威，这是官僚制的一个核心特征。一旦听命于权威，个性和激情就消灭了。这也就是巴塔耶所说的同质性对异质性的剥夺。极端的自我牺牲是一种德性，这是公仆的荣誉。纪律腐蚀了良知和情感，使人成为去道德化的齿轮。越是服从纪律，就越是放弃道德反思，越是抹平情感波动。阿伦特在提及艾希曼（将犹太人移送到集中营的运输与屠杀作业大部分由艾希曼负责）的时候说："事情就是这样，这就是立在这片土地上的新法：法律以元首命令为准。无论做什么，在他看来都是一个守法公民所为。正如他一遍又一遍地对审讯警官和法庭重申的，他是在履行他的责任；他不仅服从命令，而且还遵守法律。"[①] 元首的话就是法律。"在纽伦堡，有人问一位将军：'您以及所有心

---

① 汉娜·阿伦特：《艾希曼在耶路撒冷：一份关于平庸的恶的报告》，安尼译，译林出版社，2017，第 142 页。

怀荣誉感的将军们怎么可能如此盲目效忠于一个谋杀犯？'回答是：'评判上级命令不是士兵的任务，让历史或天上的上帝作出审判吧。'"① 这样一来，每个人都是整个官僚机器链条中的一个环节、一个齿轮。"把个人变成行使职能者和统治机器上赤裸裸的齿轮从而对其去人格化，是极权统治机器的本质，大概也是每一套官僚制度的天性。"② 官僚制度和极权统治在这里达成了统一。阿伦特还发现："艾希曼庭审中语言连贯上的无能同他思考能力的欠缺，或者说缺乏换位思考的能力之间密不可分。他的空洞绝不等同于愚蠢。他骨子里既不充满仇恨也不癫狂，也没有无尽的嗜血欲，但更加可怕的是，他体现了纳粹罪恶本身的无个性化性质（faceless nature of Nazi evil）——在一个封闭体制内、由病态的暴徒实施、目标旨在消灭受害者的人格个性。"③ "恶只能是极端的，因为它既不具备深度，也不具备魔性维度——而这正是它的恐怖之处，它可以像真菌一样散布在地球表面，把整个世界变成一片荒芜。恶来源于思维的缺失。当思维坠落于恶的深渊，试图检验其根源的前提和原则时，总会一无所获。恶泯灭了思维。这就是恶的平庸性。"④

也就是说，人是在官僚制的纪律当中失去了人性，只是服从和被动行事，失去了思考，而恶就来自不思考。艾希曼作为罪大恶极的罪犯，他就是不思考的。而不思考既非愚蠢，也谈

---

① 汉娜·阿伦特：《艾希曼在耶路撒冷：一份关于平庸的恶的报告》，安尼译，译林出版社，2017，第157页。
② 同上书，"德文版前言"第12页。
③ 阿莫斯·埃隆：《导言：对汉娜·阿伦特的绝罚》，载汉娜·阿伦特《艾希曼在耶路撒冷：一份关于平庸的恶的报告》，安尼译，译林出版社，2017，"导言"第9页。
④ 同上书，"导言"第10页。

不上恶魔，它只能算是平庸。在这个意义上，艾希曼的恶可以称为平庸之恶。对阿伦特来说，人之所以为人，就是因为人能思考，有主动性，会积极参与；人之所以为人，就有赖于他的行动和言谈。这是她从亚里士多德那里获得的教益。而眼前这个罪大恶极的人，他的人性的丧失，就在于他缺乏思考、远离现实，就在于他没有主动性，他不主动行动；他也缺乏语言能力，他说的所有句子都是套话。"你听他说话的时间越长，就会越明显地感觉到，这种表达力的匮乏恰恰与思考力的缺失密不可分；确切地说，他不会站在别人的立场思考问题。之所以无法同他进行任何交流，并不是因为他说谎，而是因为他周围环绕着坚固的壁垒，屏蔽他的言辞和他人的存在，从而帮他一并拒绝着真相。"[1]

他既不思考，也不行动，也不会言谈，他只是追求升迁发迹，追求个人利益。按照阿伦特从亚里士多德那里得来的看法，这正是奴隶的特征。亚里士多德认为奴隶不是人，而是动物，但是在这里，艾希曼是机器中的齿轮，连动物都不算，他是机器、是物，也就是说，他将人降到了功能性的物的地步。因此，艾希曼"远远不具备理查三世那种'成为恶棍'的决心。除了不遗余力地追求升迁发迹，他根本就没有别的动机；就连这种不遗余力本身也没什么罪，他肯定不会杀害他的上司而取代其位置。用大白话说，他只是从未意识到自己在做什么"[2]。他没有自我意识，也缺乏想象力。他过于被动，死死地限定在自己的位置和角色中，无法独立思考，这也意味着他无法换位思

---

[1] 汉娜·阿伦特：《艾希曼在耶路撒冷：一份关于平庸的恶的报告》，安尼译，译林出版社，2017，第50页。
[2] 同上书，"德文版前言"第9—10页。

考，无法有超出这个位置的目光和视角，也无法从他者的角度来思考。他是一个彻头彻尾地执行上级下达的暴行命令的工具物。艾希曼是这样，整个屠杀机器中的人都是这样。之所以是一个屠杀机器，就是因为所有的人都失去了个性和人格，他们像机器一样接受指令、自动运转。成为这个绝对的齿轮工具角色、这台国家机器的配件，意味着这些人的命运完全不是由他们自己来掌握的，而是随着这台国家机器最后命运的沉浮而沉浮。"若国家胜利了，他的所作所为会令他加官进爵；若国家失败了，则会令他命丧黄泉。"[①] 显然，纳粹国家失败了。"法庭在宣判时自然承认，这样一桩罪行只能由一个庞大的官僚体制以国家手段来实施；不过，只要它是一桩罪行——这也是法庭审判的先决条件——那么在对簿公堂之时，这台机器上的所有大小齿轮就自动蜕变成凶犯，变回了人。"[②] 机器垮掉了，人的零件工具作用失去了，艾希曼这个时候变回了人，一个懦弱的平庸的人，一个平庸的恶人。被审判的时候，他从一个工具性的物回到了人。[③]

但是，服从命令的齿轮在面对死亡的时候难道没有恻隐之心吗？一个人无论如何平庸、如何机器化、如何非人格化，在面对大规模的屠杀和死亡的时候总会有所触动。或者说，一种天生的道德本能会起作用，从而会抗拒这种残忍的杀戮。而纳粹有多重方式来避免普通人的道德觉醒。其中之一就是让大屠

---

① 塞尔瓦蒂乌斯语，转引自汉娜·阿伦特：《艾希曼在耶路撒冷：一份关于平庸的恶的报告》，安尼译，译林出版社，2017，第21页。
② 汉娜·阿伦特：《艾希曼在耶路撒冷：一份关于平庸的恶的报告》，安尼译，译林出版社，2017，"德文版前言"第11页。
③ 艾希曼的所谓平庸性是阿伦特这本书引发轩然大波的主要原因，大多数人仍然以为谋杀犯都是暴徒或恶魔。

杀这一总体规划系统性地抹去了死亡的语言和形象。人们在从事死亡生产的时候，抹去了死亡的字眼。大屠杀的资料中看不到灭绝、清除和屠杀这类恐怖的词语。"杀戮被替换成'最终解决'、'外迁'、'特殊处理'"[①]，一旦死亡和杀戮被从语言中抹去，这样的行动和事实似乎也被抹去了，人们好像感受不到死亡这一残酷事实。

如果说，大屠杀在字面意义上，或者说在阅读和记载的层面上被抹去了，那么它在视觉层面上也被抹去了。对大多数德国人而言，他们看不到灭绝的场面。最后的灭绝方式有两种：枪杀和毒杀。前者是由特别行动队来施行的。而对集中营或者流动的卡车中的毒杀而言，灭绝者并没有开枪，他们甚至没有现身在死者面前。对死亡工厂的绝大部分工人以及绝大部分德国人而言，他们没有看见死亡这一事实，或者说，死亡离他们非常遥远。被屠杀的犹太人被封闭起来，他们无法激起他人的关心。同传统的、面对面的、充满激情的反犹行为相比，这样的反犹更加隐蔽，不会激发人们的抗拒和抵触心理。和犹太人隔离开来的普通德国人只是拟定计划、起草文书、绘制蓝图、参加会议、统计数据、发明技术，或者负责火车运输、建筑牢笼，或者负责管理，他们每个人都只是整个大屠杀计划的一个片段，对死亡都不负有直接责任，他们远离了屠杀的最后时刻和最后场景。我们可以说每个人都是凶手，但每个人又都不是直接的、可怖的凶手；每个人都沾满了鲜血，但每个人好像又都是无辜的。一个人只是遵照规定，只是例行公事地画草图、填写表格、开火车、生产化学毒气、在焚化炉前工作，只是负

[①] 汉娜·阿伦特：《艾希曼在耶路撒冷：一份关于平庸的恶的报告》，安尼译，译林出版社，2017，第88页。

责监视和看护，这有什么错呢？这不是正常的工作吗？"使我们吃惊的是，我们每个人做的都是无害的行为，怎么会产生这些错误行为和不公……"[①]只有这所有人在一个官僚体制中组织起来、协调行动，才会真正产生屠杀效果。他们看上去是由各种无害的工作组成的一个冷酷的屠杀机器，就像一座工厂的产品不是由哪一个人生产出来的，而是一群人在流水线的不同位置上协调配合而生产出来的一样，只不过这些人是在一座庞大的死亡工厂的车间工作，每个刽子手都是这种死亡流水线上的一个工人。屠杀是一个紧凑的链条，每一个人都是其中的一个节点。因此，他们看上去没有杀人，没有亲手杀人，他们甚至没有开枪，没有看到被杀害者，没有直面死亡，无论是妇女死亡还是儿童死亡。因此，作为中介的他们好像没有杀人，好像从未亲历过这些，他们和死亡之间存在着遥远的距离。大屠杀就是让受害者和屠杀者分离开来，这就是毒气室的中介作用。这就是对屠杀者的道德催眠术，屠杀者由此在受害者那里闭上了眼睛。他们不会有道德上的折磨，不会对大规模无辜人群的死亡产生痛苦和反思。事实上，只要陌生人的死亡不是在人们面前出现，无论这种死亡的原因是什么，人们都会无动于衷。这就是死亡在死亡悲剧之外的另一层悲剧。

[①] 拉赫斯：《现代社会中的个人责任》，转引自鲍曼《现代性与大屠杀》，杨渝东、史建华译，译林出版社，2011，第34页。

第十讲

商品社会

一

马克思在《资本论》的开篇中说，资本主义社会财富表现为商品的庞大堆积。在 19 世纪，商品开始成为资本主义最重要的表征。如果说，商品通常都是以物的形式存在的，那么，商品的庞大堆积意味着物的丰富性和扩张性。我们有大规模生产物的能力，不仅同一类物在数量上急剧增加，物的类型也多样化了，不断有新的物被发明出来，不断有全新的物涌现，每一种全新的物都有一种新的功能、新的价值；更重要的是，"物以全套或整套的形式组成"①，也就是说，物总是以类型的方式涌现，它不再单独和孤立地存在，也不再单独地获得自己的意义，物总是在一个物的类别中找到自己的位置。任何一种物都有它的系列，有它的差异化组织，这让物显得更加丰盛。有物不断地被发明，也就意味着有物不断地被淘汰。物总是处在一种升级换代的过程中，物更新的速度变快，淘汰的速度也变快，以至于物的生命变短，超不过人的寿命，而以前很多物都比人长久。以前，人可能一辈子都使用同一个物，住同一栋房子，使用同一套家具，使用同一个水壶。在古代社会，家家都

---

① 让·波德里亚：《消费社会》，刘成富、全志钢译，南京大学出版社，2000，第 3 页。

有传家宝，因为物缺乏更新替代的，物可以一直使用下去。但是现在，物的淘汰率和更新率大大提高了。我们会不停地更换家具，不停地更换住房，不停地更换汽车。我们不停地看到建筑和拆迁的过程，看到垃圾在迅速地增长。"在以往的所有文明中，能够在一代一代人之后存在下来的是物，是经久不衰的工具或建筑物，而今天，看到物的产生、完善与消亡的却是我们自己。"① 我们会接触到各种各样的人造物，会为各种各样的物所包裹。我们来到这个世界，以前是来到自然的怀抱中，现在是来到物的怀抱中。孩童以前接触的是泥土、野草和动物，现在接触的是各种各样的玩具、书籍和加工食品。古代人降生在自然的山水田地之间，现代人降生在商品编织的人工世界之中，降生在水泥钢筋塑造的大都市之中。现在，将孩子剥离出人工物的世界，将他们送到自然田野中去，是一种例外状态，是一种特殊的生活仪式，甚至是度假形式。如今，"我们生活在物的时代……我们根据它们的节奏和不断替代的现实而生活着"②。

也就是说，对作为商品的物的生产和消费成了资本主义的重要特征。在 20 世纪 60 年代，出现了一个物的大爆炸。对发达国家来说，问题不是物的短缺，而是物的过剩；不是如何生产物，而是如何去消费物。没有对物的消费，就没有对物的生产动力。在这个背景下，鲍德里亚（Jean Baudrillard，一译波德里亚）在 20 世纪 60 年代写了《消费社会》这本书。也就是说，这是一个以消费而不是以生产为主导的社会。正是在 20 世

---

① 让·波德里亚：《消费社会》，刘成富、全志钢译，南京大学出版社，2000，第 2 页。
② 同上。

纪五六十年代，西方社会发生了一场重要的变革。人们对这个社会有多种多样的命名，也把这个消费社会称为景观社会、后工业社会或者后现代社会。它的可见性特征就是，整个城市都被琳琅满目的商品和商品广告覆盖。一栋栋巨型商场拔地而起，街道基本上是一个被商品堆砌的空间，也是商品符号展示的巨大布景。商品开始进入艺术作品中——这不是说艺术作品变为商品，而是说物首次作为商品进入艺术作品中来。安迪·沃霍尔（Andy Warhol）的作品就是这个消费社会的寓言。他开始批量地绘制流行商品，他用版画复制的方式来画最常见、最流行、最广为人知的日用商品。古典画家也画了大量的静物画，但这些静物都不怎么呈现出商品的特征。或者说，即便它们是商品，但是，这些商品都剥去了它们的广告性质和售卖性质，而变成了纯粹的静物。古典画家笔下的这些静物商品通常是独一无二的，有自己的特异性、自己的独特魅力、自己的光晕。古典画家的静物画都要赋予物品（即便是商品）以灵魂和内在性，但是，安迪·沃霍尔作品的特征就是让商品失去个性、失去灵魂，就是画出了商品的工业化和标准化特征，画出了类型化的商品、可以大量复制的商品、可以售卖和交换的商品。如果说在他之前的画家是将商品还原为物品，那么，他的工作刚好相反，他是将物品还原为商品。这就是他的意义所在，他将静物画打上了消费社会的烙印。这是当代社会的静物、当代社会的商品。物以毫不隐藏的方式体现出它的商品属性。

这正是消费社会的表征。当然，商品交换有漫长的历史，只是对消费社会来说，没有不再是商品的物了。在漫长的古代社会，物的生产和消费并不是一种商品的生产和消费关系。相反，人和物之间存在着一种有机关系。什么是有机关系呢？就是说，物是人们自己生产的，也供人们自己消费。人们吃的物品诸如粮食、蔬菜甚至猪和鸡、鸭等，都是自己生产和养殖的；自己种棉花，自己织布，自己就有衣服穿了；自己的房屋也是自己盖的。人们的产品并不拿去销售，这就是所谓的自给自足的自然经济形式。在这个形式中，物和人的关系非常密切，人既是物的生产者也是物的消费者，人自己占有了物的生产过程和消费过程，这是人类社会早期的普遍状况。只是到了现代，尤其是到了 18、19 世纪的工业革命之后，这种主导性的经济形式被打破了，出现了人和物的大规模分离。在工业革命之后的现代工厂，工人生产的东西和自己是没有任何关系的，他们是物的生产者，但不是拥有者，更不是消费者。这种生产和消费的脱节现象，马克思称为异化（alienation）。异化这个词，也有疏离、陌生的意思。实际上，马克思使用这个词就暗示着物和人之间的疏离关系，物是外在于它的生产者的。这样的异化是资本主义社会的一个特有标志。

但为什么资本主义社会会出现这样一个特定的异化现象呢？这实际上跟聚集了工人的工厂的大量出现有关。商品并不是在资本主义社会才开始出现的，在古代社会早就有了，只是大规模的工业化生产的商品是资本主义的特点。这种工业化的商品生产需要工厂和工人。资本主义社会的独特性不在于商品和商品生产，按照马克思的讲法，其独特性在于劳动力成为商品，这才是资本主义最显著的特点，也就是说人本身成为商品才是资本主义的标志性特征。在古代，我们也会看到奴隶被卖来卖去，但奴隶是没有自由的，都是被强制性地卖来卖去，这不能叫作商品。所谓的劳动力成为商品，就意味着他在形式上是自愿出售的，就是他给自己估价来出售自己，在某种意义上他也是自由的，就是他不想卖给谁，就可以拒绝，这是他和奴隶的区别。但这些人为什么要自我出售呢？因为他们一无所有，如果他们自己是有产者，或者有企业、自己能挣钱的话，就不会出卖自己，但他们除了劳动力本身之外什么也没有。资本家，或者说资产阶级通过各种各样的手段，比如圈地运动或者大工业机器生产，对那些小型的资产者、手工作坊主和有土地的农民进行排挤，让他们一无所有，最后不得不出卖自己的劳动力，从而变成无产者、变成工人进入工厂里。

所以资本主义社会一个重要的特点就在于，一部分人剥夺了另一部人的一切私有财产，让他们享有形式上的自由但实际上一无所有。这时候人们就只能够靠出卖自己的劳动力为生，只能把自己卖给别人，通过让自己变成商品来谋生。在资本主义之前的人类社会历史上，劳动力本身并未普遍地成为商品。人自己售卖自己，才产生了现代意义上的工人。如果没有这些工人的话，企业就无法运转，资本主义的规模化的商品生产就很难进行。而在这样的工厂中，就会出现剩余价值的生产，即资本家剥削工人的劳动力，延长他们的劳动时间，增加他们的劳动强度，进而获取额外的剩余价值。剩余价值产生的前提是让这些工人、劳动者自己出售自己。在这个意义上，现代资本主义社会就分成了两大阶级：工人和资本家。这样就使得现代社会形成两个对立的阶级：无产阶级和资产阶级。二者有本质性的冲突，这就是马克思在《共产党宣言》里所讲的"至今一切社会的历史都是阶级斗争的历史"[①]。而在资本主义社会，主

---

① 马克思、恩格斯：《共产党宣言》，中共中央马克思恩格斯列宁斯大林著作编译局编译，人民出版社，2018，第27页。

要就是资产阶级和无产阶级的斗争。

我们可以看到，异化的首要特征就在于为资本家生产商品的工人和他生产的劳动产品之间没有关联。这是被迫性的劳动，工人劳动得越多，就越是感受到压抑，异化也越显著。他的劳动本身也毫无肯定性和创造性，劳动仅仅是谋生的手段，工人的劳动和劳动固有的创造性本身也发生了异化。最后，劳动让人和人之间的关系也发生了异化：他们都是工人，人只能异化为工人，劳动是人的全部所在。

这是资本主义的生产方式。如果不是为了占有物和消费物的话，那生产者为什么要生产它呢？或者说，资本家为什么要大规模地通过工厂的方式去生产物呢？因为要通过物去交换。物要拿去卖，要变成商品，资本家要通过商品交换来谋利，其前提是压低生产成本，也就是剩余价值的生产。这样就出现了市场。消费这个物的人并没有生产这个物，也就是说，物的生产者不是物的消费者。但是，物恰好将生产者和消费者连接起来了。在这个意义上，就出现了生产者、消费者以及二者之间的市场。物就在这个市场当中到处奔波、流动、牵扯、贯穿。因为有物，因为物的牵扯和连接，生产者和消费者之间发生了某种关联，人和人之间也发生了关联，这是不同的陌生的人之间的关系。现在陌生人之间就是通过物的流通和交换建立了关系，也就是说，人和人之间的关系是以物为中介的，人和人的关系体现在物的关系之中。

但是，物为什么能交换呢？或者说，物交换的基础是什么呢？一个农民要买一部手机，他就要卖掉自己生产的大米，或者说，他用大米来交换手机。看上去，是手机和大米发生了关系，它们借助货币这一等价物发生了关系。这是物和物之间的关系、商品和商品之间的关系，物在这种交换中产生了一种社会关系。但是，这也掩盖了另外的关系。事实上，无论是生产手机，还是生产大米，它们都是一种劳动的耗费。每一种商品都凝结了劳动时间，正是因为都消耗了劳动时间，它们之间才可以比较、可以交换。在这里，真正发生关系的是生产手机的劳动和生产大米的劳动，它们各自是私人劳动，是可以比较的，但它们也是社会总劳动的一部分，它们在这个总劳动中联系在一起。但是，在手机和大米的交换中，它们背后的劳动关系，劳动的这种社会性质则被隐藏起来、被掩盖了，体现出来的不过是大米和手机的关系，是物和物之间的关系。也就是说，人和人之间的关系被物和物之间的关系掩盖了。这就是马克思所讲的商品拜物教。马克思是这样说的："商品形式的奥秘不过在于：商品形式在人们面前把人们本身劳动的社会性质反映成劳动产品本身的物的性质，反映成这些物的天然的社会属性，从而把生产者同总劳动的社会关系反映成存在于生产者之外的物与物之间的社会关系。由于这种转换，劳动产品成了商品，成了可感觉而又超感觉的物或社会的物。"①

实际上，人们在用手机的时候，很少想到这个手机背后凝结了无数私人的劳动。手机背后有大量的设计师，有大量的工人，有大量的科学家和技术人员，有大量的销售人员和管理人员，他们遍布在美国、东南亚、中国等，他们各司其职、兢兢业业，确保手机的质量达到标准。正是不同地区的不同人群的不同的劳动耗费，才使这个手机诞生。我们购买和使用这个商品、这个手机的时候，很少想到它凝结了无数工人、技术人员

---

① 马克思：《资本论》（第一卷），中共中央马克思恩格斯列宁斯大林著作编译局译，人民出版社，2004，第89页。

等的劳动，很少想到我们和他们之间的关系。一个人在使用手机的时候，几乎不会想到他和富士康的工人有何关系，富士康工人的跳楼也无法令他想到他们之间的关系。但事实上，他们之间是有关系的，他们都是社会总劳动的一部分，他们彼此交换自己的劳动，他们正是通过这种劳动连接在一起的。手机的每一部分、每个配件，我们在使用它们的时候，实际上都在和生产它们的工人发生关系。只不过这种劳动连接、这种社会关系，被手机掩盖了，被物和物之间的关系掩盖了，手机作为一个物，好像自然地来到了人们这里，好像不是被生产出来的，而是直接出售而来的。也就是说，在此，人和人的关系，实际上是通过手机体现出来的，也即通过物、通过物和物的关系体现出来的。物掩盖了人和人的关系。

人试图通过商品生产来谋生或获利，这样，人就会将自身的命运寄托在他生产的商品上面。这样，物就取得了绝对主宰的地位。本来，物这个商品是我们生产出来的，本来是人在控制物，但是，人现在则为物所主宰，一旦物无法交换，一旦物作为商品无法被别人消费，人就会受到影响，人的劳动就没有价值，人可能会破产，生存可能就得不到保障。人们不断地担心商品是否有市场，因而将自己的所有热情都投入到物上面，被物牵制着，物最后变成了对人的控制，人被物压住了，物成了人这个生产者的主宰。如果一切都以作为商品的物为宗旨，物就获得了它特殊的神秘之感，它被赋予了最高价值，被赋予了魂灵，如瓜农的命运就为他地里的瓜所决定，渔民的命运就为他池塘中的鱼所决定，手机生产商的命运就为他生产的手机所决定，这也即所谓的商品拜物教——人对物（商品）充满着宗教般的神秘感和敬畏感。物，无论对于消费者还是对于生产者来说，它已经起到了决定性的主导作用。物成了人的宗教。

事实上，商品拜物教后来进一步地发展为货币拜物教，因为商品之间频繁的物物交换发展到后来，不得不寻找一个共同的一般等价物，这个等价物可以同各种商品进行交换，它是抽象的人类劳动的化身，因此可以作为各种商品交换的媒介。当这种一般等价物发展到货币的形式时，就形成了货币拜物教，即货币决定了一切。所有人都将自己的激情投入到货币身上，正如他们曾经将所有的激情投入到商品身上一样，追逐货币成了人们的生存目标。显然，货币更是一种巨大的掩盖，"正是商品世界的这个完成的形式——货币形式，用物的形式掩盖了私人劳动的社会性质以及私人劳动者的社会关系，而不是把它们揭示出来"[1]。货币成为新的神，金钱成为新的上帝，成为最高的价值对象。

二

这就引发了三种不同的讨论。

我们先看本雅明（Walter Benjamin）的观点。本雅明说，资本主义也是一种宗教。韦伯说，资本主义是以宗教为前提而发展起来的，它是凭靠新教，尤其是加尔文教而发展出来的；资本主义发展起来后，宗教的根基被削减了，它越来越趋向于一种世俗社会。但本雅明认为，资本主义本身也是一种宗教：原

---

[1] 马克思：《资本论》（第一卷），中共中央马克思恩格斯列宁斯大林著作编译局译，人民出版社，2004，第93页。

先超越性的上帝死了，但是，还有一个世俗的上帝存在，或者说，原先的基督教天国中的上帝现在化身为人类中的存在，有一个人间之神还存在，以另外的方式得到崇拜。也就是说，在资本主义时代，在尼采宣称上帝之死后，在基督教死后，宗教还存在，有另一个神出现了。这是新的资本主义宗教，或者说，资本主义也是一种宗教，一种新的宗教。基督教要求人们爱上帝，崇拜这个唯一的上帝。为什么要崇拜上帝呢？因为人觉得自己有罪，要持续地赎罪；只有爱上帝、崇拜上帝、崇拜这个天国中的上帝，他才能获得上帝的拯救，才能赎罪。这是基督教最主要的特征。本雅明认为，作为宗教的资本主义也保留了这样的特点，尽管上帝不同、内容不同，但宗教性是一样的："首先，资本主义绝对是一种狂热崇拜（cultic）的宗教，或许是有史以来最极端的一种。在资本主义中，物只在与崇拜（cult）的关系中才有某种意义。"[1] 也就是说，新的崇拜对象不再是基督教的上帝，而是物，这就是对物的崇拜。因为物决定了我们的命运，正如上帝决定了我们的命运一样。在这个意义上，物或者其抽象形式货币，成为新的偶像、新的上帝。其次，这个新的宗教，或者说新的崇拜的另一个特征在于"崇拜的持久"[2]。由于对货币和商品的崇拜和追逐永无尽头，因此这是一种持续的崇拜：天天都是礼拜日，每天都要追逐货币，"每一天

---

[1] Walter Benjamin, "Capitalism as Religion", in *Selected Writings*, vol. 1: 1913—1926, ed. Marcus Bullock and Michael W. Jennings (Cambridge: The Belknap Press of Harvard University Press, 2004), p. 288.
[2] ibid.

都要求每个崇拜者的绝对的忠诚"①，崇拜永不停息。如果对物和货币如此不停息地崇拜的话，那么，也就意味着人们总是感到不满足，总是不成功，总是没有达到顶点，因为货币的数目没有顶点，物的完善也没有顶点，因此，人们也总是得不到彻底的救赎，不可能完成绝对的救赎。这样，人们每天就有一种虚度的犯罪感，资本主义让每一个人都有罪恶感，"崇拜使罪恶无处不在。资本主义很可能是创造罪恶"②，"使它（罪恶）变得普世，用铁锤把它砸进意识的心灵"③。崇拜从未停息，也就意味着罪恶从未得到彻底的救赎，资本主义在这个意义上就是创造罪恶的宗教，它让人感到世界是一种绝望的深渊，每个人都感到绝望，这是绝望的无限膨胀。最后，基督教有很多教义，但资本主义的新宗教没有什么教义，没有经书，因为根本没有什么拯救的途径。因为崇拜的对象是物，是对物的无限追求，而物是实用的，这样的宗教就充满着功利主义色彩，因此，本雅明说："功利主义获得了它宗教的弦外之音。"④这是功利主义的崇拜，因此，资本主义也是功利主义和实用主义的宗教。

我们再看卢卡奇（György Lukács）从马克思那里发展出来的物化概念。既然物决定着人的命运，既然社会生产、人的活动都是围绕着物来展开的，也就是说，这种活动虽然是人的活动，但是人已经控制不了它，这种活动本身有自主性，物和商

---

① Walter Benjamin, "Capitalism as Religion", in *Selected Writings*, *vol. 1: 1913—1926*, ed. Marcus Bullock and Michael W. Jennings（Cambridge: The Belknap Press of Harvard University Press, 2004）, p.288.
② ibid.
③ ibid.
④ ibid.

品的生产获得了独立性,它有自己的规律,不依赖人的自行其是的规律,这种规律甚至和人相对立。人改变不了商品生产本身,物的生产决定了人的行为和现实,这就是所谓的物化(reification)。"人自己的活动,人自己的劳动,作为某种客观的东西,某种不依赖于人的东西,某种通过异于人的自律性来控制人的东西,同人相对立。更确切地说,这种情况既发生在客观方面,也发生在主观方面。在客观方面是产生出一个由现成的物以及物与物之间关系构成的世界(即商品及其在市场上的运动的世界),它的规律虽然逐渐被人们所认识,但是即使在这种情况下还是作为无法制服的、由自身发生作用的力量同人们相对立。因此,虽然个人能为自己的利益而利用对这种规律的认识,但他也不可能通过自己的活动改变现实过程本身。"①如果是这样的话,人就可能会出现物化的现象。卢卡奇是紧跟着马克思的观点——异化和商品拜物教——提出了物化的概念。资本主义社会充斥着物和商品,物和商品如此大规模地堆积和显现,以至于目光和注意力都被物吸引,人的眼光、意识和想法全部被物操纵,这就是卢卡奇所讲的物化。

我们再来具体地讨论一下物化。首先,不仅是社会职业存在着分工,同一个商品的生产过程也存在着分工,也就是说,一个商品的生产必须依赖社会的大协调来进行,这和先前的独立完成的方式不一样:"前资本主义社会的有机统一体却相互完全独立地进行它们的物质代谢。"②但是,在资本主义社会,"在人类历史上第一次使整个社会(至少按照趋势)隶属于一个统

---

① 卢卡奇:《历史与阶级意识——关于马克思主义辩证法的研究》,杜章智、任立、燕宏远译,商务印书馆,1992,第147页。
② 同上书,第154页。

一的经济过程"①。正是这个统一的经济过程，使得每一个人都只生产局部，"劳动过程越来越被分解为一些抽象合理的局部操作，以致（至）于工人同作为整体的产品的联系被切断，他的工作也被简化为一种机械性重复的专门职能"②。也就是说，他是一台生产机器的一个配件，他不是独自生产和创造出一个完整的物件，他也看不到作为整体的物和商品。一个手机是由无数的人生产出来的，它依赖于一个社会的统一生产，但是，具体的生产者之间没有关联，每个人都生产出非常细微和局部的要素，而且只生产这样的要素，并且也无法和生产这件商品的其他人形成一个有机纽带，每个人只在自己的局部位置机械地重复。人失去了集体性，只是单调地、机械化地重复，从根本上而言，他就是一台劳动机器上的孤独配件。这也是人的原子化特征，商品的生产让人越来越变成一个孤立的原子，而失去了集体的有机联系。"生产过程被机械地分成各个部分，也切断了那些在生产是'有机'时把劳动的各种个别主体结合成一个共同体的联系。在这一方面，生产的机械化也把他们变成一些孤立的原子，他们不再直接——有机地通过他们的劳动成果属于一个整体，相反，他们的联系越来越仅仅由他们所结合进去的机械过程的抽象规律来中介。"③

其次，人们不仅失去了同集体的联系，失去了同社会总体性的联系，人们同自身的身体本身、同自身的总体性也失去了联系，失去了总体性，从而变成了碎片。"生产的客体被分成

---

① 卢卡奇：《历史与阶级意识——关于马克思主义辩证法的研究》，杜章智、任立、燕宏远译，商务印书馆，1992，第154页。
② 同上书，第149页。
③ 同上书，第152页。

许多部分这种情况，必然意味着它的主体也被分成许多部分。"[1]因为每个人只是专注于一点，只是完成商品的局部生产，他本身就是一个片段，他和他自己的总体性也分离了，只有碎片化的身体在发挥作用。他不需要他的全部智能，因此也没有一个总体性思维。他不需要他的身体总体性地协调共存，也就是说，他是作为一个局部的碎片化身体而存在，一旦只是局部性地使用自己，就失去了人格的完整性，从而变成了物。由于一直附着于机器，人要配合这种机器，不仅人格失去了完整性，人本身也被机器化了，他的灵魂也被机械化了，他的内在性被机械的规律和计算功能填满了，他的心灵本身就是一个计算机器。人长期在生产物的机器旁边，就会沾染机器和物的气质，本身也变得跟机器和物一样了。每天跟机器在一起生活，人的意识也变成了机器的意识。也就是说，不仅人的目标和心灵被物占据和填满，而且人还以物或者机器的方式去思维，人成了另一种类型的机器，一个生产工具，一个冷血的、充满计算的工具机器。这使得人失去了基本的人格特征，变成了一个物化的机械配件。"工人的质的特性、即人的一个体的特性越来越被消除。"[2] "这种合理的机械化一直推行到工人的'灵魂'里：……以便能够被结合到合理的专门系统里去，并在这里归入计算的概念。"[3] 这个机械系统是独立的，也是一个异己的系统，人"作为机械化的一部分被结合到某一机械系统里去。他发现这一机械系统是现成的、完全不依赖于他而运行的，他不管愿意与

---

[1] 卢卡奇：《历史与阶级意识——关于马克思主义辩证法的研究》，杜章智、任立、燕宏远译，商务印书馆，1992，第150页。
[2] 同上书，第149页。
[3] 同上。

否必须服从于它的规律"①。这样一个人格还是被动的，他失去了自己的意志，他不是作为一个主体来生产的。在这个意义上，他是一个配件。

最后，人不仅是一个计算性的物体，而且还必须是一个物体，他不得不成为这样的物体，他必须出卖自己的劳动力成为这样的物体，也就是说，人生产商品的同时，他本身也是商品。他失去了一切，只剩下劳动力，他靠出卖自己的劳动力来维持自己的生命，也就是说，他的劳动力变成了商品，即工人成了商品。"工人必须作为他的劳动力的'所有者'把自己想象为商品。他的特殊地位在于，这种劳动力是他唯一的所有物。就他的命运而言，对于整个社会结构有典型意义的是，这种自我客体化，即人的功能变为商品这一事实，最确切地揭示了商品关系已经非人化和正在非人化的性质。"②马克思说："因此，资本主义时代的特点是，对工人本身来说，劳动力是归他所有的一种商品的形式……另一方面，正是从这时起，劳动产品的商品形式才普遍化。"③在现代社会，每个人都是商品，每个人都在就业市场上估价而卖。

也就是说，商品化的生产过程，将人从头到脚地转变为物品：人本身是作为商品的物品，人作为机械配件的一部分，人的心灵和人格被物化了，人失去了有机性和总体性而变成了一个孤独的原子和碎片化的物品，人失去了任何的主动性而成为

---

① 卢卡奇：《历史与阶级意识——关于马克思主义辩证法的研究》，杜章智、任立、燕宏远译，商务印书馆，1992，第150—151页。
② 同上书，第154页。
③ 马克思：《资本论》(第一卷)，中共中央马克思恩格斯列宁斯大林著作编译局译，人民出版社，2004，第198页。

被动的物品。所有这些，都意味着人的物化和社会的物化，物决定了人的全部活动。在资本主义的商品生产过程中，人的整个社会劳动过程就是一个让人成为物的过程。

这种物化会导致什么样的结果呢？如果人的目光全部被物吸引，人完全被物宰制，人在各种意义上都被物化，那么人就失去了对现实的判断力，失去了改造社会的能力，也失去了宏阔而高远的目光。从根本上而言，人就失去了批判性而沉浸在既定现实的萌芽中。不仅如此，人们拼命地工作，就是为了生产一辆能够卖出去的车；同样，人们拼命地工作，就是为了能买到一辆适合自己的车。车的生产者和消费者都在为同一辆车而奋斗。无数人一辈子的终极目标就是一套房子，而有一套房子的人的目标就是一套更大的房子。一个可见性的对象物，就这样全面地操控了我们的意识和精神生活。生活中的希望、目标和未来就是物，乌托邦的内容现在不再是一个理想的社会或者精神状态，也可以说，一个理想社会或者理想的精神状态就仅仅是物的满足。

我们最后讲一下马尔库塞（Herbert Marcuse）。如果物是人的唯一目标，物的满足是人的唯一满足，那么要是我们满足了这一目标呢？或者说，我们现在大力追逐的对象已经被成功地获取了，比如说，想要一个手机这样的目标达成了，我们是不是就可以摆脱物的宰制而重新返回到精神生活呢？我们是不是获得了一种真正的满足感和快乐呢？也就是说，如果我们真的有足够的金钱的话，是不是就可以恢复完整性的人格呢？不，资本主义绝不可能让人获得物的真正满足。马尔库塞正是据此说，资本主义一直在制造需要，更恰当地说，资本主义一直在制造虚假需要。马尔库塞是20世纪60年代学生运动的精神领袖，是批判资本主义的旗手。他是法兰克福学派的成员，法兰克福学派致力于批判极权主义。在他们看来，存在着两种极权主义：一种是政治上的极权主义，主要指的是希特勒的极权主义；还有一种是资本主义的极权主义，这是美国式的消费极权主义。我们很容易理解希特勒式的极权主义，但是，我们也要承认，一个由消费主导的社会同样是极权主义。法兰克福学派的主要人物都有一段美国生活的经历，他们为逃避希特勒的极权主义而迁居美国，而正是美国充沛的消费经验让他们感受到消费主义的极权性质。如同希特勒让所有民众都成为他的信徒，进而对他们进行控制一样，消费主义则让每个人成为消费主义的囚徒，让人们在对物的无穷无尽的追逐和消费中难以自拔。

这种消费极权是如何来控制人们的呢？实际上，资本主义总是会让人感到尚未满足，也就是说，让人感到还有需要。资本主义的特征之一就是不停地制造出虚假需要。所谓的虚假需要，就是"为了特定的社会利益而从外部强加在个人身上的那些需要"[1]。这是由外力，也就是所谓的统治势力控制的需要，也就是说，这些需要是被统治势力操纵的。"只有那些无条件地要求满足的需要，才是生命攸关的需要——即在可达到的物质水平上的衣、食、住。对这些需要的满足，是实现包括粗俗需要和高尚需要在内的一切需要的先决条件。"[2] "需要的'真实'与'虚假'在下述意义上指明各种客观条件：根本需要的

---

[1] 赫伯特·马尔库塞：《单向度的人——发达工业社会意识形态研究》，刘继译，上海译文出版社，2008，第6页。
[2] 同上。

普遍满足和辛劳、贫困的逐渐减轻成为普遍有效的标准。"[1] 反过来，"现行的大多数需要，诸如休息、娱乐、按广告宣传来处世和消费、爱和恨别人之所爱和所恨，都属于虚假的需要这一范畴之列"[2]。我们可以简单地举一个例子，比如说，一个人到北京来出差，他完成了他必须完成的工作任务后，本来可以回家的。但是，他可能会想起"不到长城非好汉"这句话，所以他一定要到长城去参观。这就是马尔库塞所说的，爱别人之所爱地去消费。他只有参观了长城、消费了长城，他才实现了他的男性化好汉理想，他通过这样的消费完成了身份建构（这也是按照广告宣传去消费）。但是，对马尔库塞来说，这可能就是一个虚假需要——事实上，长城千百年来一直在那里，千百年来就起着军事作用，一旦军事作用消失了，它就是废墟。人们此前从未想起去参观它，更从未想起付费参观它，可见它并不是人的自然需要。但是，消费主义意识形态将这个地点转变为一个景点，将它制造为一个必须观看的景点，转化为一个看上去必要的需要，而且是付费的需要和付费的满足。有许多自然景点都是这样人为制造出来的，它们在消费主义逻辑之下成为一种虚假需要。旅游产业和娱乐产业，就是对虚假需要的发明。正是这些超出基本需要、超出真实需要的虚假需要，对这些虚假需要的推崇，让社会处在一种过度的、无穷无尽的生产和消费过程之中，而人们在这样的生产和消费过程中会变得麻木而不自知，丧失了对真假需要的准确判断，这从根本上遏制了人们对自由的追求和对控制的反抗。

---

[1] 赫伯特·马尔库塞：《单向度的人——发达工业社会意识形态研究》，刘继译，上海译文出版社，2008，第7页。
[2] 同上书，第6页。

我们如何理解马尔库塞的这些论述呢？所谓的虚假需要，意味着资本主义扩大了需要的范畴，资本主义将一切都人为地转化成商品，从而要求消费。一旦消费的范畴扩大了，一旦什么都变成了商品，那么，消费的满足就会是无止境的。人们有不同层面上的消费：食物的消费，住房的消费，日用品的消费，交通的消费，教育的消费，娱乐的消费，旅行的消费，等等。我们会发现一切行为都是消费，坐在教室里面听课也是一种消费（交过学费了），如果不消费就寸步难行。对资本主义而言，生命的整个过程在某种意义上就是消费的过程，人们一出生就处在一种消费的过程中（在医院生产也是一种消费行为），最终死亡也是一种消费过程（要购买墓地）。

这种消费行为和消费范畴的无限性（它的核心是将一切转变为商品），使消费具有无限升级的特征，进而使商品具有体系性。我指的是同一种类型（范畴）的消费也在不断升级，永恒地升级，这样的消费满足就像拉康意义上一个不断滑动的能指一样，没有一个所指能够最终满足它，也就是说，不可能有真正的最后的满足。比如说，苹果手机在不断地提升自己的品质，它隔一段时间就有限度地提高自己的品质，从而让先前的型号过时，它不断地鼓励和刺激人们购买最新的型号，不断地鼓励人们升级消费。它按照固定的时间和节奏大规模地宣传和推广，让人们感觉到自己需要它，应该将旧的产品淘汰掉，让人们感觉到更新换代应该成为自己的生活节奏和生活必需。这样，消费品在不断地升级，需要也紧跟着不断地升级，物的升级和需要的升级彼此强化。这样一来，物就会形成一个不断升级的系列产品，形成一个物的体系。同样，从前洗澡用的就是一块肥皂，能够从头到脚地搓洗身体。但是现在，洗澡变得越来越繁琐了，一个浴室里会出现各种各样的洗漱用具，除了各种沐浴露外，还有专门的洗发水和护发素。这些洗漱产品还有不同的层级、不同的特质，它们也构成一个物品系列。人们不仅在家里洗澡，还可能到外面专门的洗浴中心洗澡。在洗浴中心，不仅可以洗澡，还有专门的洗脚服务，有专门的修剪指甲服务、涂指甲油服务，甚至有专门的按摩服务，等等。总之，先前洗澡这件简单的、完全可以由自己来完成的事情，也被消费主义彻底开发，可以制造出无数的消费计划和消费步骤来，洗澡也变成了一个大型的服务产业。这就是马尔库塞所讲的、典型的由消费社会制造的虚假需要，消费被分层和细化，身体的每一个细节似乎都有消费的要求，每一个细节似乎都变成了消费对象，哪怕指甲也是如此。

无论是消费类型的多样性，还是单一类型消费的无限性，都让我们处在不断追逐新的产品的过程中。对马尔库塞来说，这些虚假需要并非必需的。但是，资本主义让人觉得这些是必需的，是真实的，是一定要满足的，是生活的必要环节和任务，是完美人生甚至是人格的象征。只有消费，才能让人性得以完成和满足。实际上，我们没有必要住那么大的房子，没有必要买那么多的衣服，没有必要买那么豪华的汽车。但是，资本主义的意识形态总是告诉你这就是人应该过的生活，这就是人的成功和幸福，这就是人的快乐和满足。马尔库塞问，如果仅仅是获得这方面的满足，这种身体舒适的满足、消费主义的满足，沉浸于这种由物带来的快乐中，那么，人和动物有何差别呢？动物的行为不就是追逐自己的身体满足吗？人之所以能超越动物，就是因为人可以摆脱这种物的满足，物的满足不过是动物的满足。只有超越动物式的满足，或者说，只有摆脱了物的满足，只有精神生活的满足，才是人的满足。这就是人和动物的区别。人要超越物的宰制，要越出消费主义的牢笼，要过自己的精神生活。

那么，资本主义为什么要制造出这样的虚假满足呢？这是资本的本性决定的，资本就是要不断地升值，不断地制造出新的产品，只有这样才能扩大再生产，才能在这种产品的迭代生产中获得剩余价值。消费的永不停息才能使生产永不停息，使经济活动永不停息，从根本上来说，对金钱的追逐就会永不停息，这就是本雅明所说的作为一种宗教的资本主义，一种无限崇拜金钱的宗教。因此，这种不停的虚假需要从根本上来说也是一种麻痹。人们长久地、无休止地处在消费过程中，就丧失了批判能力，丧失了对自己境遇的反思能力，丧失了对现实的真正洞察。这样，资本主义的统治就会更加牢靠，作为宗教的资本主义就会被永恒地信奉，就像基督徒会永恒信奉《圣经》而从不会质疑上帝那样。这是包括马尔库塞在内的法兰克福学派甚至是西方马克思主义的一个共识：虚假需要，巩固和再生产了资本主义体制。从根本上来说，虚假需要"都是由资本主义商品体系结构性地规定了的"。[①]

三

让我们再一次回到物本身。物到底是如何消费的呢？我们消费的对象物就是商品。我们都知道，马克思讨论过，商品有两种价值，一是交换价值，一是使用价值。使用价值是物的功

[①] 罗钢：《前言 探索消费的斯芬克斯之谜》，载罗钢、王中忱主编《消费文化读本》，中国社会科学出版社，2003，"前言"第20页。

能，如米饭就是用来吃、用来维生的，这是它的使用价值。正是由于它的使用价值，它才能用来交换，它才会有交换价值。也就是说，使用价值是交换价值的基础。而鲍德里亚对马克思的这种观点并不感到完全满意。他认为商品除了使用价值外，还有另外一种价值，即符号价值（Symbolic Value），这是使用价值和交换价值以外的第三种价值。什么是符号价值呢？简单地说，商品有功能、有用，所以我们去买，使用价值多大，交换价值就有多大。它们有一种合理的比例关系，交换价值是由使用价值决定的。但是现在，除了使用价值之外，商品的形式本身也很重要，也有价值。这种形式并没有使用功能（实用功能）。比如一件衣服，商店里的羽绒服很多，功能也差不多，可你为什么要四处挑选呢？为什么买这件衣服而不买那件衣服呢？这是因为我喜欢它的外观，喜欢这个设计，喜欢它的品牌，喜欢它本身的独特形式。总之，我看重和喜欢的是它的符号，这种符号也有价值。我们不能单纯从物的功能来看待物。鲍德里亚受当时的符号学的影响，尤其是罗兰·巴特的影响，认为物也是一种符号，也就是说，物除了它自身的使用功能之外，还有独特的符号形式，我们也应该从符号的角度来看待物。对符号学来说，万事万物都应该从符号的角度去看待，我们不能忽视物的符号（形式）一面。对符号学和语言学来说，一个符号或词由能指和所指构成，那么，作为符号的物（商品）也应该有它的能指和所指，商品的能指也应该产生价值，即符号价值。商品的交换价值的确定除了使用价值外，还应考虑符号价值。词语的符号学和商品的政治经济学并非没有关联，这是将符号学覆盖政治经济学的尝试，这也是鲍德里亚说的符号的政治经济学。这个符号价值与使用价值没有必然的关联，但它仍旧值得消费，它仍旧有政治经济学的意义。我们之所以付钱购买某件衣服，除了它特有的使用价值之外，主要就是购买它的符号价值。

但是，这种符号为什么会产生价值呢？因为这些符号总是有意义的，符号同时也是一种象征。也就是说，符号本身的美学、款式、包装、品牌等，也就是物的能指的一面，它们总是有意义的，或者说，它们还有象征的意义。比如钻戒，它就是主体由钻石构成的一个自然物质，为什么它能代表爱情？钻戒作为一个文化物品，它坚硬的品质象征了爱情的永续、坚贞和牢不可破。钻石的这个特点和理想的爱情状态非常吻合，它也因此成为爱情的象征和比喻。正是这种象征和比喻意义，使钻石获得了非凡的价值。显然，这种价值并不是功能性的，而是象征性的。钻戒不再单纯是一个自然之物，它是一件有象征意义的符号之物。或者说，因为它的自然特性，它被人为地注入了文化意义。符号价值在这个意义上就意味着物和商品具有特定的意义，或者说，物总是被赋予意义。消费物除了可以消费它的功能之外，还可以消费它所具有的社会意义或文化意义。对符号的消费，实际上是对意义的消费。一件古物基本上没有什么使用价值了，但是，它的符号价值却随着时间的流逝而日益增生出来：这种符号价值与怀旧、与事物的开端、与时光的流逝甚至人生匆匆的慨叹这类意义密切相关。

人们现在越来越强烈地意识到这一点，这是马克思的时代所没有出现的现象。在马克思的时代，人们对商品的要求还是以功能和实用为主，商品主要是有用的，它并没有丰富的社会意义。但是，在现代社会，商品的符号价值愈发凸显了。人们在商品的符号和形象上面投入了巨大的热情，人们处心积虑地生产商品的符号价值。鲍德里亚说:"要构成消费的对象,物必须成为符号。"[1] 围绕着商品的符号价值,出现了庞大的设计工业和推广产业。如果说一个商品的交换价值是由符号价值和使用价值叠加而成,那么,现在的趋势是,一个商品的符号价值越来越凸显,而它的使用价值则在日渐退化。

我们可以举一个最日常的例子来说明这一进程。比如月饼,月饼的功能是什么呢?它就是一种食物,这是它的使用价值。人们以前消费月饼,就是将它作为一种稀有的食物来消费的。在物资匮乏的年代,月饼甚至是对日常生活的改善。因此,早期的月饼就是单纯的月饼,是没有包装、一个一个散装地销售的功能性食物。但是在今天,月饼的价值显然不是取决于生产它的劳动时间,也不是取决于它的使用价值、食物功能,人们甚至觉得月饼是一种不健康的食物,要控制对它的功能性消费。如果只从使用功能即食物的功能出发,月饼的使用价值会越来越小。那如何让人消费月饼呢?或者说,如何提高月饼的交换价值呢?我们可以看到,今天的月饼被过度包装了,月饼隐藏在华美、精致,甚至是有些奢侈的包装盒子中。围绕着月饼,出现了一个盛大的包装竞赛,月饼的(交换)价值在很大程度上取决于它的包装,而这种包装与使用功能无关,它根本无法被吃掉,它只是构成了月饼的符号价值。当然,这样的符号价值还包括月饼的象征意义,与中秋节相关的团圆的文化意义。月饼的生产和消费,实际上就是一种符号价值的生产和消费。在月饼这里,符号价值明显地压倒了使用价值。

---

[1] Jean Baudrillard, *Selected Writings: Second Edition*, ed. Mark Poster, trans. Jacques Mourrain (Stanford: Stanford University Press, 2001), p. 25.

在另一些商品中，使用价值降到了最低，而符号价值却占据着压倒性的位置，尤其是对奢侈商品而言。比如手提包，各种各样的手提包的功能基本相同，我们可以说它们的使用价值相同，但是，包的交换价值，即价格，则有天壤之别。商场赠送的手提袋可以装东西，路易威登的包也能装东西，但是，后者为什么如此昂贵？除了它使用的更耐久的材料（这可以说是它的使用价值），还包括它的设计、它的款式，以及以这些为根基而奠定起来的品牌，品牌所确立起来的身份，所有这些构成了它的符号意义，正是这些建构起来的符号意义形成了商品的符号价值。在这里，主要是符号价值而不是使用价值决定了交换价值，决定了价格。甚至一本图书，人们也越来越看重它的设计、纸张和封面了，有些人购买一本书，单纯是看书的设计而不是书的内容。

最后还要强调的一点是，同一商品的符号价值和使用价值之间存在着一个相互竞争的关系。功能性的使用价值越是降低，符号价值就越是升高，反之亦然。使用价值和符号价值构成了一个反比关系。同时，这两种价值在一个商品中往往是共存的。现在，商品的价值趋势是越来越向符号价值转移。符号价值越来越显赫，而使用价值则越来越暗淡无光。艺术品是这一趋势的代表，对艺术品而言，使用价值的功能几乎不存在，它只有纯粹的符号价值。

从实用的角度来说，商品的符号价值是一种浪费，是一种无用的、没有实际功能的消费。事实上，在历史上的大部分时期，商品的符号价值并不是很明显，尤其是在马克思和他之前的时代。但为什么在今天、在20世纪中期之后，商品会普遍表现出使用价值之外的符号价值呢？或者说，人们为什么会消费商品的符号所建构起来的意义？消费符号价值的目的何在？

我们可以从几个方面来回答这个问题。首先，因为物的丰富性和体系性（这得益于规模化的工业生产能力）的增加，物越来越具有区分特征。每一个物都是在物的体系中存在，就像符号总是在符号系统中存在一样。符号价值从根本上来说，就是区分等级的标志，这也是它的意义之所在。因为物总是在一个系列当中占据着自己的一个差异性位置，这也就意味着物具有比较性和等级性。因此，人们消费一种物、消费物的符号价值，也就意味着在一个差异关系中占据着一个社会等级。消费的差异决定了人和人的差异，也就是说，符号价值的消费确定了人的社会地位等级。如果我们开着一辆奢华的法拉利跑车穿行在被普通汽车塞满的街道上，就会有很强烈的对照感，并因此获得优越感，这就是符号价值的消费意义之所在。简单地说，符号价值的消费没有实际的功能，但是有一种确定名望的象征功能，这是人们获取承认的方式。人们无法像黑格尔所说的那样通过战争来获取承认，但是可以通过消费来获取承认和名望。

通过消费来确定名望，这是人类学家发现的古老事实。鲍德里亚特别强调的就是这一点。在这方面，他受到了人类学家莫斯和哲学家巴塔耶的影响。莫斯很早就谈论了夸富宴（potlatch）。所谓的夸富宴，就是北美夸求图印第安人（Kuakiutl Indians）组织的一种宴会。在这个宴会上，他们在四方来客面前显示自己的奢华，主人不仅向客人赠送昂贵的礼物，还无节制地杀牛宰羊、抛撒金钱、毁坏自己的财产房屋甚至杀戮自己的奴隶，以此证明自己的富有和慷慨，这是彻底的浪费和消耗，它没有任何实用的回报功能，而这样做的唯一和根本目的是让对手蒙羞，从而博得自己的名望。也就是说，要通过一次巨大的耗费来获得名望并且确定自己的社会等级。首领为了"证明他拥有财富，唯一的办法就是把财富挥霍掉、分发掉，从而压低别人，把别人置于'他名字的阴影下'"[1]。

那么受赠者呢？一旦主人、首领开始了这种夸富宴，那么，人们必须接受礼物，人们没有权利拒绝夸富宴，拒绝就是害怕回报的表示，就是自甘低下，就会显得畏畏缩缩，拒绝之人的名字也会因此"失去分量"[2]。一旦接受了这个礼物，就必须做出回报，受赠者"如果不做出回报，或者没有毁坏相等价值的东西，那将会丢一辈子的'脸'"[3]。从这个意义上来说，"回报的义务是夸富宴的根本"[4]。于是，在夸富宴中就存在着一场赠礼者和受礼者之间的毁坏竞赛。在这场夸富式的竞赛中，谁都不会从中羞愧地退出，他们都毅然地听凭对方的挑战，毫不吝啬且充满豪气地将财富一遍遍地毁掉，并借此获得荣耀和声名。在此，毁坏和丧失成为财富的功能性要求，财富的运作根本就不是通过贪婪攫取的方式而实施的，相反，"财富完全转向了缺失（丢弃），仅仅通过缺失（丢弃），荣誉和辉煌才和财富相连"[5]。这样，在早期社会的交换中，财富听凭这样一种需求，即无限缺失（丢弃）的需求，财富为挥霍和缺失的动力所宰制。可见一开始，财富并不总是要求自我增值的。

---

[1] 马塞尔·莫斯：《礼物——古式社会中交换的形式与理由》，汲喆译，上海人民出版社，2002，第 70 页。
[2] 同上书，第 73 页。
[3] 同上书，第 74 页。
[4] 同上。
[5] Georges Bataille, "The Notion of Expenditure", in *The Bataille Reader*, ed. Fred Botting and Scott Wilson（Oxford: Blackwell Publishers, 1997）, p. 174.

巴塔耶将这样的现象称为耗费（expenditure），它的特点就是浪费，就是没有功能性、没有实用性地去花费。莫斯是在印第安人那里发现的这一事实，但是，对巴塔耶来说，中世纪的庄园主或者封建贵族都是这样的耗费者，他们生活奢靡，一掷千金，但不求回报。巴塔耶发现人类社会有大量的耗费事实，如"奢侈、哀悼、战争、宗教膜拜、豪华墓碑的建造、游戏、奇观、艺术、反常性行为（偏离了生殖性目的的性行为等等）"[①]。人类就是通过这种无实际功用的浪费，通过纯粹的、彻头彻尾的财富损耗，来确定自己的身份的。而鲍德里亚正是在这里接续上了莫斯和巴塔耶，对他来说，一个新的耗费时代、消费社会的耗费时代或许开始了。消费社会的符号价值的出现，可能是对古老和久远的耗费的一个曲折回应。现代社会的符号价值的消费，同样是为了确定自己的社会地位和名望。这种古老的耗费型的夸富宴在现代最接近的表现形式就是艺术品拍卖。拍卖实际上就是为一件无实际用途的艺术品而竞争，竞买的各方就是试图通过钱财的支付让对手败下阵来、让对手蒙羞，从而让自己在一堆竞价的人中获取声望。但是稍有不同的是，夸富宴是纯粹的耗费，纯粹是为了战胜对手来耗费。而艺术品拍卖虽然有战胜对手、自我炫耀的成分，但还不是纯粹的耗费，竞拍成功的人还有所得，他还会获得一件艺术品（哪怕这件艺术品并无实用价值）。但是，无论如何，通过消费的方式、挥洒钱财的方式、非实用的耗费方式来战胜对手、获取声望，是这二者的一脉相承之处。

[①] 乔治·巴塔耶：《耗费的观念》，汪民安译，载汪民安编《色情、耗费与普遍经济：乔治·巴塔耶文选》，吉林人民出版社，2003，第27页。

关于消费和社会声望的讨论，除了莫斯的夸富宴和巴塔耶的耗费外，美国社会学家凡勃伦（Thorstein B. Veblen，一译维布伦）也做过类似的研究。他是通过对美国现实社会的考察得出的结论，这是19世纪末期美国闲暇阶层的消费事实。凡勃伦的书就叫《有闲阶级论》，这个阶级的消费性格就是为了摆阔，为了炫耀自己的社会等级，他们消费的目标并不是实用的、必需的。"要提高消费者的声誉，就必须进行非必需品的消费。要追求名望，就必须浪费。"① "声望最终都取决于经济实力。而显示经济实力以赢得荣誉、保全声望的办法，就是有闲以及进行夸示性消费。"② "有闲或进行夸示性消费之所以都有赢取名誉的效用，原因在于两者都包含着浪费因素。其中一个是浪费时间和精力，另一个是浪费财物。"③ 这两种方法效力相当。同样地，最适合这个现代的闲暇阶层的夸示性消费的形式是举办宴会和招待会。因为只有邀请了很多与自己相关的人，甚至有竞争关系的人，招待了他们，同时也让他们目击到了自己的豪华浪费，才最能让人看到自己的浪费方式从而奠定声望，类似婚礼或葬礼这样的聚会就是博取声望的大好机会。一次巨大而奢靡的宴会会在朋友中和社会上广泛传播。在夸富宴那里，浪费是一种竞技方式，通过浪费竞技的方式来博取名望。而在凡勃伦这里，竞技的意味变弱了，同样是追求名望，同样是追求炫耀，但不是两者之间的强化竞技，而是在大范围内的炫耀和传播。在莫斯那里，浪费是部落首领的炫耀和消费方式；在凡

---

① 索尔斯坦·维布伦：《夸示性消费》，萧莎译，载罗钢、王中忱主编《消费文化读本》，中国社会科学出版社，2003，第22页。
② 同上书，第14页。
③ 同上。

勃伦那里，浪费则是有闲阶级的日常作为，是一个特定阶级的消费习惯，甚至只是富裕男人的消费方式。最重要的是，无论是莫斯、巴塔耶还是凡勃伦，他们提及的消费对象都是高贵和奢侈之物，浪费（消费）的目的都是博取声望。

这样的结果就是，一个人的消费就决定了他是谁，消费在某种意义上确定了自己的身份和社会地位。鲍德里亚的符号价值的消费也是如此，他们的理论谱系一脉相承。但是，在现代消费社会中发生了几点改变。第一，对符号价值的消费不再是特殊人群（部落首领或者有闲阶级）的行为，而是流行到大众生活之中，各个阶层的人都在进行符号价值的消费，每个人都会通过消费符号价值来显示自己和确定自己。第二，符号价值的消费也不只是在特殊的场合和仪式中进行，不只是在宴会这样的特殊时刻进行，甚至不再只是在熟人和对手之间进行，而是在自己的日常生活中就可以体现出来。也就是说，不存在确切的消费竞技，或者说，竞技无处不在，通过消费进行声望的获取是日常性的、隐秘的，而不是仪式性的。竞技可以在大街上，可以在任何公开场合，可以每时每刻和陌生人隐秘地进行。现代人时时刻刻都有一种隐秘的、通过消费而展开的声望和身份竞争。第三，如果说古代的浪费是通过奢侈品的消耗或者财富的大量损耗来进行的，那么，今天的人的符号消费可能是普通的日常用品，而不再单纯以贵重物品和奢侈品为对象，不再是一种单纯的财富挥霍。这是因为今天的日常商品普遍地获得了符号价值，或者说它们普遍地建构了符号价值。而这样的符号消费，总是对意义的消费，因为符号总是有意义的。消费一种符号，总是一次意义的占有，一种非实用的意义的占有。也就是说，今天是通过对符号的意义的消费来确认自己的社会身份，而不是纯粹地通过经济的损耗来确定自己的地位。符号消费并非完全是为了等级的确认，有时候只是为了个性的确认。

正是在这个意义上，我们可以说，今天，符号价值的消费已经普遍化了。消费社会的新的特征就在于，大多数人（不是说所有人）在日常生活中通过对普通商品的符号价值的消费来确定自己的社会身份和社会地位。这不仅和古典的、纯粹耗费财富的原则不同，也和马克思时代的消费不同。古典社会的耗费是首领和国王的奢侈游戏，而对19世纪的消费者而言，商品就是功能性的商品，消费就是功能性和实用性的消费。古代奢华的耗费在勤俭的19世纪资产阶级那里消失了：人们的消费要么是为了满足自己的基本需求，要么是投资性的消费，进而让自己的金钱增值，而不是因为对荣耀的追求而大肆损耗。

但这还不是今天全部的消费事实，下面我简单地提及一下今天商品新的形式和新的价值。今天，符号价值的消费不仅仅是为了博取名望、确立身份和个性，它还有一个更宽泛的目标，它甚至有知识和情感目标。更重要的是，符号价值甚至不依附于一个具体的物品。一旦符号价值占据了垄断地位，商品可能就没有物质形式了。

因此，出现了一种新的劳动形式——非物质劳动（immaterial labor），一种没有实体的商品生产，这就是作为商品的信息、知识和情感的生产。如果说鲍德里亚曾经用商品的符号价值来超越马克思的使用价值，那么在今天，商品的形式也超越了马克思的时代。对马克思来说，商品总是意味着物质；对鲍德里亚来说，商品也是物质，只不过这个物质商品上面还携带着符号意义。但是，今天的商品还可能是非物质的，它仅仅是信息，是数据，是语言、图像或知识。它只有符号，是可以稍纵即逝的，而不是附着于实体之上的符号，就像抖音上面无数的图像形成的信息河流永不停息地奔涌和流逝一样，它显现过，但不物质性地固化，我们无法用手触摸到它。这类知识产品和情感产品并不是今天才产生的（广播、电影和电视是这种产品的最早生产者），但是，互联网则将这种产品爆炸性地扩散了。每个人都可以从事这种非物质产品的生产，也都可以对它进行消费。人们有多长时间沉浸在互联网上，就有多长时间在消费这些非物质化的商品。根据意大利理论家哈特（Michael Hardt）和内格里（Antonio Negri）的说法，非物质的商品生产和劳动大概有两种形式类型："第一种形式主要指的是智力劳动或语言劳动，诸如语言表达、符号或分析性的工作、解决问题等。这种非物质劳动，生产的是观念、符号、代码、文本、语言形象、图像及其他诸如此类的产品。我们将非物质劳动的另一种主要形式称为'情感（情动）劳动'（affective labor）。如果说情感（emotions）仅指精神层面的话，情动（affect）则同时包括身体和心灵。事实上，像快乐和悲伤这样的情动揭示了整个有机体中的生命现状，它既表达了身体的某种状态，也表达了思维的某种模式。"[1] 简单地说，非物质劳动主要指的是知识劳动和情感劳动。它们并无严格的区分，情感劳动也需要知识劳动作为基础，快乐和悲伤的创造需要语言或者图像作为载体。而语言、图像甚至知识本身总是包含着情感性，包含着快乐或者悲伤。对图像的消费就是情感消费和知识消费，或者是夹杂着情感的知识消费，或者是夹杂着知识的情感消费——我们对一

---

[1] Michael Hardt and Antonio Negri, *Multitude: War and Democracy in the Age of Empire*（New York: The Penguin Press, 2004), p. 108.

部非物质化的虚拟电影的巨大争论正是在知识和情感的巨大纠缠中产生的。不过，这种非物质劳动本身凭靠的还是物质手段，它需要电脑和手机，需要各种相关的生产设备，也就是说，商品还是由物质来创造和生产的，但商品本身是非物质性的，它们是信息和符号。它们的价值，无论是观念价值还是情感价值，都依附在符号上面。它们就是纯粹的无实体依托的符号，它们获得了完全的自主。因此我们可以说，符号价值既可能像鲍德里亚所说的奠定在物质上面，也可能脱离了物质。符号价值的消费不仅仅是鲍德里亚所说的为了声望的奠定、身份的确认以及个性的建立，它还包括情感和智能的消费、知识和欲望的消费。

第十一讲

景观社会

一

在现代社会，一般商品都会出现符号价值，这一过程是和社会本身的形象化、景观化进程相辅相成的。商品将重心转移到符号上面去，和社会将重心转移到制造景观方面去是同一个历史进程，或者说，正是社会的全面景观化导致了商品本身的符号化。

这就是法国思想家居伊·德波（Guy Debord）所谓的"景观社会"。整个社会越来越趋向符号化、形象化了，也可以说越来越景观化了。居伊·德波这一观点是对马克思的推进，马克思的时代还没有出现景观化的社会，就像马克思时代的商品还没有出现符号价值一样。居伊·德波创办了一个先锋派组织——情境主义国际（Situationist International），他是这个组织的灵魂人物。他在《景观社会》开头就说："全部的生活本身展现为景观的庞大堆积。"[1]这是模仿一百年前马克思《资本论》的开篇，马克思在那里说，资本主义社会的特点是商品的庞大堆积。对马克思来说，商品的堆积、商品之间的关系、物和物之间的关系遮蔽了人和人之间的关系，这就是商品拜物教。我

---

[1] Guy Debord, *The Society of the Spectacle*, trans. Fredy Perlman (Detroit: Black & Red, 2000), p. 1. 中文见居伊·德波：《景观社会》，张新木译，南京大学出版社，2017，第3页，此处译文有改动。

们的目光为无处不在的商品所充斥，好像是商品的流通串联起了社会，社会也变成了市场社会。在这个社会中，人的合作、人的社会性关联、人的真实性关系似乎都不存在了，也就是说被掩盖了（我们使用手机的时候几乎从来想不到手机的各种配件工人）。因此，从根本上看，这是一个由商品拜物教制造出来的假象社会、异化社会。

但是，德波说，今天，马克思笔下的这个商品堆积的社会，已经被景观掩盖，变成了一个景观社会。如果说马克思笔下的商品社会是一个物的社会，物和商品本身还有一个真实存在、一个现实体积、一个物质外壳，还有物和物自身的关系本体的话，那么，景观社会就是一个没有实体的社会，是一个表象社会。也就是说，社会的实体被抽空了，实质性的内在东西都变成了景观。商品社会抽空了社会性的人和人的关系["从存在（être）滑向拥有（avoir）的明显降级"[1]]，景观社会抽空了商品社会实体性的东西，抽空了物和物的关系["从拥有面向显现（paraître）的总体滑坡"[2]]，现实都被塑造成景观了。在德波的时代，人们在街上看不到真正的物，只能看到关于物的广告，人们是通过玻璃橱窗这一媒介观看物的，看到的是物的影子。人们现在对真实的人也不感兴趣，只对电视中的人感兴趣，对各种屏幕中的人感兴趣；人们对身边的人不感兴趣，只对远距离的明星感兴趣。现实已经被影像化了，它被罩上了一层面纱，一层形象的面纱。在此，先前活生生的一切都变成了表象，让生活本身成为一个巨大的景观。"现实突然出现在景观中，使

---

[1] 居伊·德波：《景观社会》，张新木译，南京大学出版社，2017，第8页。
[2] 同上。

得景观成为真实。"①对德波而言，今天的生产是形象生产、景观生产和符号生产。我们看到，一旦社会致力于景观生产、符号生产，商品自然会生产符号的一面，商品也要展示自己的形象、自己的景观，商品也因此生产自己的符号，要让自己的符号压倒自己的实质，就像月饼用自己的包装压倒自己的食品材料一样。同样，一旦是以景观为主，消费就越来越往图像和景观方面转移，符号价值越来越变成消费的目标。商品符号价值的诞生和景观社会的诞生是同时性的。

那到底什么是景观呢？或者说，这个景观到底是怎么形成的呢？居伊·德波的出发点是20世纪中期影像的大规模流行。正是这个时候，拍摄技术手段膨胀，使现实不断地被拍摄，而被拍摄出来的东西就是景观，这样拍摄出来的东西比真实的现实世界更加真实。德波说，"在现实世界自行变成简单图像（simples images）的地方，这些简单图像就会变成真实的存在，变成某种催眠行为的有效动机。景观作为一种让人看到的倾向，即通过各种专门化的中介让人看到不再能直接被人们抓取的世界，它正常情况下会在视觉中找到特别的人类感官，而这种感官在其他时代曾经是触觉"②。

由此，我们可以大概地指出景观的几个特点。第一，景观是一种影像化、符号化和媒体化的存在，是对真实存在的影像和媒体的再现；但是，这种影像符号的存在比真实的存在更加真实、更加普遍。社会被拍摄成为一个巨大的影像存在。无疑，我们的时代"影像胜过实物、副本胜过原本、表象胜过现实、外貌胜过

---

① 居伊·德波：《景观社会》，张新木译，南京大学出版社，2017，第5页。
② 同上书，第8页。

本质"①。需要说明的是，20世纪60年代只是影像开始大规模出现的时期，或者说，那只是景观社会的雏形，真正的景观社会的形成是在今天。德波没有看到今天的现实，但是他对今天做了恰当的预言。今天的社会才是景观社会，今天才出现无处不在、无休无止的图像泛滥。景观社会真正形成的时代是智能手机出现的时代，是手机随手拍摄和上传的时代，是抖音出现的时代。就像马克思在19世纪分析资本主义的时候，那不过是资本主义的开端和萌芽，是将一切商品化的资本主义、将一切转变为金钱关系的资本主义的开端和萌芽，彻底金钱化和商品化的资本主义的普遍实现和彻底完成是在今天。

　　第二，一旦进入景观化的社会，就意味着这个社会只能被看、被静观，景观是全部视觉和全部意识的焦点。看这一视觉活动获得了至高无上的地位，现在是视觉中心主义占据主导地位的时代，世界因此变成了一个看的世界。如果说马克思笔下的商品社会还要依靠触觉，人们对商品还要通过触碰去感受的话，今天的景观社会只需要用目光去打量和扫视，我们的购物行为只需在网上用眼睛去搜寻就可以完成。手的功能进一步退化，眼睛的功能越来越重要。我们不是用手去做一顿美食，而是用目光去网上寻觅美食。在这个意义上，社会活动就被简化为看，它继承了西方的看的哲学。人总是一个沉迷于观看的主体，一个对外观看的主体，从而抽空了真正的自己，抽空了自己的内在反思，抽空了自己内在的精神深度，这种对外在景观的沉迷观看也压制了人们的批判空间。同时，一旦总是陷入观看的状态，就是对真正社会实践的逃避，人们就很难真正地行动。

---

① 费尔巴哈：《基督教的本质》，荣震华译，商务印书馆，1984，第20页。

第三，一个社会一旦成为一个景观世界，那么，它呈现出来的就是一个伪世界（它是被拍摄出来的），它并不是生活本身，而是生活的切实颠倒，是对生活的遮蔽，是一个欺骗和蒙蔽的世界。因此，面对这个伪世界的景观，视觉就一定是错觉，意识就一定是伪意识。这个由景观构成的世界，实际上就是一个静观的、孤立的、虚假的、错觉的世界。而这个虚假的景观世界是由少数资本家操纵出来的世界，是少数人操纵大多数人的世界，但这不是阶级暴力的操纵，甚至也不是马克思所讲的基于剩余价值生产的操纵，而是隐秘的，甚至是让大多数观众心甘情愿投入其中的观看操纵，是让观众催眠、麻醉甚至享受的操纵，是在他们同意基础上的操纵，是没有反抗的操纵。"集中的景观物主要归属于官僚资本主义，此外它还可以被当作国家权力的技术被引进，作为……发达资本主义的某些危机时刻的管理技术。"[1] 我们在这样的景观面前完全失去了自主，我们在抖音的图像面前都会哈哈大笑，乐此不疲，我们甚至会为此打赏。但是，德波说："在生活中，如果人们完全顺从于景观的统治，逐步远离一切可能的切身体验，并由此越来越难以找到个人的喜好，那么，这种生存状态无可避免地就会造成对个性的抹杀。"[2]

第四，生活一旦成为景观，就意味着它不可能是一个整体，因为生活的每个方面都可以被分离和操纵为各种形象和景观。也就是说，景观社会实际是由大量碎片化的景观构成的。这个景观社会也因此可以被描述为分离的社会，分离是景观的全部。景观社会导致了多重分离。首先，观众之间是分离的，人们沉

---

[1] 居伊·德波：《景观社会》，张新木译，南京大学出版社，2017，第 36 页。
[2] 居伊·德波：《景观社会评论》，梁虹译，广西师范大学出版社，2007，第 18 页。

浸在各自的碎片化的景观中，越来越没有共同的活动和共同的生活。哪怕是在家中，在同一个空间中，人们都沉浸在各自的视觉图像中，他们沉默无语，彼此分离，互不连接。同样，观众和他们所面对的景观对象也是分离的。无论观众看上去如何地投入，实际上，他们都是被动地反应，观众和景观之间的关系不是一种主动的、积极的、介入性关系，不是一种恰切的有机关系，从根本上说，景观要求被动的反应，它是真正的催眠，它是尘世的虚假迷雾，是宗教幻象的再一次降临和现世化。

二

那么，我们如何对待这个景观社会？显然，景观幻象是必须破除的。这是情境主义国际这个先锋派团体（1957—1972）的目标。情境主义国际要将自己和另外两个先驱性的先锋团体区分开来，一个是达达主义（Dadaism），一个是超现实主义（Surrealism）。德波特别强调这两者的局限性："艺术的超越，通向一种生命的自由建构。这应该是革命的现代艺术的终结，在这一进程中，达达主义想要消除艺术但没有实现艺术，而超现实主义想要实现艺术但并没有消除艺术。"[1]

如何解释德波的这段话？我们分头来看。达达主义完全是破坏性的，将一切艺术形式和艺术体制破坏掉了。什么意义上是"想要消除艺术但没有实现艺术"？简单地说，达达主义的创始人雨果·鲍尔（Hugo Ball）在 1916 年 7 月 14 日的《达达宣言》中说道："达达是一种新的艺术趋势……'达达'是字典

---

[1] Guy Debord, *Correspondance, volume 3: janvier 1965-décembre 1968*（Paris：Librairie Arthème Fayard，2003），pp. 188–189.

上的一个词。意思过于简单。在法语中，它的意思是'玩具木马'。在德语中，它的意思是'再见''别烦我''回头见'。在罗马尼亚语中，它的意思是'是的，的确，你是对的，就是这样；当然，是的，肯定，对'，等等。"[1] 这种定义本身就有强烈的恶搞特征。可以说，达达主义实际上拒绝任何的意义。达达主义没有定义，它只是一种态度，是对现存的一切都不满的态度，对一切都怀疑的态度，这也是绝对的无政府主义和虚无主义的态度。特里斯唐·查拉（Tristan Tzara）在 1918 年总结了达达主义的态度："让每个人都宣称：有一项巨大的破坏性工作要完成。我们必须清扫和净化。在世界被遗弃在各个强盗手中经历了彻底的疯狂和攻击之后，要确信每个个体的纯净……"[2]

可以说，这样的艺术态度就是 20 世纪艺术先锋派最重要和最核心的精神气质。一个声势浩大而漫长的欧洲先锋艺术运动就是从达达主义这里开始的，对 20 世纪现代艺术的理解也应该从达达主义这里开始。他们这种绝对的怀疑主义和虚无主义的表现就在于他们的作品实际上有强烈的反艺术体制的特征，它们不是艺术，而是一种反艺术，反对任何既定的美学标准和艺术标准，反对任何的艺术程式化和规范化，反对任何肯定性的主张，反对任何乐观的期待，反对任何理性的推论。如果是这样反对一切规范和一切主张的话，达达主义艺术家只能诉诸偶然性和直觉，只能是随机的、即兴的、无意识的，并且从根本上来说是嘲弄和亵渎的，只有这样才能和之前的一切艺

---

[1] Hugo Ball, "Dada Manifesto", trans. Christopher Middleton, in *Flight Out of Time: A Dada Diary*, ed. John Elderfield, trans. Ann Raimes (Berkeley: University of California Press, 1996), p. 220.

[2] Tristan Tzara, "Dada Manifesto", accessed September 1, 2024, https://391.org/manifestos/1918-dada-manifesto-tristan-tzara/.

术观念彻底决裂。这是现代艺术最重要的转折点和开端。它不再是类似印象派那样只是创作方法和手段上的革新，只是图像本身的革新，达达主义是艺术态度的革命，是对艺术这样既定概念的革命，艺术开始和怀疑、否定、绝望和恶作剧相伴生，没有所谓的艺术理想或者艺术目标。人们当然会说，这是战争带来的深刻的绝望感在艺术家那里的自觉表现。杜尚（Marcel Duchamp）在蒙娜丽莎的嘴角画上胡须，阿尔普（Jean Arp）随机将飘落的纸片进行粘贴，胡森贝克（Richard Huelsenbeck）随意裁剪报纸上的单词来编织诗歌，等等，这种随机偶然的方式层出不穷，这样的达达主义就是绝对的虚无、绝对的反叛、绝对的恶搞、绝对的毁灭、绝对的嘲弄，它是对一切看上去神圣和庄严之物的亵渎。对达达主义而言，所谓的创造就是破坏。但是，对德波而言，达达主义的问题是只有破坏、没有创造，它没有诞生新的东西，没有诞生新的艺术，或者说，达达主义所谓的艺术就是在消灭艺术，这也就是德波所谓的"消除艺术但没有实现艺术"。

  那么超现实主义呢？超现实主义保留了达达主义对偶然性和随机性的推崇，但是，它赋予了这种偶然性和随机性以理论根据。达达主义将偶然性和随机性更多地看作是对一切正统和规范的嘲弄方式，但是，对超现实主义而言，这种偶然性和随机性有它们的美学价值。对超现实主义者来说，偶然性是无意识的再现，他们的艺术就是要表达出无意识来，无意识才是最真实的，或者说，无意识才是真正的本体，是人的核心所在。超现实主义认为自己比现实主义更逼近真相，这是现代艺术对弗洛伊德的理解和运用。而达达主义虽然是根据偶然性行动，但是，并不企图表达和再现，它是纯粹的破坏。达达主义的偶然性不是内在地通向隐藏的无意识，而只是对理性规划、审慎构思的传统艺术方式的颠倒。布勒东（André Breton）发布宣言说："超现实主义，名词。纯粹的精神的自动主义，企图运用这种自动主义，以口语或文字或其他的任何方式去表达真正的思想过程。它是思想的笔录，不受理性的任何控制，不依赖于任何美学或道德的偏见。"[1]这种精神自动主义，既不受理性的控制，也和以前的美学道德成见决裂，这就是达达主义推崇的方法。但是，和达达主义不一样的是，超现实主义所主张的精神自动主义是一种笔录、一种表达，哪怕是对无意识的笔录和表达。超现实主义肯定和推崇这样一种创作过程和表达过程，推崇这种对无意识的捕获和表达过程。而达达主义仅仅是以这种偶然性来否定、破坏、嘲弄和恶作剧，它并不想表达什么，并不想肯定任何表达，哪怕是对无意识的表达。这是二者的根本分歧。超现实主义将艺术看作是表达，也就是说，它肯定了一种艺术，肯定了一种艺术的表达。但是，这种对艺术的完成和肯定却丧失了达达主义那样的破坏性，达达主义旨在否定艺术和否定表达。而且，只要一强调表达，超现实主义者就会追求艺术可见性的图像。这也是德波说的，超现实主义试图实现艺术，试图完成艺术，试图找到一种新的艺术，它看上去也找到了新的艺术，看上去有新的风格、新的实验、新的宣言和精神（和弗洛伊德的结合），但是它从根本上还没有摆脱艺术本身，还保留了艺术的表达和记录俗套，它还是绘画、雕塑、文学、电影，还是遵循既有的艺术体制，产生了层出不穷的伟大作品和图像。更根本的是，它对景观社会的幻象没有任何的批判，

---

[1] 安德烈·布勒东：《超现实主义宣言》，袁俊生译，重庆大学出版社，2010，扉页。

它甚至是景观社会本身，在不断地制造幻觉、肯定幻觉。它遵循弗洛伊德的梦境理论，将梦作为现实，制造出来的是诸如达利（Salvador Dalí）和马格利特（René Magritte）笔下这样的超现实主义梦幻。而这恰恰是对景观社会的强化，它不是真正的破坏性艺术。

而情境主义的目标就是既要打破旧的艺术形式，也要创造出新的艺术形式，也就是说，既要消除艺术（像达达主义那样），也要实现艺术（像超现实主义那样）。这是什么意思呢？这就是主张要有一种纯粹的破坏性的艺术。超现实主义有艺术，但丧失了艺术的破坏性；达达主义有破坏性，但是没有艺术本身（否定了艺术本身）。而情境主义要有一种破坏性的艺术，即既要保留破坏性，同时也要保留艺术本身。如果说，都是通过偶然性和随机性的方式，达达主义是破坏而不创造、超现实主义是创造而不破坏的话，那么，情境主义则是一种破坏性的创造，它通过破坏的方式来创造艺术。达达主义是通过破坏的方式来否定艺术，而情境主义则是通过破坏的方式来肯定艺术。在这个意义上，情境主义还是试图挽救艺术概念，还是像超现实主义那样试图创造一种新的艺术。这种新的破坏性的艺术，就是对景观迷雾的破坏。因为景观是一种伪装，一种对人的异化，一种令人和人、人和世界分离的操纵，一种对人的被动性打造。这就是情境主义的破坏目标，反过来，它破坏之后要创造和显示的就是真实的情境，即生活的本真性，它要体会真实生活的瞬间，从而通向生命的自由建构，这种真实的情境就是景观伪造的反面。"征服由景观所导致的冷漠、假象、被动和支离破碎。战胜被动，才有可能恢复现有的存在，并通过积极的'境遇'创造和技术利用来提高人类生活"①。这是情境主义的创造目标,它著名的口号是:"打倒景观商品社会!"诅咒消费社会,解放日常生活,为此,情境主义不是去参与这场景观社会设置的游戏,而是以"永不工作"来摆脱它、戳穿它。

从根本上来说,情境主义者就是通过一种艺术实践形式来否定和颠倒景观。这是对景观颠倒的再次颠倒,同时,也是对超现实主义对达达主义的颠倒的再次颠倒。但情境主义到底是如何来创造的呢?情境主义有绘画和电影这样的传统艺术门类(德波本人就制作了很多颠倒景观的反影像),但最有影响的还是实践的方式,对情境主义者来说,实践和行动也是一种艺术创造,可以通过实践行动对景观社会进行创造性的破坏。

情境主义最著名的实践方式是异轨(détournement)和漂移(dérivé)。何谓漂移?德波说,漂移就是在城市内部放逐自己,将自己的背景去掉,去掉自己的情感深度、日常生活和文化背景,摆脱身上那些可怜的限制,使自己变成一个单纯的、空荡荡的城市漂移者,从而完全自主地遭遇和体验自己所经过的地形和城市。这是一种城市地理学实践。几个人在几个小时或者几天之内,既可以在一个城市内任意地、高强度地漂移,也可以在一个建筑内部静态地漂移。

这样的漂移并不划定路线,或许会有一个可能的目的地、一个未知的聚会点,但不是一个熟悉的目的地,几个陌生人可以在这里碰头。漂移的目的就在于打破城市景观的固化状态,城市的每一个空间都以一种景观的方式被确定了:它们的标识、它们的建筑形态、它们墙面上的符号,都显示为一种封闭的构

---

① 斯蒂芬·贝斯特、道格拉斯·科尔纳:《后现代转向》,陈刚等译,南京大学出版社,2002,第117页。

造。空间和建筑都具有强烈的功能指示性，都有一种顽固的、不可动摇的幻象。无论是警局还是商场，都有它的景观符码。景观社会没有自由和随意的空间，没有空间的褶皱，没有未被景观化的空间。在这个意义上，漂移就是重组和挪用这样的空间，就是对景观空间的打破，是"一种穿过各种各样周围环境的快速旅行的方法或技巧"[1]。正是这样无目标的快速穿越，使这些空间的固定功能遭到废黜，它们会短暂地变成生活的领地。漂移让景观空间崩溃，从而敞开它琐细、真实和自由的一面。

一旦事先没有规划路线，将自己置身于各种偶然性中，漂移就会遭遇各种意外。这样，人们会感受到一个偶然的城市、一个隐匿的城市，会感受到城市的丰富性和细节，感受到城市的褶皱和深度，感受到城市的剩余部分。景观空间会被改写成激情空间，人们也因此能整体性地而不是分隔地去体验空间。"脚步游戏是对空间的加工。它们造就了种种场所。"[2] "步行者就创造了间断性"[3]，城市因此有了自己的节奏。这样，人们就会对城市有一种总体性的感受，人和城市不再是隔离的，而人也对一个个建筑和一个个空间之间的关系有了新的认识，将单个的、分离的建筑体和街道组织为一个整体。每一次步行都是对城市的一次贯穿，每一次步行都能获得关于城市空间的不同意义，这也是对城市的一次改写。这就是米歇尔·德·塞托（Michel de Certeau）的步行（德波的漂移）所期待的效应——"走路这一举动是和空间组织互动的，不管这些组织多么敌视化；走路对它们来说既不陌生（不会在其他地方发生），也不

---

[1] 居伊·德波：《景观社会》，王昭凤译，南京大学出版社，2006，第150页。
[2] 米歇尔·德·塞托：《日常生活实践 1. 实践的艺术》，方琳琳、黄春柳译，南京大学出版社，2009，第174页。
[3] 同上书，第175页。

相同（不能从中得到自己的身份）。它在其中创造出了阴影和模糊的东西。它使自己的不同参考和引用（社会模型，文化用法、个人动力）渗入其中。它本身就是连续相遇和连续场合的结果，后两者不停地使它发生改变并且使之成为他者的徽章，也就是说使之成为发现、穿越或者诱导路程的传播者。"[1] 街头小贩对空间的利用就是将公共空间改写为自己的市场，流浪艺人将公共空间变成了自己的舞台，一些穷困的老人在炎热的夏天到有空调的商场避暑，等等，这就是不停地占领和改写公共空间。公共空间有自己的语法和语义，有自己的景观，但是，步行者可以将自己的意义投射其中并对之进行改写，这是破除景观的一种战术。

我们可以以谢德庆为例。他当然不是情境主义的成员，但是他比情境主义者更激进地表达了漂移的意义，或者说，他彻底地激化了情境主义。他的一个作品就是他本人在纽约的户外待一年，而不进入任何有屋顶的空间内，包括地铁、火车、汽车、飞机和轮船，甚至包括洞穴和帐篷。对这个最发达的资本主义都市来说，稳定的空间、稳定的房产、稳定的工作场所、稳定的收入，几乎是这个城市的人的基本目标。但是，谢德庆却以漂移的方式，从各个方面打破了这种资产阶级的生活方式和价值观念。纽约是一个巨大的景观，一个几乎吞噬所有人、区隔所有人的景观。谢德庆置身其中，但是，他和这种景观搏斗，他重新发明和发现了纽约，一个非景观化的纽约。他的纽约就是一个没有屋顶的城市，没有家宅的城市，没有隐私的城市，没有工作和没有金钱至上教义的城市。他展示了纽约的另

---

[1] 米歇尔·德·塞托：《日常生活实践 1.实践的艺术》，方琳琳、黄春柳译，南京大学出版社，2009，第178页。

一面，即被景观遮蔽的一面。在某种程度上，他和四处漂移的流浪汉、本雅明笔下的游荡者有类似之处，但是，他也和他们区别开来。流浪汉的漂移不是主动的漂移，而是一种被迫的适应，他们在尽量地寻找封闭的空间、寻找庇护场所，他们并不是自我放逐和自我漂移；而本雅明笔下的游荡者还有些残存的高傲气质，他们举止讲究，冷眼旁观，虽然反对资产阶级价值观，但是，他们在反对中还狂热地追求自己的生存美学。与他们不同，谢德庆不能进入任何一个有屋顶的空间，他只能在公园长凳上睡觉，只能在户外进食和大小便，只能在户外暴晒和淋雨。他每天无所事事地游荡和观察，他以自己的眼光革新了城市，以自己特有的行走实践重构了城市，他创造了自己和城市的一种全新的关系、全新的意义，一种非景观化的意义：他破坏了城市固有的、表象化的景观状态，而且通过这种破坏，让自己从景观社会中解脱出来。对许多人来说，这种对景观社会的拆解是一种痛苦的折磨。但我们也可以说，寻求通向真实的自由，其条件或许就是夹带着苦痛的勇气。

我们再来看看情境主义的另一种策略：异轨。如果说漂移是打破景观的限定性，打破景观对空间的封锁和隔离，创造新的情境空间、生活空间和意义空间，那么异轨则是直接打破和改写景观本身，直接以图像和符号的方式重写景观。德波的影像作品就是异轨实践，就是在城市空间内重新改造城市，它是对城市情境的典型异轨。这里可以提到另一个艺术家班克斯（Banksy）（他同样是后情境主义时代的英雄），他是最著名的，同时也是最不为人所知的涂鸦艺术家。他的观察角度就是情境主义式的："那些人每天都在捉弄。他们贸然闯入你的生活，对你恶意中伤，然后消失得无影无踪。他们从高楼斜视你，让你感到自己微不足道。他们在公共汽车上对你品头论足，让你觉得自己不够性感，感觉所有的乐趣都在别处。他们出现在电视里，让你的女朋友自惭形秽。他们可以获得全球任何最先进的技术来欺负你。他们是广告商，他们在嘲笑你。然而，你被禁止触摸他们。商标、知识产权、版权相关法律意味着广告商可以随心所欲地大放厥词而又完全不受惩罚。"①

这不就是景观的暴政吗？班克斯因此决定破坏这样的景观："去它的！在公共空间张贴的任何让你无从选择是否看到的广告都是属于你的。你可以拿走它，也可以重新组合、使用它。你可以随便对它怎么样。为这事征求许可就像去请求保留人家向你头上扔过来的一块石头。你不欠这些公司任何东西。你尤其不欠它们礼貌。是它们欠你的。它们已经重组了世界并将其强加于你。它们从未征求你的同意，所以你也不用去问它们。"②

这就是异轨，要对那些景观进行肆意地涂鸦，要自己来占领街道和改写符号，要让这些符号变成可以呼吸的东西。人们可以自由地绘制，可以对既定的图像现实进行反写，比如，将明星和高官的图像绘制在丑陋的低矮房子上面，将辛辣的讽刺图像绘制在那些高档的社区楼群里，在战场的断壁残垣上涂上粉色的玫瑰，在中心的、开放的建筑上涂上人们拼命压抑的快乐隐私，等等。异轨，就是对景观社会既定图像轨道的错置，通过这些错置暴露景观虚构的神话。这种异轨也打破了美术馆的景观神话，面对这样的异轨图像，人们不需要高深的学位、不需要入场券、不需要各种启蒙教诲就能够心领神会，在这些异轨图像引发的笑声中，景观社会的巧饰物纷纷坠落。

---

① Banksy, *Cut It Out*（U. K.: Weapons of Mass Distraction, 2004）.
② ibid.

二

居伊·德波试图用景观社会这个概念来描述今天的资本主义。或者说,今天的资本主义已经和19世纪马克思描述的资本主义有了根本的不同:景观控制代替了商品控制,分离控制代替了物化控制。但是,这真的是一个由景观(控制)主导的社会吗?福柯对景观社会有所批评。他认为我们所置身的不是景观社会,而是规训社会,资本主义的控制不是景观控制,而是规训权力和生命权力的控制。人们不是像德波说的那样被景观吸引而去观看景观,相反,人们是被观看,被权力的目光观看,大多数的民众被少数人观看,更准确地说是被少数人监视,被无处不在地监视。这就是福柯的全景敞视主义。二者虽然都是视觉控制,但却是路线完全相反的视觉控制:德波认为大多数人在观看少数人制造出来的景观,从而被这景观欺骗、迷惑乃至控制;福柯认为大多数人是被观看的,从而受到控制,是权力的观看和监视在控制大多数人。后来,鲍德里亚展开了对福柯的反击,在他看来,权力不过是幻影,已经被拟像(simulacra)①吞噬,拟像是一切,拟像可以吞噬一切,权力不过是对着幻影作战,因此也被幻影化了。真正的权力、控制性的权力已经终结了,只有拟像控制和景观控制,而没有权力控制。现实是被拟像歪曲,而不是被权力监视。鲍德里亚的口号是:"忘记福柯!"实际上,他还是以景观、以拟像来试图吞没福柯的权力批判。鲍德里亚追随和忠诚于情境主义,对福柯的批评在某种意义上是站在景观社会的角度进行反

---

① 也写作"拟象"。

击。这样的争论实际上是福柯和德波分歧的继续：到底是景观和拟像吸附我们，从而控制我们，还是权力的眼光在控制和监视我们？

如果说，福柯是通过被看与德波的观看作了区分，那么，德勒兹就是以流动和德波的分离作了区分。对德勒兹而言，根本不可能出现什么分离，社会是一个流（flux）的社会。流让社会串联在一起不可分离，社会生产就是欲望生产，欲望像机器一样不停地运转、不停地生产、不停地连接，欲望之流将社会的一切串联和装配起来，所有的要素都处在一个巨大的、不中断的连接和生成链条之中。贯穿社会和遍布社会的不是符号和景观，而是欲望；不是对景观和符号的观看，而是欲望无穷无限的流动。如果是这样的话，那么就无所谓分离，无所谓真假，无所谓被动和消极，也无所谓欺骗和宗教迷雾。德波的景观论实际上是建立在二元论的基础上的，而德勒兹倡导的则是欲望的一元论，或者说是欲望本体论。如果说资本主义有什么控制的话，就是要控制这样的欲望之流，就是对这样的欲望之流进行编码。因此，德勒兹的反俄狄浦斯就是要反对资本主义的欲望编码，而不是刺破资本主义的景观迷雾。

对景观社会的支持性推进仍旧是鲍德里亚完成的。如果说，德波还在景观社会和真实社会之间区分出差异并认为景观社会是对真实社会的掩饰或者歪曲的话，那么，对鲍德里亚来说，景观社会就是真实，就是唯一的真实。鲍德里亚更愿意说这是拟像社会或者符号社会，对他来说，现在唯一的真实就是符号或者说是拟像，没有符号之外的真实，没有德波那种真实和景观的二元论，现在，"已经没有反映存在和表象、真实和概念的镜子"①，或者说，"真实的符号代替真实本身"②。一旦将原先作为根基的真实根除了，那么，"整个系统就失去了分量，完全成了一个巨大的拟象，不是不真实，而是拟象，它将永远不能与真实之物交换，只能自我交换，在一个不间断的没有任何指涉或周边的回路里进行自我交换"③。这就是符号的自我交换，符号的交换世界是一个自足的世界，它本身就是一个真实而非表象或假象的世界。

真实的消失，或者说，形象取代真实的过程经历了这样几个阶段："形象的承递阶段如下：1. 它是对某种基本真实的反映。2. 它掩盖和篡改某种基本真实。3. 它掩盖某种基本真实的缺场。4. 它与任何真实都没有联系，它纯粹是自身的拟象。"④ 我们现在就进入了这第四阶段。鲍德里亚认为第一阶段主要是文艺复兴到工业革命之前的阶段，它的特征是仿造。在这里，生产是对自然的模仿，产品总是能找到自然的对应物，也就是说，产品就是自然的基本真实反映，自然在产品中暴露出不可压制的明显痕迹，比如一件木质家具无法掩盖它的树木痕迹。而第二阶段的特征就是生产，这指的是工业革命阶段。工业产品和自然的关系是一种曲折的变形关系，工业产品是对自然材料的征用，但也脱离了对自然的仿造。我们可以说，这样的产品来自自然，但同时也掩盖和篡改了自然这一真实本身，它是人工发明出来的产品，但是，它并没有完全摆脱自然和自然的真实本

---

① 让·鲍德里亚：《仿真与拟象》，马海良译，载汪民安、陈永国、马海良主编《后现代性的哲学话语——从福柯到赛义德》，浙江人民出版社，2000，第 330 页。
② 同上。
③ 同上书，第 332—333 页。
④ 同上书，第 333 页。

身，就像飞机的所有材料，我们无法找到清晰的自然对应物，但是我们知道它们来自自然。第三阶段就是居伊·德波意义上的景观社会时期。如果说工业革命阶段的真实和自然还会隐隐约约地扭曲显现，那么，景观社会就是彻底遮蔽了真实和自然，它们的痕迹消失了，只有景观和形象扑面而来。但是，这不意味着真实和自然不存在，只不过它们处在不可见的遮蔽状态。第四阶段就是我们今天所在的符号或者代码生产的时代，符号和代码的生产不是隐藏和遮蔽了背后的自然和真实，而是与自然和真实完全没有关系，是和自然的彻底而激进的脱离。符号是唯一的真实，是自身的真实，它就是真实本身。符号不是现实和我们之间的障碍和帷幕，根本就没有什么脱离符号和图像的真实，一切都是符号。如果说真有什么现实的话，那么，现实也是模仿这些符号的，现实是根据这些代码被制造出来的。鲍德里亚说："拟真不同于虚构（fiction）或者谎言（lie），它不仅把一种缺席（absence）表现为一种存在（presence），把想像（imaginary）表现为真实（real），而且也潜在削弱任何与真实的对比，把真实同化于它的自身之中。"[1] 符号也因此就这样自我交换，就在自身的内部而不是与外部的真实进行相互交换。

这样，鲍德里亚就把真和假这样的概念进行了"内爆"。真和假的界限已经被拆毁了，景观、形象、符号、外在性，就是一切。它们不是包裹和掩饰了真实，它们就是现实和真实本身。这就是鲍德里亚所谓的拟像社会。鲍德里亚比德波更加激进，如果用德波和鲍德里亚的理论来分析抖音的话，对德波来说，抖音的主播形象就是虚假的景观，就是对真实的掩盖，因

---

[1] 马克·波斯特：《让·鲍德里亚思想引论》，张云鹏译，《南阳师范学院学报（社会科学版）》2003 年第 8 期。

为还有一个现实的人，抖音的形象是对这个现实的人的掩饰和伪装；但是，对鲍德里亚来说，这个主播形象就是真实本身了，它没有掩盖什么，它的存在、它的影像本身和任何真实都没有关系，它不是在真实基础上的变形，它就是它全部的自身，如果说有什么现实的话，那么这个现实的人就是在模仿这个主播。事实上，我们不都是在按照媒介生活吗？我们不都是在按照屏幕中的人物形象生活吗？不都是媒介——无论它如何虚假——作为真实的凭靠在指导我们的生活吗？生活从根本上来说就是模仿拟像的，就像鲍德里亚说的那样，不是迪士尼在模仿美国，而是美国在模仿迪士尼。不是抖音主播模仿和仿照现实的人，而是现实的人都在模仿主播、模仿明星、模仿影像中的一切。

三

德波预言的景观社会和鲍德里亚所说的拟像社会在今天变本加厉，如今我们整个社会都被影像化了。我们的现实已经抖音化了，我们的目光对象都是屏幕，我们前所未有地生活在屏幕之中。我们在屏幕中购物、交流、学习和工作，世界已经屏幕化了，我们的世界就是我们的屏幕。我们可以从鲍德里亚的推论中得出结论：屏幕的现实就是真实的现实本身。如果说半个世纪之前，孩子一出生就被泥土和野花包围，而上一代的孩子一出生就被人造物、玩具包围，那么现在的孩子一出生就被屏幕包围，他们的玩具是手机屏幕。

但是，下一代的孩子呢？或许他们不再被屏幕包围。屏幕还是一种看的哲学在起主导作用。我们直面一个影像世界，一个影子世界，一个二维的影像世界。我们和这个世界保持距离，屏幕既是它的呈现界面，也是它和我们之间的一条沟壑、一条界线，我们和屏幕保持一种对立关系，一种德波意义上的分离关系。但是，今天，一种元宇宙的想象开始统治我们。在此，我们不再是面对屏幕了，或者说，作为界面的屏幕消失了，虚拟的影像挣脱了屏幕，直接将我们包围，或者说我们直接进入一个虚拟的世界。何谓元宇宙？如果说元宇宙也是被生产出来的影像，这就是一种没有屏幕的影像，一种三维空间的影像，一种将我们湮没和囊括在其中的影像。如果说影像的屏幕世界总是依赖视觉和听觉，以至于它是我们之外的一个观看对象的话，那么，元宇宙的影像世界可以让我们全身心地去体验。我们可以沉浸式地体验，除了视觉和听觉外，还有触觉、味觉甚至嗅觉。我们进入其中而不是和它保持界线，它不是一个矗立在我们面前的二维空间（这正是德波的出发点），而是一个让我们置身其中，让我们在其中体验、在其中生活的三维空间。我们可以凭借一个类似于头盔的技术装置（VR、AR、脑机接口等）轻易地进入这个空间，进入一个完全的、绝对的、即时性的经验世界。相对于现实世界而言，这是个虚拟世界；相对于物质世界而言，这是个数字世界；相对于现实世界中的身份而言，元宇宙中的个体还有一个虚拟身份；相对于现实世界的秩序、法规和文明而言，元宇宙可能也有一套自己的秩序、法规和文明；相对于现实世界丰富的多样性而言，元宇宙也有影像的、多层面的丰富性。也就是说，元宇宙——我不知道它是否真的能如其所愿地来到——是超越于现实世界的另一个世界，一个和现实世界平行的世界。

元宇宙的实现依赖于技术的进步，我们很难确切地知道元宇宙到底会以什么形态存在，我们只知道它是一种虚拟性的数字生活，是和现实生活不一样的另一种生活。而追求不同于现实生活的另一种生活似乎是人类的一种古老梦想。我们先来看看这种对另一种生活的追求是怎样在欧洲开始的，它是怎样植根于欧洲哲学思想的传统中的。

如果说元宇宙试图过的是另一种生活，实际上，在古希腊时期已经有关于另一种生活的想象了。柏拉图发展的是苏格拉底关于灵魂的理论哲学。所谓灵魂哲学，就是相信自我的基础在灵魂上，一个人的根基在于他的灵魂。那灵魂到底是什么呢？柏拉图认为，归根结底，这个灵魂自我处在另一个世界，一个纯净的真理世界之中；因此，要探讨和了解自我，实际上就是要探讨和建立另一个世界，一个灵魂所在的世界，这个灵魂世界就是一个超出现实世界的世界，一个更真实的世界。这个世界我们没有抵达过，我们只是相信它一定在现实世界之外，它一定存在，就像康德说的那个物自体一样，我们看不到它，感知不到它，但是，它一定存在着，或者说它是超现实的。灵魂的世界是一个超现实的世界。

而犬儒学派则发展出了苏格拉底的第二种哲学：关注生活，关注实践，关注行动。我们可以将其归结为关于生活的哲学传统。正是因为这个学派过于强调生活和实践，它的哲学意味非常淡薄，人们在犬儒主义那里看不到多少理论教义，它的哲学话语被减至最低限度，它更多的是践行一种特殊的生活。总的来说，它要探讨的是过一种怎样的生活才能认知自己。因此，对犬儒主义来说，存在着一种别样的生活，那才是值得一过的生活。这种生活的哲学传统所致力和构想的是另一种与众不同的生活，它与传统生活、普通生活和我们的日常生活绝然断裂，它才是一种真的生活。就像柏拉图强调一种别样的灵魂一样，犬儒主义强调有一种别样的生活。什么是别样的生活？或者说，什么是最好的生活？我们都在尝试、在实验，但是，谁也没有能力准确地把握什么是最好的生活。不过，它存在于那里，一定有一种最好的生活。

因此，苏格拉底—柏拉图模式和苏格拉底—犬儒主义模式可以说是两种完全不同的传统——"一条走向另一个世界，另一条走向另一种生活"①。这是古代对另一个世界的两种想象，这另一个更真实的世界在我们的生活表象之后。这种想象是通过哲人的思辨和实践来完成的。

如果我们说，灵魂的形而上学模式是强调灵魂世界，而生活哲学模式是强调另一种生活世界的话，那么，在基督教中，灵魂和另一种生活之间发生了联系：基督教既要过另一种生活，也要获得一种特殊的灵魂。我们可以说，过另一种生活（与日常生活完全不同的禁欲生活和宗教生活），才可以通向另一个世界（与日常生活世界完全不同的天国）。古希腊哲学中关于灵魂和另一种生活的想象，在基督教这里达成了统一。而新教对传统基督教的颠覆性意义就在于，不去过另一种生活，不去想象另一种生活（仅仅过日常生活，过尘世生活，过普通生活），也可以通向另一个世界、通向灵魂世界（与日常生活世界完全不同的天国）。传统基督教的另一种生活和另一个世界的必然联系在新教这里被打破了。福柯就此断言："从这个时候开始，基

---

① 米歇尔·福柯：《说真话的勇气：治理自我与治理他者Ⅱ》，钱翰、陈晓径译，上海人民出版社，2016，第203页。

督教才变成是现代的。"① 但无论是天主教还是新教，另一个世界，也就是谁也没有见过的天国、一个想象的天国，支撑起了基督教的所有信念。

现代人在启蒙运动之后、在尼采之后，宣布上帝死了。那么，上帝居于其中的天国就不存在了。现在只有大地的生活，只有现实生活，也就是说，基督教想象的另一种生活不再存在了。尼采甚至认为灵魂也是发明，另一种灵魂的生活也没有了，只有肉身的尘世生活。什么是现代性？或许，现代性就意味着要过肉身的世俗生活，这种生活不同于古代的灵魂生活，也不同于基督教的天国生活。但是，我们如何过一种尘世的、没有超越性的肉身生活？这种肉身的世俗生活的目标何在？或者说，怎样的一种生活才是一种理想的尘世生活？这是一个非常复杂的问题。我只能简要地说，对现代人而言，理想的尘世生活或许就是一种自由和平等的生活，就是人人平等、自由和充满博爱的生活，这是现代人的理想，在法国大革命的理念中作为目标被表达出来。但这样的理想并没有实现，现代社会一直没有实现这样的生活。如果真的实现了这样的生活，历史就终结了，就会停在这样的状态。黑格尔也曾经期待过这样的历史的终结。但是，历史并没有终结，现代人并不感到自由，也不觉得平等，相反，自 19 世纪至今，人们也经历了各种各样的饥饿、战争和大屠杀。启蒙现代性以来的尘世生活还是充满了各种创伤和局限。

这或许是人们最后仍旧想过上另一种生活的原因。只有对

---

① 米歇尔·福柯：《说真话的勇气：治理自我与治理他者Ⅱ》，钱翰、陈晓径译，上海人民出版社，2016，第 204 页。

尘世生活的不满，才会激发人们对另一种生活、一种超现实的生活的向往。但是，这另一种生活不再是基督教的天国生活（虽然有宗教复兴），当然更不是古希腊人所谓的灵魂生活（人们不再相信有一个不同于身体的灵魂，因此也更不相信灵魂不朽了），这另一种生活就是今天数字化的虚拟生活。这同样是一种超验生活，一种不同于现实生活的生活。但这是通过技术、通过各种各样的信息技术来制造和想象的虚拟生活。这另一种生活的特征就在于这是一个虚拟的数字影像世界，我们要过的是一种虚拟的影像生活。电影和电影院是这种生活的前奏：人们在黑暗的电影院中暂时忘却了现实世界，沉浸在一个虚幻的影像世界中。但这还不是另一种生活，这只是真实生活的一个短暂中止，一个将真实生活短暂悬置起来的片刻梦幻生活，这是典型的充满幻觉的景观生活。而真正的另一种生活，不同于现实生活的影像生活，就是人们正在想象和实践的元宇宙生活。

这样，古代是试图通过思辨和自我训练来想象和抵达另一个世界，一个灵魂世界；基督教是通过信仰来想象和抵达另一个世界，一个天国的世界；而今天是通过技术来想象和抵达另一个世界，一个虚拟的影像世界。古代的世界看重沉思，因为灵魂世界需要通过沉思来抵达；中世纪推崇信仰，信仰是通向另一种生活的基础；而现代社会最看重的是技术，技术可以将人带入另一种生活。这是过另一种生活的通道和条件。但这些不同时期所想象的另一种生活、另一个世界有什么区别呢？古希腊的另一个世界被认为是比现实世界更加本质的世界，也是一个更隐蔽的世界，它不同于现实世界，但是它能支配现实世界，它比现实世界更真实、更纯洁、更本体，更充满了必然性；

现实世界应该不断地逼近它，哪怕不可能逼近它，也要为了逼近这另一个世界而不断地沉思、不断地训练、不断地将思辨和自我训练行为结合在一起。而基督教的另一个世界被认为是一个更理想、更完美、毫无缺陷的世界，它是一个和现实相对立的世界，现实世界不可能逼近它，也不可能抵达它，它是人在现实中付出了巨大的努力、在现实中以绝对的虔敬作为条件，才可能在死后抵达的世界，也是现实的人死后获得重生的世界。而元宇宙则是一个虚拟的图像世界，是一个借助技术装备改变整个知觉系统才能进入的世界，是一个可以四处漫游、自由冲浪、无拘无束的世界，也是一个无限丰富、有无限可能性的世界，是一个打乱线性时间、打破封闭空间，让时间和空间不停叠加、不停综合、不停拼贴的世界。但同时，这也是一个可以和现实世界交互的世界，是一个德勒兹意义上虚拟和现实不停折返、不停轮回的世界，现实世界可以和这个想象的虚拟世界轻易地沟通。更根本的是，它不是一个凭靠信仰或者训练进入的世界，而是一个要付费、一个只能通过购买才可能进入的世界。

而试图置身于这另一个世界的人，或者说过这样的另一种生活的人，应该是什么样的人呢？进入灵魂世界的人，是过一种灵魂生活的人，是认为欲望短暂、身体偶然，并因此克服了身体欲望的人，也是因克服了这欲望而通向智慧和永恒真理的纯净之人，这是真理的拥有者，是爱智慧的人。进入天国的人，是克服了罪恶的人，是因为克服了罪恶而获救的人，也是重生而不朽的人，因此也是无限欢欣和无限喜悦的人。那么，试图进入元宇宙的人是什么样的人呢？他是一个现代人，但是，他是在现实中并不感到快乐的人，是一个想摆脱现实中不自由、不平等和不公正的人，也是一个试图摆脱贫穷、厄运和战争的人。在元宇宙里（如果有一天真的实现了的话），他可能会是一个陶醉的自由人，一个将梦幻当成现实的人。我们曾经在绘画中看到的超现实主义，可能很快会在现实生活中实现了。超现实主义是绘画中的元宇宙，而元宇宙是现代生活的超现实主义。而情境主义追求的真实情境不过是一种幻象，再一次，幻象变成了情境。

第十二讲

现代主义文学

一

现代主义文学是 19 世纪开始出现的一种全新的文学类型，之所以称之为现代主义文学，是因为它和古典主义文学之间发生了一个根本性的断裂，这个断裂就是反对文学的再现和表达（representation）。在这个方面，它非常接近现代绘画。

现代绘画也是反对古典绘画的。所谓的古典，就是指欧洲从 15 世纪到 19 世纪的绘画的主导风格，它最重要的特点就是写实。对文学而言也是如此。从 15 世纪到 19 世纪，文学的主导风格就是对客观世界的再现。这种文学和艺术的再现风格，到 17 世纪得到了强化。福柯在《词与物》中特别强调，所谓的古典时期即 17、18 世纪的知识型就是再现。实际上，文学和绘画从文艺复兴时期开始就强调再现，在文学方面，其特征就是强调语言的透明性。文学如何再现呢？就跟绘画一样，绘画就是要把绘画的媒介掩饰起来，把画画掩饰掉，让那个被画的人物和客体像真实的一样出现。对 15 世纪到 19 世纪的大部分文学来说，也是要把语言的媒介掩饰起来，似乎有一个故事、有一个情节在那里真的发生，似乎有一个活生生的人物在现实生活中就如此这般地浮现，以至于人们忘却了语言媒介本身，就像逼真的绘画让人们忘记了绘画的颜料、画框和画布本身一样。

从 19 世纪中期的马奈开始，直到后来的塞尚，人们开始在绘画中意识到颜料本身，意识到画布本身，意识到画是被画出来的。大概也是从 19 世纪中期开始，在波德莱尔和福楼拜那里，出现了一种新的文学和写作形式，它开始把写作的媒介、把语言本身突出出来了。写作不再是试图逼真和客观地去再现现实、再现生活、再现人物，而是开始将文学写作的语言本身作为写作的对象，语言开始成为文学写作的目标。就像绘画领域的马奈和塞尚所做的一样，在塞尚那里，颜料和笔触在画中醒目地出现。

这是文学现代性的至关重要的特征：反对再现论。但是，文学的再现论是以作者论为根基的。或者说，它依附于一个更大的观念，即 15 世纪开始出现的人文主义的观念，这个人文主义观念在文学和艺术中就体现为创造论。也就是说，文学和艺术都是作者创造出来的，作者是文学的决定性起源，这就是所谓的作者论。作者是伟大的创造者，伟大的作者都是天才的创造者，这就是 19 世纪以前的文学观念。因此，要对一部作品进行分析，就是要强调这个作者的意图，要将作者作为一部作品的最终根源。人们总是从作者的生平、作者的性格、作者的遭遇出发，从作者个人的特异性出发去解释这部作品。只有将作品和作者结合起来，才算是发现了作品的至高真理，才是对作品的终极揭露。因此，文学研究最终的问题就是，这个作者到底要讲述什么？他的意图是什么？比如，为什么曹雪芹会写《红楼梦》？莫言和山东高密东北乡有何关系？他的饥饿、他的农村出身、他的儿童经验在作品中是怎样表达的？郁达夫的日本经验和《沉沦》这篇小说之间是怎样一种关系？等等。人们总是要把作品和作者勾连起来。"作者在文学史、作家传记、访问记和杂志中仍处于支配地位，因为文人渴望通过日记和回忆录把个人跟作品连在一起。一般文化中可见到的文学形象，都一概集中于暴君般的作者，作者的人性、生平、情趣和感情；批评的大部分内容依然是在说波德莱尔的作品是由于做人失败，凡·高的作品是由于疯狂，柴可夫斯基的作品是由于罪孽感。批评家总是从产生一部作品的男人或女人身上寻找作品的解释，好像事情从来都是通过小说的或多或少透明的譬喻，作者个人的声音，最终把秘密吐露给'我们'。"[1]

那么，作者和作品到底有什么样的关系呢？根据福柯的总结，这种作者论包括这样几点。第一，作品中事件的统一。作者可以作为一个统一基础来解释他的各种作品中不同的事件和历史，这些不同的事件和历史可以通过作者获得整体性，他是事件和历史的起源。同时，正是通过单一作者，也可以说明这些事件的变形、歪曲和形形色色的改变。这是通过研究作者的传记，通过确定作者的个人视角，通过分析作者的社会地位，或者展示作者的基本构思而完成的。第二，作品风格的统一。一位作者的不同作品会有统一的风格，即便风格有变化，这些变化也可以归因于作者的成长、成熟或者所受影响等因素，这样，作品的风格差异在某种程度上就会被减弱甚至消除。第三，作品中各种思想、情感、欲望和无意识的矛盾的统一。作者也被用于中和一系列文本中可能出现的矛盾：在作者的思想或欲望、意识或无意识的特定层面，必然会存在或多或少的矛盾，而所有的矛盾都应该在作者那里得到解决，所有不能兼容的要素都至少要被组织在一个关键或原初的矛盾点的周围。第四，

---

[1] 罗兰·巴尔特：《作者之死》，林泰译，载赵毅衡编选《符号学文学论文集》，百花文艺出版社，2004，第507页。

也是最后一点，各种碎片式的文本的统一。作者是所有碎片式文本的统一，在文本中，在信件、残篇、草稿等里，它们都能同样完好、同样有效地表现出这种统一，只是在形式上、在程度上不一致而已。[1] 也就是说，作者具有统合和归纳的功能。矛盾和差异都可以从作者自身这里得到阐释和说明，也就是说，作者是他写下来的一切的最终根源。

这是福柯的作者观。或许我们还可以再补充一点：一旦将作品绝对归因于作者，那么，作者的态度就显得异常重要。作者之所以写作，就是为了传达自己的观念，从而介入世界。作品总是作者介入世界的方式，写作毫无疑问是作者的世界观或者意识形态的流露。他力图影响读者，他和读者要建立一种关系，他寻求沟通，他甚至力图影响和改变世界。这就是19世纪之前流行的古典主义的文学观点：文学是作者的创造，作者的创造就是对现实生活的逼真再现，最后作者通过逼真地再现现实生活来传达自己的观点从而影响读者，进而对世界产生作用。这就是再现论、作者论和介入论的三位一体。

我们可以将19世纪开始的现代主义文学视作对这种三位一体文学观的拒斥。如果说再现论是以作者论为根基的，那么，宣布作者死掉的同时也就宣布再现论死掉了，那种介入式的文学观点也就死掉了。因此，质疑和埋葬作者是现代主义文学决定性的步骤。罗兰·巴特（一译罗兰·巴尔特）最有名的断言就是作者之死，即我们面对现代主义文学时，就不要再讨论作者了，不要把作品的一切根源、把作品的合法性置放在作者身上了。

---

[1] Michel Foucault, "What Is an Author?", in *Language, Counter-Memory, Practice*, ed. Donald F. Bouchard, trans. Donald F. Bouchard and Sherry Simon (Ithaca: Cornell University Press, 1977), pp. 113–138.

二

那么作者是如何死掉的呢？第一种是结构主义式的作者之死。结构主义是受到索绪尔语言学启发而发展起来的。索绪尔（Ferdinand de Saussure）相信，任何单个的句子都遵循一定的语法，语法具有制约和决定作用。不计其数的语义、不同的句子都遵循着相同的语法，这个规范的语法就是所谓的结构。这样的语言学观点被列维-斯特劳斯（Claude Levi-Strauss）发展成为结构主义。对他来说，众多的神话，千奇百怪的神话，虽然讲的内容、故事不一样，但它们有一个共同的特点，就是它们都有一个同样的底层结构。无数的神话都遵循一个共同的结构，是一个深层结构在支配着神话的讲述。依循着这种神话学的结构主义，罗兰·巴特提出了文学结构主义。如果对各种各样的小说进行分析、归纳和总结，同样可以发现，这些小说虽然讲的故事不一样、内容不一样、情节不一样，但是它们的底部都遵循着某种共同的结构，有一种深层的结构在制约着各种各样的故事情节。

如果说这种结构是决定性的，那么任何作者的主动性都微不足道，因为作者不过是在这个原初结构里面的一个被动物，是结构在控制和操纵着作者，是结构在通过作者讲故事。不要以为作家有多大的创造性，一个作家永远无法挣脱结构的牢笼。为什么从15世纪到19世纪的小说，基本上都采纳再现这种方式呢？就是因为有个深层的结构在决定着这样的写作思维。实际上，福柯在《词与物》中讲的知识型也非常类似于这样一个深层结构。福柯认为17、18世纪的知识型是再现，各种各样的人文学科、各种各样的知识形式都内在地遵从于这样一个再现知识型。如果是这样的话，作者个体重要吗？在这个意义上，罗兰·巴特首先宣称了结构的决定性。所以，一旦信奉结构主义，就可以宣判作者之死。文学作品是结构的产物，而不是作者的产物。或者说，作者不过是结构的代言人。福柯在《何谓作者》中也说："谁在说话，这有什么关系呢？"[1]只要有一个人在说，他就是通过先在的结构在说，至于是谁在说话，这不重要。这样，作为创造者的作者不存在了。从20世纪60年代开始，作者决定论被结构主义废弃了。

第二种是超现实主义式的作者之死。这是布勒东的观点。超现实主义者受弗洛伊德的影响。他们强调无意识，对他们来说，相对于理性和意识而言，无意识更加真实，更具有创造性。超现实主义者也受到皮埃尔·雅内（Pierre Janet）《心理的自动性》的影响。雅内将无意识的自动写作（l'écriture automatique）作为一种治疗方法。但是，超现实主义者则将这种自动写作直接看作是一种新的写作方式。布勒东和另一个超现实主义者苏波（Philippe Soupault）进行了自动写作的试验。他们分头写作而没有交集，但是，他们遵循相似的自动写作原则。

但到底怎样来进行这种自动写作呢？"在来到一个非常适合于集中精神（的）地方之后，你们就让人拿来写字的纸和笔。你们要尽可能地让自己处于被动状态，处于易于接受新鲜事物的状态。你们要撇开自己的天赋，不要考虑自己的才能，还要撇开其他所有人的才能。你们要认识到，文学是通向万物的最凄惨的道路，你们要快速地写，抛开带有偏见的主题，要写得

---

[1] Michel Foucault, "What Is an Author?", in *Language, Counter-Memory, Practice*, ed. Donald F. Bouchard, trans. Donald F. Bouchard and Sherry Simon (Ithaca: Cornell University Press, 1977), p. 138.

相当快，不要有任何约束，也不要想着再把写过的文字反复读几遍。第一句话肯定会独自冒出来，因为真实的情况是，每一秒钟都会有一个与我们清醒的思想不相干的句子流露出来。"[1] 也就是说，这样的写作应该抛弃任何的理性、计算和谋划，写作就是拿笔在一张白纸上快速书写。这样的写作应该非常流畅，不能中断。"只要你们喜欢，就可以一直写下去。你们可以指望心潮起伏那无穷无尽的特性。你们只要稍微犯一个错误，哪怕是疏忽引起的错误，沉默就会降临，假如这种情况出现的话，你们要毫不犹豫地中断那行写得过于明确的文字。"[2] 这就是自动写作的法则，将写作完全交给了偶然，交给了特定时刻的无意识。我们可以说，每个人都可以这样写作，每个人都有能力这样写作，因此可以说这样的写作填平了作品之间的固有沟壑等级。这就是无意识在自动写作，写作之手在拼命地追赶写作之笔，大脑也在拼命地追赶手。这样，我们作为一个理性的主体，作为一个理性掌控者和熟练的写作者，作为一个具有天赋能力的创造者，在这个意义上也死了。写作不再是一种神圣的特权。

第三种是马拉美式的作者之死。这是词语的自言自语。马拉美（Stéphane Mallarmé）是现代文学的开拓者之一，正是他将写作从再现霸权中解放出来。马拉美特别强调的是，字词有它的自主性，它可以摆脱意义。意义和字词相互脱离，字词有自己的深度，有自己的独立王国，它可以摆脱人的控制。不是作者在说，也不是人在说，而是语言在说，在孤独地闪现。这是

---

[1] 安德烈·布勒东：《超现实主义宣言》，袁俊生译，重庆大学出版社，2010，第37页。
[2] 同上。

和古典主义再现观的决裂。"文学越来越有别于观念话语，并把自己封闭在一种根本的非及物性（intransitivité）之中；它摆脱了所有那些在古典时期可以使它传播的价值（趣味、快乐、自然、真实）"①。这也是19世纪中期现代主义诗歌的开端，语言、字词把通向现实世界的那一扇大门关闭了。在这个意义上，字词不是明晰的，而是混沌的，"因为诗歌的存在要依靠一种双重的混沌：语言的混沌，也就是拒绝被意义穿越，同时还有看不清自身的精神的混沌，也就是与自身的距离，这种距离迫使精神去一种形象的物质性中寻找自身"②。这种混沌的、同时又是自在自为的语言有一种巨大的存在感，有自身的重量，它在不断地自我折叠、不断地自我往返，"这种语言全部规律就是去断言——在所有其他话语的对立面——它的陡峭的存在"③。在诗歌语言组成的关系线条上，字词而不是意义在自我明亮地闪烁。19世纪中期以来的现代文学的新的特征就在于，"字词就仅仅是一种垂直的投射"，"诗的字词是一种没有直接过去的行为，一种没有四周环境的行为，它只提供了从一切与其有联系的根源处产生的浓密的反射阴影"，"字词不再被一种社会性话语的总意图引导向前"，"既无意图的预期，也无意图的永久性，因此就与一种语言的社会功能相对立了"④。这样的语言也不追求连续性，而是各自孤立地存在、垂直地存在，它内在地

---

① 米歇尔·福柯：《词与物》，载杜小真编选《福柯集》，上海远东出版社，2003，第112页。
② 雅克·朗西埃：《马拉美：塞壬的政治》，曹丹红译，河南大学出版社，2017，第116页。
③ 米歇尔·福柯：《词与物》，载杜小真编选《福柯集》，上海远东出版社，2003，第113页。
④ 罗兰·巴尔特：《写作的零度》，载《符号学原理：结构主义文学理论文选》，李幼蒸译，生活·读书·新知三联书店，1988，第88—89页。

包含着自己的秘密、自己的深度，语言作为它自己的价值而体现出来。"它（字词）要讲的全部东西仅仅是它自身，它要做的全部事情仅仅是在自己存在的光芒中闪烁不定。"[1] 字词的背后没有任何指代，就像瓦莱里（Paul Valéry）所言，最深刻的东西就是皮肤。现代文学就这样变成符号之间的相互嬉戏，写作显露为一种字词游戏，它创造了一种虚无空间，在这个空间中，写作的意义蒸发了，写作的主体消失了。

第四种是陀思妥耶夫斯基式的作者之死。在此，作者被小说人物控制，他是一个被动的适应者，故事中的人物一旦形成，就有自己的特殊自主性。作者被他所创造的人物引导，他服从小说自身的情节，听凭小说里面的人物自行活动，作者变成了一个被动的写作者。余华在谈到《活着》的写作的时候说，他发现，当小说中的人物开始有了自己的形象的时候，人物就开始自主地活动了，人物脱离了作者的把控，好像小说中的人物是在自主地行动，有他们自己的命运。也就是说，不是一个作家来控制着人物的命运，而是这些人物的命运引导着作家，作家在不由自主地追随着这些人物的命运，他的笔被小说人物的足迹牵引。在这个意义上，主动的、起源性的作者并不具有决定性的作用，他成了一个被动者。巴赫金（Mikhail Bakhtin）在论述陀思妥耶夫斯基的小说的时候说，陀氏的复调小说中的主人公自己有决定权、有独立性，"主人公对自己、对世界的议论，同一般的作者议论，具有同样的份量和价值"[2]。这是把主

---

[1] 米歇尔·福柯：《词与物》，载杜小真编选《福柯集》，上海远东出版社，2003，第113页。
[2] 巴赫金：《陀思妥耶夫斯基诗学问题》，白春仁、顾亚铃译，生活·读书·新知三联书店，1988，第29页。

人公和作者分离了，主人公不是作者的传声筒，主人公经常超出作者的构想，挣脱出作者的独白把控，打破了作者对小说本身的总体性规划。对陀氏而言，一种建立在作者霸权基础上的独白小说被废弃了。这是一种全新的小说类型，一种作者和主人公发生冲突的复调小说，一种多声部小说，一种带有狂欢性的杂语小说。陀思妥耶夫斯基的小说，如果从欧洲的独白小说传统来看，从相信作者是整个小说的唯一的合理起源这样的观念来看，就显得混乱和无序，因为里面出现了明显的矛盾，出现了作者和主人公各种各样的、多重的矛盾声音。但是，巴赫金认为，这正是陀氏的特殊之处，陀氏放弃了作者的全知全能功能。作者不再像一个上帝那样将一切按照自己的意图进行规整，相反，他释放了不同人物和不同情境的异质性，这些人物和情境的异质性组成了一个混杂的空间，这个空间不再按照线性时间进行秩序化处理。这完全是小说人物自己的运动和思想轨迹，而不是一个全能作者俯视性的有意控制。一旦作者释放了小说人物，让他变得相对自主，那么，小说人物就不是在和作者交谈，而是"同自己的替身人，同鬼魂，同自己的 alter ego（另一个'我'），同自己的漫画相交谈"[1]。

也正是受巴赫金的影响，克里斯蒂娃（Julia Kristeva）和罗兰·巴特提出了互文性（intertextuality）这个概念。如果说巴赫金表明的是小说内部的杂语和对话，那么，互文性指的就是文本和文本、小说和小说之间的杂语和对话。一部小说或者一个文本，永远不是一个作者的独立创造，一个文本无非是对另外一些文本的引用，无非是先前的、宽阔的文本海洋当中的一

---

[1] 巴赫金：《陀思妥耶夫斯基诗学问题》，白春仁、顾亚铃译，生活·读书·新知三联书店，1988，第60页。

分子。没有哪个文本是独一无二的，所有文本都是对别的文本的转移、摘抄、挪用，所有文本都是对另一个文本的参照、对另一个文本的渗透，是和别的文本的对话。所以，与其说一部小说是一个独一无二的作者独立地写出来的，不如说这部小说是通过跟其他无数小说对话而形成的，甚至是通过和别的小说对抗而形成的——一部作品要么是被别的作品影响而诞生的，要么是为了摆脱别的作品的影响而诞生的。也就是说，一部小说，它的来源是无数其他的小说；一个文本，永远跟其他的文本有着互文性。这样，我们可以看到，作者的独创性也不重要了。作者不过是一个转译者、摘抄者、裁剪者、誊写者，是个文本的编织者。巴特和克里斯蒂娃是在 20 世纪 60 年代提出这种互文性概念的，现在，互文性已经远远不止在写作领域发生了，在图像领域，互文性也被疯狂地运用，戈达尔（Jean-Luc Godard）的《电影史》就是史无前例的互文性创作。而在今天的互联网上，不计其数的互文性视频和图像如潮水一般涌来，每个人都可以是一个摘抄者、剪辑者和编辑者，原创的概念被互联网埋没了。ChatGPT 就是一个前所未有的巨型互文性写作机器。这是第五种意义上的作者之死，无论如何，作者不再是一个原创者了。

　　下面我们谈论第六种作者之死：海德格尔（Martin Heidegger）意义上的作者之死。海德格尔也是从语言着手，他反对亚里士多德关于语言的观点。对后者而言，语言无非就是我们说出来的东西，我们在说语言，我们用我们的舌头、我们的嘴巴在说语言，我们的嘴巴发出声音，语言就是由舌头发出的声音组成的。这是语言和人的关系、和身体的关系，是人在说语言。这是亚里士多德的第一个观点。但是，这说出来的语言是什么呢？在亚里士多德看来，语言无非就是对一些物的命名。我们有个桌子实体在这里，然后我们将它命名为桌子，这就产生了"桌子"这个词。同样，有个灯在这里，我们就产生了一个词"灯"。语言就是对外物的追溯和命名。这就是我们通常意义上的语言观：人在说语言，语言给物命名。这就是我们一般理解的语言和人的关系、语言和物的关系。简单地说，人在说语言，通过语言对外物进行命名。

但是海德格尔把这两个要点完全颠覆了。关于语言和物的关系，海德格尔反对语言是物的命名的观点。他说，不是语言在追逐和命名那个外物世界。他把这观点反过来了，他引用了德国诗人格奥尔格的诗："词语破碎处，无物可存在。"① 意思就是说，如果没有词语、没有语言的话，就没有什么东西存在。也就是说，如果世界没有词语、没有语言，它就是一片混沌和黑暗。没有语言，世界就不存在了，是语言创造了世界。如果没有"桌子"这个词，没有"灯"这个词，没有"衣服"这个词，这些东西就都不存在，是语言来命名这些外物才让这些外物现身，才让万物存在。是语言让大地、让本来混沌的大地变得清晰可见，是语言决定了大地的显现和秩序，是语言照亮了大地上的一切事物，决定了世界的可见性。大地是遮蔽，世界是敞开，而语言就是对遮蔽的大地的敞开。语言呈现了世界，建构了世界。因此，不是说先有一个世界在那里，然后我们用语言去追溯它、表述它，恰恰相反，是因为有语言在先，然后大地才呈现出一个清晰和确定的面孔，这就是世界。语言先在于物。事物是因为先有一个概念、一个命名，然后才根据这个

---

① 海德格尔：《在通向语言的途中》，孙周兴译，商务印书馆，2004，第216页。

概念和命名创造出来的。我们可以想象，如果没有"同性恋"这个词，我们根本不知道同性恋这个事实，我们在小时候就不知道这样的事实；如果没有"抑郁症"这个词，我们就根本不知道这个病的存在。这都是语言创造和照亮的世界。正是这些词显示了存在物本身，将一片混沌的东西澄明了。因为有了"抑郁症"这个词，我们才知道这个病的症状，以及它的风险、它的治疗、它在人群中的流行和分布水平，所有这些都是因为这个词确立和揭示了一种精神状态的存在。语言甚至还会创造出一种新的东西，比如科幻小说。科幻小说是以语言的形式先在于今天的很多事实的，人们是按照科幻小说去创造和发明的，比如我们会依据《攻壳机动队》中的赛博格，去创造现实的赛博格，等等。这是海德格尔关于语言和物的观念。

那么，语言和人的关系呢？语言来自哪里呢？语言是人说出来的吗？海德格尔认为，不是我们人在说语言，而是反过来，是语言先在说，是语言通过人来说。语言怎么通过人来说呢？语言不是我们人说出来的东西，语言是大地在说的东西。大地本来是沉默的，但是它也在说话，大地在说。这听起来很神秘。大地在说意味着什么呢？我们可以简单地想一想。比如说，我是湖北人，我有很重的口音，我说话和其他一些人说话有明显的差异。为什么呢？因为他们不是湖北人。我们通常说，一方水土养一方人，在某种意义上来讲，一方水土养的是一种语言，一种语言总是在那片大地上生长起来的。"方言的差异并不单单、而且并不首先在于语言器官的运动方式的不同。在方言中各各不同地说话的是地方，也就是大地。"[1] 我的这种语言、我

---

[1] 海德格尔：《在通向语言的途中》，孙周兴译，商务印书馆，2004，第199—200页。

的口音，是在我们湖北大地上生长起来的，湖北的那片大地生长出来的是这种特殊语言。还有其他各个地方的人，比如湖南人是在湖南这个地方生长起来的，他就会讲湖南话，一种特殊的语言总是跟一片特殊的大地有关。方言形成于大地，大地才形成了语言之根。我们的根不一样，语言就不一样。每一片特殊的大地，都生长出一种特殊的语言来。我们很容易就会发现，山的两边的人讲的就不是同一种语言，山的隔膜就是语言的隔膜。既然语言的根源是在大地，那我们这些人、我们这些个体、我们这些说话的人，无非是在传达一片特定大地的语言，我们聆听大地，我们倾听大地在说话，然后我们把倾听到的语言再转述出来。也就是说，是大地语言通过我们的身体、通过我们的舌头在说。

实际上，我们出生的时候都不会说话。但是，语言是先在的，语言在我们出生之前就已存在，我们是出生后才逐渐习得这个既定的语言的。这个先在的语言是通过我们在讲述，而不是我们来讲述这个语言。在这个意义上，是语言在说，而不是人在说，是语言通过人在说，通过一代代的人在说。每一个人、每一代人都是这种语言的中介。语言无论是在空间还是在时间方面，都是先在于人的，都是决定性的。如果是这样的话，就不要想象我们在创造语言，不要想象我们在主动地发明新的语言，我们的所作所为无非是把自己那片土地上的既定的方言、既定的特殊语言记录和传递下来。在这个意义上，我们同样可以说作者已死。作者是一个被动的语言媒介。如果说结构主义强调结构决定了我们、支配了我们，结构在主体之前，那么，海德格尔则认为语言决定了我们，语言在主体之前，语言在说我们。

最后，我们来看布朗肖（Maurice Blanchot）的作者之死。

布朗肖受到海德格尔的很大影响，他也反复提到文学和死亡、作者和死亡的关系。布朗肖说，作家写作，很大程度上就是为了选择一种死亡方式，也可以说是一种存在的方式、一种活着的方式。死的方式和活的方式紧密相关——这是非常典型的海德格尔式的问题。卡夫卡是个小职员，过的是平庸的上班生活，就是韦伯意义上的那种铁笼中的生活，他像个工具一样地活着，那种生活令他窒息。尽管他活着，但是他这样的小职员的令人窒息的生活让他像死亡一般地活着。他活着的状态就是死亡的状态。因此，只有写作能够拯救他，写作可以让他不死，他只有一条避免活着却死亡的路，那就是写作。他活着唯一的意义就是写作，写作是抵抗死亡的方式，写作和文学使他幸免于死亡。但这并不是说卡夫卡不死，即便写作，他终究也会死。但是，他可以比较平静地死去，他可以在写作这项工作中死去。在这个意义上，也可以说写作是为了死亡，写作可以选择死亡，可以选择一种平静的死亡方式："要是我不躲进工作里，我就完了。我是否如实地清楚这一点呢？我避开人群并不是因为我想平静地生活，而是因为我想平静地死去。"[①] 如果通过写作来度过一生的话，既可以让他这一辈子平静地活着，也可以让他平静地死去。这就是说，作家写作，既是避免死亡的方式，也是选择死亡的方式。

我们先来看写作作为避免死亡的方式：阿拉伯的传奇故事集《一千零一夜》[②]。它讲的是一个残暴的国王，因为他的王后背叛了他，所以对所有的女性都充满仇恨。他要报复女性，他

[①] 卡夫卡语，转引自莫里斯·布朗肖：《文学空间》，顾嘉琛译，商务印书馆，2003，第79—80页。

[②] 《一千零一夜》，纳训译，人民文学出版社，2003。

让大臣每天晚上找一个少女来陪他，然后将她杀掉。这样连续三年，几乎把城中的少女杀光了。大臣的女儿知道了这件事，她就想办法去拯救别的少女。她答应去陪这个国王，在和国王待在一起的第一个晚上，她就给国王讲故事。这种讲故事，就是我们说的文学叙事，也就是一种写作。她晚上给国王讲故事，讲得非常精彩，但是到凌晨的时候，她还没讲完，故事还充满了悬念，这个悬念通常是两个故事之间的过渡。这样一来，国王的好奇心没有得到彻底的满足，国王就决定不杀大臣的女儿，明天让她接着讲。第二天同样如此，同样到国王要杀人的时候，故事又处在高潮时刻，然后国王就允诺她再活一天，等故事讲完再杀她。大臣的女儿就这么一直讲，每次等国王要杀她的时候，还有一个巨大的悬念在等着她揭晓，国王因此一再拖延她的死亡。她的故事无穷无尽，她讲了一千零一夜，两百多个故事。国王终于改变了他的想法，他不再杀人了，并且还和这个大臣的女儿结婚了，并生下了孩子。

这个一千零一夜的故事意味着什么呢？如果我们说这个女性就是一个叙事者、一个口头作家的话，这就意味着故事、写作和文学是为了拯救生命，写作是要回避死亡、抗拒死亡。不是作者决定文学的命运，而是相反，文学决定作者的命运。在此，文学和写作是决定性的，作者是被决定的，文学和写作的目标就是能让人活着。这就跟卡夫卡的目标非常相似。卡夫卡写作就是为了不让自己死去，不让自己在现实生活中活着死去；大臣的女儿是通过叙事，既不让其他少女死去，也不让自己死去，而且通过叙事，她还和国王结婚了，还生育了后代。叙事文学的生产导致了她自己孩子的生产，叙事让她获得了双重的不死。在这个意义上，文学就是躲避死亡的方式，无论是自己躲避死亡，还是帮助他人躲避死亡，文学还通过生育的方式让自己永生。在这个意义上，我们可以重新思考作者、文学和死亡的关系。

　　布朗肖还在另一个意义上把死亡的概念和文学联系起来。作者通过文学来抵抗死亡，也可以通过文学来安排死亡和想象死亡。许多作家和诗人都在自己的文学作品中描写死亡，他们让小说的主人公死掉，让主人公选择了一种特定的死亡方式。我们通常总是说一个人活着，一个活的生命应该追求一种个性，一个人应该活得诗意、活出自己的风格，他应该过美的人生。但是布朗肖反过来说，有些伟大的作家，不是写一个人活着怎么有诗意，创造出怎样的生活风格、怎样动荡的生活戏剧，而是相反，他们致力于描写死亡。他们会写一个人是如何死去的，这样的死赋予了他什么特征。死亡也有独一无二的风格，死亡也应该有它的诗意和个性。如果我们总是说，活要活出自己来，那么，死也要死出自己来，要死在自己的死当中。用尼采的说法就是，每个人都有特殊的死的选择。这个死亡选择，包括死的方式、死亡的场景、死的时机。比如，是自杀而死还是衰老而死？是在战争中死亡还是在车祸中死亡？是偶然的死亡还是必然的死亡？到底应该死在家里还是死在医院里？是用火葬的方式还是用土葬的方式对待尸体？等等。作家对死的时刻和死的方式非常看重，也就是说，他们很可能不是通过生来体现一个人的存在奥秘，而是通过死来体现。同样，很可能不是叙述生活本身体现一个作家的伟大，恰恰是对死的描述和想象、对死的选择，才能体现一个作家和作品的伟大风格。这是许多经典的文学作品里面出现死亡场景的原因之一。在这个意义上，布朗肖说，文学总是献给死亡和关乎死亡的。

三

　　这就是七个意义上的作者之死，或者说文学和死亡的七种关系。如果是这样的话，如果说作者死了，作者不是作品意义的合法来源，那么如何去解释作品的意义呢？或者说，作品的意义从何而来呢？罗兰·巴特说，如果作者死了，作品的意义就从作者的霸权中解脱出来了。它不再有一个确定的意义、权威的意义和封闭的意义。现在，是读者在生产作品的意义，也就是说，我们每一个读者都可以根据自己的经验、自己的背景、自己的激情、自己的意愿去创造作品的意义。作者之死，它的必然后果就是读者的诞生。人们在阅读的时候，就不应该去考虑自己的解读是否符合作者的原意。实际上，任何人读一部作品，都应该相信自己的感觉，个人的感觉至关重要。作品是敞开的，它可以经得起各种各样的感觉和解释，这是现代文学的特征。相对于古典文学的封闭性而言，现代文学是可以被读者重写的，因为它是开放的、不确定的，是断裂和混沌的，它内在地要求读者对它进行不断的重写和重读。

　　如果说一部作品没有共通的、绝对的、独一无二的真理和意义，那读者如何去解读作品呢？如何和作品发生关系呢？或许，我们不是要去寻找它的意义，就像苏珊·桑塔格（Susan Sontag）说的那样，阅读实际上就是反对解释。读者跟作品发生关系最好的方式，是去体验一种阅读的快感，是用感性身体去经验作品。而快感是个人性的，意义才是集体性的。罗兰·巴特说，阅读，在某种意义上，不是两个灵魂的交流，不是一个大脑和另一个大脑的对话，也不是意义的发现，不是思想的启发，也不是知识的澄明。阅读是什么？阅读就是一个身体和另一个身体的碰撞，一个肉身和一个书本身体的碰撞，阅读是带有强烈性意味的快感行为，它甚至可能达致一种极乐。罗兰·巴特认为这是现代文学的阅读经验，这和古典的文学阅读经验迥然不同：阅读不是产生意义从而让自己接受教育和启示，阅读是让自己的身体产生巨大的快感。

这是作者、文学和死亡的关系，也是新的有关现代文学的思想。作者之死，实际上就是人文主义之死的一个文学回应。如果作者死了，那么，另外一个随之而来的古典文学的观点也会破灭，那就是文学介入的死亡。罗兰·巴特的《写作的零度》和布朗肖的《文学空间》都是20世纪50年代的作品。他们当时有一个很重要的针对对象，就是萨特（Jean-Paul Sartre）的文学观点。萨特在当时是法国知识界的太阳，人们都在萨特思想的照耀之下思考，但是罗兰·巴特和布朗肖在50年代的时候就开始针对萨特的文学思想提出了反驳。萨特有一篇文章叫《什么是文学？》，他在里面谈到了一个要点："没有为自己写作这一回事。"[1] 写作就是作家对世界的介入（engagement）。但什么是介入呢？作家的每一句话都是一种介入，这种介入是一种行动，是通过揭露而行动，"'介入'作家知道揭露就是变革，知道人们只有在计划引起变革时才能有所揭露。他放弃了不偏不倚地描绘社会和人的状态这一不可能的梦想"[2]。介入意味着要让人了解世界，"作家的职能是使得无人不知世界，无人能说世界与他无关"[3]。这也意味着写作是要通向外部，写作不是为了自己，而是为了别人。"只有为了别人，才有艺术；只有通过别人，

---

[1] 萨特：《什么是文学？》，载《萨特文集》（7 文论卷），沈志明、艾珉主编，人民文学出版社，2000，第123页。
[2] 同上书，第107页。
[3] 同上书，第108页。

才有艺术。"[1]写作一定是和别人、和社会、和读者相互依存的。在这个意义上，这种介入式的写作也是一种召唤，"作家向读者的自由发出召唤，让它来协同产生作品"[2]。这样的文学观念符合萨特的知识分子形象，他一直是一个强烈介入社会批判的作家和哲学家，他一直在干预和改变社会。对他来说，干预和改变社会的目标就是追求自由："不管作家写的是随笔、抨击文章、讽刺作品还是小说，不管他只谈论个人的情感还是攻击社会制度，作家作为自由人诉诸另一些自由人，他只有一个题材：自由。"[3]

这种文学的介入，遵循的就是再现的文学观。这是古典文学的特征，它符合萨特的理想：古典艺术"就是语言，即透明性、无沉积的流通性，以及一种普遍精神和一种无厚质、无职责的装饰性记号在观念上的汇聚。这种语言的界域是社会性的，而非天然的"[4]。古典话语成为"传意手段或宣告手段"，它展示的是一种"通讯交流的姿态"，[5]只有古典文学的语言才可能有萨特所说的那种揭露功能。但是，这种透明性的信息语言在19世纪中期开始遭到挑战。首先，文学不再被看成是一种交流之物，相反，它的形式开始具备某种重量，形式本身成为写作的对象，文学不再是将外物作为对象，而是将形式本身作为对象，形式在写作的目光面前摇晃。对文学要进行制作，就像制

---

[1] 萨特：《什么是文学？》，载《萨特文集》（7 文论卷），沈志明、艾珉主编，人民文学出版社，2000，第 124 页。
[2] 同上书，第 127 页。
[3] 同上书，第 141 页。
[4] 罗兰·巴尔特：《写作的零度》，载《符号学原理：结构主义文学理论文选》，李幼蒸译，生活·读书·新知三联书店，1988，第 65 页。
[5] 同上书，第 87 页。

作一件珠宝一样。这是从 19 世纪中期的福楼拜那里开始表现得非常明确的。罗兰·巴特说，从福楼拜开始，文学就开始走上了词语自恋症的道路，所谓词语自恋症就意味着文学开始把词语当成是它的目标。罗兰·巴特认为这就是现代文学最核心的一个特点：词在孤独地诉说自己，词不再指向外部。罗兰·巴特和萨特对福楼拜的这一判断是相同的，但是，他们对此的态度完全相反。萨特对此保持着强烈的批判，他批评这些现代主义的作家们患上了词语的癌症、词语的毒瘤。但是罗兰·巴特恰恰是对此保持了正面的评价，他认为，这是艺匠的写作，因为他们全力以赴，他们在对句子进行精心的构思，把词和句当成一种材料精心地打磨。如果在字词方面艰辛地推敲，写作就是把词语从对外物的表意中解放出来，写作就是试图获得词语的美感。显然，这就是不介入、不揭露、不试图改变世界的写作，这跟萨特的文学观念是截然相反的。现代主义文学是不介入的文学。巴特说，这种不介入的写作就构成了法国现代主义文学的一个重要的传统。

  除了这类信奉字词炼金术的作家之外，巴特说，今天的加缪也是不介入的作家。加缪最著名的小说《局外人》中的主人公莫尔索就对一切都提不起兴趣来，任何事情都让他觉得无聊。这就是典型的不介入，对任何事情的漠然，即便他的母亲病逝，他也表现漠然："今天，妈妈死了。也许是昨天，我搞不清。"这种不介入的方式和现代主义作家不介入的方式不一样，后者不介入的方式是将字词从表意中解脱出来，但是加缪的这种不介入是作家本身在封闭自己，作家本身跟这个世界毫无关系，对这个世界上任何事情和任何人物都无动于衷，无论是母亲、女友还是邻居。这就是罗兰·巴特讲的另一种不介入，即一种极度的冷漠。

但还有更深的不介入作家，那就是阿兰·罗布－格里耶（Alain Robbe-Grillet）。罗布－格里耶是法国新小说派中的代表作家，他的风格就在于高度的客观，甚至可以说带有自然主义的特征，就是说，他完全客观地不带激情地去描述外物。他的作品描述物，它们是纯粹关于物的文学，它们戴着一副冷漠的也可以说是科学的眼镜。作家在街上看到了一棵树，就会把那棵树仔细地从头到尾描述一遍，但是他不作任何的评价，也没有任何感情的流露，就像一台客观的摄影机一样，不停地拍摄无意义的场景，也不遗漏任何一处细节。这样的写作就是物的文学，是客体的文学。物的文学，一方面就是指作者死掉了，就是说物在控制我们的写作，我们的写作就是完全被动地去跟随物，将自己交给外物、由外物来主导，丧失掉自己的主动性。这样的写作当然也绝不会介入，作者绝对不会把自己的主观感情、意志、欲望或思想强加于物。另外一方面，如果是以物为核心的文学，它不可能去介入社会，它对社会没有兴趣，不可能去唤醒读者追求自由。罗兰·巴特把这一类的写作、把罗布－格里耶甚至是加缪的写作称为零度写作。为什么叫零度写作？因为它完全没有情感，它是感情的零度，也是主观性的零度，也就是说它不介入。这样的写作也被称为中性写作或者白色写作，有时候也被称为不及物写作。为什么叫不及物写作？不及物写作不是说不写物，而是说写作不干涉写作之外的东西，写作不再去关注写作之外的目标，这个意义上的写作是不及物写作，而介入写作才是及物写作。

这是罗兰·巴特提出的三种类型的文学，他以此反对萨特的介入观念。布朗肖还提出了另一种对介入的反对。如果说萨特式的介入同时也意味着交流,那么,布朗肖强调的是文学的孤独。在他的《文学空间》开篇,布朗肖就宣称文学是彻头彻尾的孤独。文学是孤独者的工作,文学不可能去干预外在的东西,哪怕有读者来读文学,也一定是用一种孤独的心态来读的,读者也是孤独地进入文本之中的。文学作品除了意味着孤独之外,什么也不意味。作者的写作是孤独的,读者的阅读也是孤独的。他们之间没有交流也不应该有交流。卡夫卡的写作绝对就是孤独行为,他绝对不是为了介入,也绝对不是为了赢得读者。布朗肖所强调的文学的孤独,不仅同萨特式的介入不一样,同罗兰·巴特提出的阅读产生快感经验也不一样。

如果文学从根本上是孤独的话,那么文学还应该是沉默的。文学不是布道、宣称、介入,文学不是说出真理,不是讲出事实,不是对真相有强烈的爱好。相反,文学恰恰是要保持沉默。对布朗肖而言,语言的重要功能不是表现和说出什么,而是闭锁、是封闭、是沉默,在这个意义上,文学既是孤独的,也是沉默的。这是布朗肖的终身工作和信念,他给自己拟定了墓志铭:"此人的一生,献给了文学,以及文学的沉默。"

我们如何理解布朗肖所说的语言的沉默呢?布朗肖在生活中也很沉默,他是著名的隐身者。他基本不跟任何人交往,让自己变成一个孤独的人、一个沉默的人。他只通过书写的方式跟人交流,或者是自己跟自己交流,自己和自己进行无限的谈话。写作绝对不是为了去寻找读者,写作是自己跟自己谈话的方式,这已经离萨特非常遥远了。布朗肖的这种沉默跟海德格尔密切相关。海德格尔认为语言是大地的语言,是大地在说。一方面,大地在说、在澄明、在敞开,大地的道说,就是让世界澄明、让万物暴露;但另一方面,大地还有一个相反的特点,大地的本性是闭锁，大地有其固有的沉默，大地还要隐没自己。所以大地内在地有两个特性：一个是在显现和敞开，另一个是在收藏和隐没。这构成了大地的内在张力。那么，语言是什么呢？如果说大地是语言之根，那么，一方面，语言是让大地敞开，让它表明，让它显示；但另一方面，语言也是大地的庇护，是对大地的保障，让大地变得安宁和沉默，让大地闭锁起来。所以语言也有它固有的沉默，语言也是在显和隐这两者之间争执和冲突。海德格尔说，一方面，语言在说，通过人在说，另一方面，语言就是大地的沉默之音。语言是在说，但它是沉默地在说。语言在照亮世界，但是它也在不断地保守自己的黑夜。

布朗肖受到了海德格尔很大的影响。对他来说，语言恰恰是保守了沉默。诗歌是为了表达沉默和寂静，这是布朗肖的话："在这种话语中，世间在退却，目的已全无；在这种话语中，世间保持沉默；人在自身各种操劳、图谋和活动中最终不再是那种说话的东西。在诗歌的话语中表达了人保持沉默这个事实。"[①]语言不是来证实人的存在的，不是人的发声，不是人的显赫在场的标志，恰好相反，语言表明了人的沉默和缺席。正是因为有语言，人才会沉默，语言根本的存在就是沉默。在语言中，沉默先于表达、先于发声，沉默和黑夜是语言的根本，表达是以沉默为根基的。在诗歌中，人正是通过语言而不会讲话、而隐身、而沉默的。诗歌就是这样一种沉默的语言，一种黑夜的语言，一种不发声的语言，一种不表达和不显现的语言，这就是纯粹的语言。在诗歌中，这种语言回到了其本质；在诗歌中，这种语言获得了纯粹的、有尊严的存在感。这最后的语词，这抹掉了一切的沉默语词，突然会有一种瞬间的闪耀，一种火花

---

① 莫里斯·布朗肖:《文学空间》，顾嘉琛译，商务印书馆，2003，第23页。

般的闪电爆发，这个时候就是诗的高潮，诗滞留于这一瞬间，这个沉默中的火光的闪现瞬间。这瞬间也是语言的战栗，它显现的是绝对的虚空、绝对的碎片和绝对的沉默。

这样的沉默导向了无底的虚空。沉默就是一个无意义的深渊，是不交流的孤独，它没有内容，没有主体，没有真理——这就是文学的孤独和夜晚。

德里达（Jacques Derrida）深受布朗肖的影响。对德里达来说，字词永远不是指向外物的，词永远不指向一个在场的意义，词是指向其他的词的。一个词的意义在哪？一个词的意义在于和别的词的差异，在于差异性词语编织的链条当中，词和词互相指涉，词不过是一个能指链条上的一个无穷无尽差异性的游戏的一环。我们不要把句子往意义的方向去引领，我们要把它往下一个句子的方向去引领。一个词，也不要把它的所指挑明，而应该让它的能指和另外一个词的能指发生关联。所以无论是文本、句子还是词，它们总是在一种纯粹的差异性中嬉戏。在此，我们可以看到，词语的游戏，是一个无穷无尽的、一个时间化的差异性的延宕过程，词语在一个词语链条当中无穷无尽地、没边没际地闯荡，它没有终点，它永远不会被外在的事物固定下来。如果拒绝在场和表意的话，以语言为媒介的文学根本谈不上任何介入的可能。

那么，对德里达而言，文学到底是什么呢？德里达认为，现代主义文学的特点就是对文学建制的危机保持高度敏感。也就是说，马拉美、乔伊斯、阿尔托、布朗肖这样的作家都试图打破古典的文学建制，他们的写作都是文学建制危机的产物，他们感受到了文学的危机。不过，对德里达来说，他认为文学写作恰恰是不能说出真相。对一个真正的作家来说，写作不是要打开秘密、暴露隐匿的真理，而是为了保守自己的秘密。或者说，写作就是构造秘密和领悟秘密，是一场秘密的实验，是同秘密玩的一场语言游戏。写作是为自己的秘密加上一层保险箱。这是一种密语写作，是在试探用一种只有自己能够理解的语言来写作。

我要介绍的对文学介入和再现作批判的最后一位理论家是德勒兹。介入和再现意味着交流，即作者和读者之间的交流。而交流同时也意味着要有一种清晰的、共同的句法模式。德勒兹在《批评与临床》这本精彩绝伦的小册子中谈到了他的文学思想。他要攻击的就是古典文学流畅和连贯的句法，攻击其富有逻辑秩序的篇章结构。对德勒兹来说，这是一种编码式的官方句法模式，打破这种句法模式就是交流的中止，同时是再现和介入的中止。对他来说，有这样几类作家可以偏离这样的官方句法或者主流句法。

第一种作家是那种说疯话的作家，就是精神分裂症式的作家、妄想狂式的作家。这并不是说作家本人一定就是精神分裂症患者，而是说他们的作品呈现出精神分裂的语言和风格。这样的作品充满了幻觉，也充满了疯狂。这是一种断裂式的句法，一种无法沟通和交流的语法，这种写作是一种谵妄式的写作。这同德勒兹对精神分裂分析的推崇是一致的，这样的作家就是要打破主体的自我同一性。写作不是作家在理性地把控，作家一旦进入写作状况，就像进入迷狂状态。"他令新的语法或句法力量得以诞生，他将语言拽出惯常的路径，令它开始发狂。……整个语言都开始向'不合句法'、'不合语法'的极限倾斜，或者说同它自己的外在（dehors）展开了对话。"[1] 类似于阿尔托

---

[1] 吉尔·德勒兹:《批评与临床》，刘云虹、曹丹红译，南京大学出版社，2012，"前言"第1页。

和巴塔耶这样的作家都是如此，他们都有一种语言的谵妄。是谵妄创造了他们的表达方式，"仿佛某种进程将词语从宇宙的一端拉到了另一端。然而，当谵妄重新堕入临床状态时，词语再也无法抵达任何地方，透过它们，我们再也看不到、听不到任何东西，唯一存在的，是失去历史、色彩和歌咏的夜"[①]。在中国，残雪是这样写作的代表。残雪的小说中就存在大量的唠叨、呓语，她的很多小说充斥着幻觉而不是事实逻辑。这种疯狂的写作，这种现代文学所特有的谵妄语言，不同于布朗肖的黑夜写作。对布朗肖来说，黑夜是虚空，而对德勒兹来说，文学之黑夜是句法的混乱，这是混沌的而非虚空的黑夜。

第二种是卡夫卡式的作家。卡夫卡在自己的语言内部像一个外国人那样写作。这种写作所用的语法同样和我们习以为常的语法不一样，这不是对句法的颠倒，而是在熟悉的主导语言内部创造一种新的小众语言。"正如普鲁斯特所言，它（文学）恰恰在语言中勾勒出一种陌生的语言，这并非另一种语言，也不是重新发现的方言，而是语言的生成-他者（devenir-autre），是这种主要语言的缩小，是占优势的谵妄，是逃离支配体系的魔线。"[②]这种对支配性的语言体系的逃离就是一种语言的生成，这种生成不是去创造新词，而是创造句法，这是对母语的攻击，这也应该是作家的使命："当文学对母语进行分解或破坏，但同时也通过句法的创造在语言中构建一种新的语言时，它已经呈现出两个方面。'捍卫语言的唯一方式就是攻击它……每个作家必须创造属于他的语言……'"[③]这样，这种新的句法就和

[①] 吉尔·德勒兹：《批评与临床》，刘云虹、曹丹红译，南京大学出版社，2012，"前言"第2—3页。
[②] 同上书，第10—11页。
[③] 同上书，第11页。

谵妄发生了关联。这种语言就是一种逃逸线，一种对母语的逃逸线。正是因为这种对母语的攻击和逃离，这样的句法就具有谵妄的特征，就被带入语言的极限、语言的外部，类似于布朗肖式的外部。这样的句法逃离并没有终点，它只是过程，是摆动，"是言语活动的外在。作家是观察者和倾听者，因此，文学的目标在于：生命在构成理念的言语活动中的旅程"[1]。文学写作就是一个摆脱主导语言的过程，而攻击主导语言同时也是一种陌生语言的生成。

这种陌生语言就是语言的一种少数用法。这种卡夫卡式的作家，他们令主导语言"次要化……他们因'少数'而变得伟大：他们令语言逃逸，令它疾走在女巫之线上，不停地使它处于不平衡的状态，不停地令它的每个词根据一种不停息的转变产生分岔和变化。这已经超越了言语的可能，触及了语言甚至言语活动的能力。可以说每位伟大的作家面对他所使用的语言时，总像个异国人，尽管这是他祖国的语言。在极限处，他在一种不为人所知的、只属于他自己的沉默的弱势中获得了力量。即使面对自己的语言，他也像个陌生人，他没有将别的语言同他的语言混杂起来，而是在他自己的语言中雕琢出了一门陌生的、预先并不存在的语言"[2]。

这样一种语言，从根本上来说就是一种口吃的语言。这并不是说作家本人口吃，而是说作家使得语言本身口吃，口吃使得这种语言不像标准的母语，不像主导性的语言。"让语言自己喊叫、口吃、嗫嚅、呢喃。……劳伦斯让英语脚步趔趄，从

---

[1] 吉尔·德勒兹：《批评与临床》，刘云虹、曹丹红译，南京大学出版社，2012，第12页。

[2] 同上书，第237—238页。

中萃取出阿拉伯半岛的音乐和幻觉。而克莱斯特，他在德语深处唤醒的是怎样一种语言啊！咧嘴强笑、口误、吱嘎音、不连续的声音、拉长的联诵、语速的骤然加快和放慢，甚至不顾这样做会引起歌德这位主要语言最伟大代表人物的反感，以达到事实上奇异的目的，石化的幻觉，令人眩晕的音乐。"[1]这种口吃的语言就是前后摇摆、左右跟跄、歪歪倒倒，或者从句子中间开始生长，像根茎一样漫无目标地蔓延。这可能是语言的分叉、弯曲、变形或者中断，这是词语的凌乱舞蹈。语言在这里没有平衡、没有和谐、没有节奏、没有雕琢，只有含糊、只有嘟囔、只有断片、只有颤音，只有无穷无尽的节外生枝。"这种言语只能是一种非常特殊的言语，一种诗性言语，它表现的是语言特有的分歧和差异、异质性和变化性的强大力量。"[2]从根本上而言，这种口吃会"将语言置于一种爆炸的、几近崩溃的状态"[3]。

由此，我们看到了不同的反对介入和再现的文学思想：在罗兰·巴特那里，写作是中性的，是无动于衷的，文学是纯洁的白色写作；在布朗肖那里，写作也是中性的，但这是沉默的中性，文学是虚空的黑色写作；在德里达那里，写作是制造密语和保守秘密，是对秘密的秘密体验；而对德勒兹来说，写作是一种口吃，一种令人崩溃的口吃、令母语炸裂的口吃。所有这些，都无限远离了萨特那种为了唤醒读者的自由的介入式的文学观念。

---

[1] 吉尔·德勒兹：《批评与临床》，刘云虹、曹丹红译，南京大学出版社，2012，第238页。
[2] 同上书，第235页。
[3] 同上书，第236页。

第十三讲 现代主义…艺术

一

欧洲的绘画现代性是从马奈（Édouard Manet）开始的，马奈开始有意识地、系统地和欧洲古典绘画传统发生偏离。欧洲古典主义绘画是从15世纪文艺复兴时期开始的，一直持续到19世纪中期的马奈。在马奈之前，欧洲绘画传统基本上是一个写实主义传统，就是我们通常说的再现的传统。当然这个再现的传统内部也有各种各样的分歧，比如文艺复兴和巴洛克的风格之间也有很明显的差异。沃尔夫林（Heinrich Wölfflin）曾有过非常经典的研究，他认为文艺复兴时期的绘画强调均衡、和谐、美，强调对称，强调清晰的线条和稳定的结构。而17世纪的巴洛克艺术则与之相反，强调旋转、旋涡、力、变化、动荡和激情。二者之间有非常明显的差异和断裂。但是，从一个更宽阔的角度，或者一个更深层的角度来看的话，在某种意义上它们都没有摆脱再现和透视这样一个基本风格，都是试图对外界事物进行逼真的再现，在这一点上它们并没有什么根本的分歧。

这个古典绘画传统的特征，按照福柯的看法，大体上"就是试图让人遗忘、掩饰和回避'画是被放置或标志在某个空间部分中'的事实……这就是要使人忘记：画是被放在长方形的两维空间之中。并且从某种意义上否认画作所表现的空间就是作画的空间。因此，自15世纪意大利文艺复兴以来，这种绘画试图表象的是置放于两维平面上的三维空间"[1]。对欧洲绘画传统来说，画家希望达到这样的目的或效果，就是画出了一幅画，但是让人忘却了这是一幅画，让人觉得画里面呈现出来的景观和客体就是实实在在的景观和客体，这些景观和客体直接扑面而来，以至于人们遗忘了这幅画是由颜料画出来的，是在画布上画出来的，是由画框框起来的，是挂在墙上的。这样的绘画当然也试图让人们忘记它是一个二维空间，让人们忘记"绘画铭刻在由直线和直角分割成的正方形或长方形内部"[2]。从根本上来说，"这就是15世纪意大利文艺复兴以来，西方表象绘画使用的掩盖、隐藏、虚幻、省略的手法"[3]。也就是说，要让绘画的物质载体尽可能地隐藏起来，让它消失不见。对欧洲古典绘画而言，一幅画最高的境界就是让人忘记了这幅画是由各种各样的绘画材料、绘画物质等要素构成的。而马奈的工作则与此针锋相对："在西方艺术中，至少是文艺复兴以来，或者至少是15世纪意大利文艺复兴以来，马奈是在自己的作品中，在作品表现的内容中首次使用或发挥油画空间物质特性的画家。"[4]也就是说，马奈要干的事情就是重新让人们意识到一幅画是被画出来的，一幅画有它强烈的物质性。对马奈而言，绘画的物质性、绘画的客体属性不应该被掩盖，而应该被呈现出来。马奈的绘画还让人们意识到："画是一小块空间，观者面对画可以移位，也可围而观之，因此，观者可以把握某个角度或者可能看

---

[1] 米歇尔·福柯：《马奈的绘画：米歇尔·福柯，一种目光》，谢强、马月译，河南大学出版社，2017，第19—20页。
[2] 同上书，第20页。
[3] 同上书，第21页。
[4] 同上书，第19页。

到画的两面。"[1]

　　大体上来说，马奈在他的作品中试图表明绘画所呈现的不是一个透视的空间，不是一个三维空间，绘画所呈现的是一个二维空间，是平面的，而且绘画是由画框、画布、直角、正方形或长方形组成的。而且，一幅画是可以挪动、可以搬运的，人可以围着一幅画移动着看。还有，一幅画的光线不是我们所想象的那种从画面内部照射出来的，光是来自画外的，是现实的、具体的、真实的光照在一幅画上面的。对马奈来说，一幅画不是对外界的再现，一幅画本身就是一个客体、一个实物，就有它强烈的物质性，它就放在那里。这是对古典绘画的一个根本性的颠倒：绘画不再是去尽量隐藏它的媒介特性，而恰恰就是一种物质性的媒介本身。这就是福柯关于马奈绘画的一些观点，他把马奈的绘画称为"客体画"，也可以说是"物质画"。这同马奈的朋友马拉美的诗的工作非常接近，对后者而言，诗主要是让词现身、让词说话，让词的厚度、自主性，让词的存在和光亮显示出来。词不是意义的媒介，就像画框、画布和颜料不是现实的媒介一样，它们以自主的形象出现在画面上，它们自身是绘画的客体，就如同词是诗的客体和对象。在某种意义上，我们可以说马奈是欧洲古典绘画传统的一个终结者，而且他是非常明确地、有意识地、带着能动性地对西方文艺复兴以来几百年的再现绘画传统进行挑衅，这是马奈最重要的贡献。同时，这也意味着马奈预示了新绘画的开端。可以说，所谓现代绘画的那一扇门，最开始是由马奈轻轻地敲开的，他

---

[1] 米歇尔·福柯：《马奈的绘画：米歇尔·福柯，一种目光》，谢强、马月译，河南大学出版社，2017，第20页。

实际上是站在新旧两种传统之间，是新绘画和旧绘画之间的一个至关重要的节点性人物。

我还要提到第二种有关马奈的观点，这是巴塔耶的看法。他对马奈的理解和福柯有一点相似，但是根本的出发点不一样。他们的相似点是巴塔耶也认为马奈绘画的主要目的不是再现外物，不是要表达出什么意义，不是对外部场景进行记录和忠实再现，他认为马奈开拓了一种非知识的绘画。对巴塔耶来说，艺术从根本上来说就应该是一种非知识，这也是艺术的自主（主权）。所谓的非知识，就意味着艺术不是记录、不是认知，当然就不是再现。艺术是一种耗费，一种纯粹的没有信息和知识的无意义耗费，一种脱离了实用记录功能的耗费。马奈画作的最大特点就是它的无意义，它什么也不表达。如果说福柯认为马奈的反再现是为了突出绘画的媒介性，那么，巴塔耶所认为的反再现就是强调不表达任何意义。这种无意义就表现在绘画和画中人物非常冷漠，没有激情，没有主动性，这让我们想起了加缪笔下的局外人。这是马奈和传统绘画的决裂，后者确信人的主体性、人的深度、人的心灵世界，因此，也总是要绘制人物的激情、内在性或主动性。它要讲述故事，讲述带有主题或者观念的故事，它充满着文学性，因此，它也像书写记录的诗文一样需要去破解，而不仅仅是进行表面的观看。但是，马奈的无意义的绘画，打破了这样的古典绘画意图，它不提供信息去阅读，这些绘画作品没有主题，没有激情，没有深度，没有柏拉图式的深邃理念。当然，这样也不会出现交流、感染或者情动，不会出现萨特意义上的介入。它只停留在对象的表面，而不向任何立体和深度的方向开拓。停留在表面，这也意味着它仅仅致力于沉默。"它讲述，对它所讲述的东西无动于衷。"① 这非常接近罗兰·巴特所说的零度写作——绘画将表现力降至最低。无论是《马克西米利安的处决》还是《奥林匹亚》，这本该是死和爱的激情主题却充斥着冷漠。前者通过抹去死者的面孔而抹去了他的痛苦，后者通过抹去挑逗的目光而抹去了画中的女性（和观众）的欲望。马奈的绘画人物都有冷漠的面孔。激情的人却在向中性的物靠拢，这是人的绘画，但也是物的绘画。"马奈用前所未有的努力提出的，是诸物的沉默、不透明和神秘的在场，当在场回归其本质时，绘画就指明这种在场。"② 马奈的绘画是无意义的沉默的绘画的开端。如果说他的绘画有什么平面性，那么不仅仅是福柯说的将三维空间还原为二维空间的平面性，还有剔除了深度和激情的平面性，一种非思考、非概念和非知识的平面性。它对再现的剔除不是为了让绘画的物质性显示出来，而是导向了彻底的沉默和冷漠。绘画的平面就是绘画的沉默。

二

我们如何看待这样的冷漠和沉默呢？巴塔耶是从非知识的角度来谈的，但是，我们也可以从另一个角度来谈论这种冷漠和沉默。马奈的画绘制的是现代人的日常生活，也就是他所在的 19 世纪中期人们的现代生活，包括郊游、街道、酒吧、咖啡厅、火车、舞会等都市场景，这些都是典型的现代性场景。这种冷漠和现代性结合在一起。我们来看马奈的这幅画：《在花园

---

① Georges Bataille, *Manet*, trans. Austryn Wainhouse and James Emmons (Genève: Skira, 1955), p.95, 48.
② 米歇尔·福柯：《马奈的绘画：米歇尔·福柯，一种目光》，谢强、马月译，河南大学出版社，2017，第 102 页。

马奈《在花园温室里》

>> 马奈《草地上的午餐》

温室里》。福柯也提及了这幅画,还把它说成是马奈故意为之的客体画:后面非常茂盛的植物把景深挡住了,让三维空间变成了二维空间;画中间有两个非常长的横向栏杆,实际上也是对画框的指代。这两个栏杆中间的这些竖向垂直线,包括座椅上面的竖线和横线,以及画里的女人穿的裙子上的褶皱,还有女人手中握着的一把伞等,这幅画里出现的诸多线条在福柯看来都是对画框和画布的一种表达或者暗示。也就是说,这幅画也是在指向绘画的材料、指向绘画的物质性本身。福柯基本没有谈到画里的两个人物,但是我觉得这幅画里面有意思的是这个女人的目光。她的目光非常冷漠,非常麻木,非常空洞,非常涣散,从她的眼睛里只能看到巨大的虚空和漠然,这种眼神我们在古典绘画里面几乎没有见过。我们可以想到这是现代人的特征,或者说这是现代社会所特有的漠然的目光。同样,《酒吧侍女》中的侍女的目光也是如此漠然,目光的空洞压倒了酒吧中的饮酒喧嚣。《奥林匹亚》《草地上的午餐》《露台》中的女人都是如此,她们毫无激情。

  为什么人们的目光如此地冷漠呢?德国社会学家西美尔(Georg Simmel)有一篇非常著名的文章《大都市与精神生活》,主要讨论现代人的精神生活。19 世纪中期,出现了大城市以及前所未有的人群。大城市的流动性和瞬间性,大规模的陌生人的聚集,会给人带来多样性的意外事件,会导致各种稀奇古怪的事情层出不穷,让人像坐过山车一样处在巨大的动荡惊恐的状态。为了抵抗这种震惊状态,抵抗各种各样的意外,抵抗各种离奇的事件,现代人发明出了一种冷漠、世故和无动于衷的精神状况,这就是现代人特有的冷漠面孔。古代人对这种目光非常不熟悉,因为古代人对于发生的事件,目光一定是聚焦的,一定是聚精会神的。因为古代没有大都市，人和人之间是一种小范围的熟人社会，人和人之间的现实是可以预料到的日常现实。画中的这副女性面孔只能是现代都市人的面孔，这是现代人特有的冷漠——尽管画中的那个男人对她表现得如此殷勤。在这幅画里，这个女人在看，但是她什么也没有看。旁边的男人跟她的身体如此接近，但好像这个男人在她眼里并不存在一样，她目光空洞。巴塔耶认为马奈不表达意义，确实，这个女性对外在的一切没有热情，她不讲述，她没有表现力，她对一切都无动于衷，她看上去心如死水。在这个意义上，可以说马奈确实致力于人的沉默和绘画的沉默。

人的空洞和沉默，这就是马奈绘画所体现的现代性。或者说，马奈开始画出了现代生活。在此前的欧洲绘画中，人们是将历史或者宗教作为主要绘画题材的。但欧洲古典绘画中至关重要的这两大题材，在马奈的画面上都被根除了。马奈的绘画不再有历史记录功能。马奈的画之所以跟以前的画完全不一样，是因为马奈所处的时代发生了剧烈的变化，也就是在19世纪中期，所谓的现代生活兴起了。马奈开始画现代生活，可以说他是"现代生活的画家"，因为现代生活和古代生活完全不一样，所以马奈绘画的题材、表达的情绪、绘画的时代氛围和景观都和过去不同。马奈表达的是现代性，而19世纪中期恰恰是现代性的开端，这一点实际上他和诗人波德莱尔是一致的。波德莱尔曾经在1863年发表过一篇文章《现代生活的画家》，这篇文章谈论的画家不是马奈，而是居伊（Constantin Guys），他认为居伊的独特之处就是画了现代生活。写这篇文章的时候，波德莱尔还不了解马奈。实际上真正的现代生活的画家，或者说真正画现代生活的英雄应该是马奈，马奈才是第一个把欧洲现代性展示出来的画家。

如果说冷漠是西美尔发现的现代生活的特征，那么，波德莱尔更有名的对现代性的概括，就是强调现代性的瞬间性和偶然性。如果说在古代，人们总是将美和永恒结合在一起，只有永恒才算是美的，那么在现代生活中，瞬间和偶然也可以是美的，或者说，美的一半就是瞬间，另一半就是永恒。我们也可以说，现代的美或者艺术，就在于通过瞬间来达到永恒。在这个意义上，马奈不仅画出了现代性的冷漠面孔，还画出了现代性的瞬间感。对他来说，瞬间性和偶然性也可以进入艺术中，也可以成为艺术的目标和对象，瞬间性和偶然性也可以成为美的对象。绘画现在致力于瞬间，而不是永恒。而古典画家则是努力地根除瞬间性、时间性和具体性，我们在拉斐尔到安格尔的作品中都能感受到这点，身体是各种美的抽象，是普遍意义上的美，只有身体普遍之美的永恒性。即便是瞬间的场景，也要赋予它永恒的特征。但马奈则废黜了永恒感，让时间性、瞬间感停留在画面上，让他目光中即时性的感知停留在画面上。在马奈这里，不是将瞬间刻意雕刻成永恒，而是瞬间本身就是永恒。

我们可以比较一下马奈的《奥林匹亚》和提香的《乌尔比诺的维纳斯》这两幅画。看起来，它们呈现的都是一个瞬间场景，但是，维纳斯的美有抽象之美，我们会在很多美的女性身上发现她，她是各种女性美的大全。维纳斯符合美的一般定义，她具有美的普遍性，所有人都会觉得她美。这是普遍性的美压倒了具体的瞬间性场景，或者说，这种瞬间性的场景只是为了烘托和服务这种普遍性的美，普遍性从瞬间性中升华了，普遍性才是绘画的重心。但是，《奥林匹亚》中的女性则是具体化的，她并不是一种普遍性的美，她甚至就是美的反面，她是具体的、偶然的形象，这种具体的瞬间形象并不升华为一种普遍性，具体性、偶然性和瞬间性反过来成为绘画的重心。也就是说，这种非普遍的形象、一种绝对的瞬间性，也可以进入艺术。在马奈这里，瞬间性并不是为普遍性服务的，瞬间性就是一切，它通过进入艺术中而获得永恒。这也是现代性的特征：瞬间性有自身的光芒和价值，有自身的特殊之美。现代绘画以这种偶然和瞬间的方式打破了古典绘画的高度概括性和普遍性。

我们继续来看马奈绘画中的人物目光。这些人物的漠然目光大都是朝向画外的。这意味着什么呢？无论他们如何冷漠，这样的目光总是指向观众的，观众会和这样的目光交互。也就是说，观众以隐秘的不可见形象出现在画面中了，或者说，这些画在召唤观众。而这一点是以前的绘画所要着力排斥的。根据狄德罗的理论，绘画应该和戏剧一样，画中的人物应该和剧场舞台上的人物一样，沉浸在自己的戏剧、自己的故事、自己的行为中，而完全忘记观众的存在，忘记自己是被看的对象。这是杰出的戏剧或者绘画的法则，只有忽略观众、忽略外在的目光，才能呈现最真实的场景。这是没有被打扰的场景，因而也不是表演出来的场景，而是最本真的场景。只有这样，才能达到模仿和逼真的最高效果。而观众也最容易沉浸在这种本真的场景中，他们虽不在画面中或舞台上，但是他们在全身心地观看，全身心地沉浸在画面中或舞台上。这是最理想的看和被看的艺术情景。18世纪的夏尔丹（Jean-Baptiste-Siméon Chardin）的绘画就是如此，人物沉浸在画面内部，故事完全封闭在画面中，绘画给自己构造了封闭的空间，人物自成体系，自我专注，自己有一个完整的场景。弗雷德（Michael Fried）将这种夏尔丹式的自我封闭的不受外界影响的绘画情景称为专注性

（absorption）。"对专注性的有说服力的再现，需要让人物对一切都浑然不觉……人物必须对观众的在场浑然不觉。"① 在米勒（Jean-François Millet）的《拾穗者》中，农妇的目光如此专注地盯着田地，毫不理会任何他者。而画面越是封闭，人物越是自我专注，越是能吸引观众的目光，这是18世纪古典绘画的目标和要求。

弗雷德指出，马奈打破了这一绘画的自我封闭原则，或者说古典的舞台原则。在他的绘画中，画中人物从未忘记观众，从不是沉浸在自己的故事中，相反，他们总是试图摆脱画面、走向观众，他们好像总是意识到有观众的在场，总是希望和观众的目光交互，就像戏剧舞台上的演员总是不能忘记观众坐在台下一样，他们并不能全心全意地演戏。马奈在绘画中的工作，就如同布莱希特（Bertolt Brecht）在戏剧方面的工作一样，对后者而言，演员总是要意识到自己是在演戏，而不是和戏剧人物完全地融为一体。对马奈来说也是如此，画中人物似乎要冲破绘画的束缚，他们的目光不是沉浸在画面内部，而总是望向画外不同的观众。他们同时在画面内部和外部，同时是故事中的人物和现实中的人物。观众因此不是沉浸在整个画面上、沉浸在全部的故事中，而是迎着画中人物的目光和他们交流。观众也同时是在画面内部和外部，观众和绘画的沟壑被贯通了。观众也因此意识到自己是在看画，而不是被画中的场景吞噬，就像布莱希特的戏剧要求观众意识到自己是在看戏一样。马奈的画面因此摆脱了自己的平面性，它重新建立了空间，但这个空间不是往自身的秘密深度迈进，而是往画面外部伸展。在这一点上，马奈的绘画并非平面化的。

---

① 迈克尔·弗雷德：《专注性与剧场性：狄德罗时代的绘画与观众》，张晓剑译，江苏凤凰美术出版社，2019，第72页。

三

巴塔耶认为马奈的绘画是无意义的绘画，是非知识的绘画。但是，除了冷漠和沉默表现出的这种无意义外，如果仔细去看马奈的画就会发现，马奈绘画中的所有场景都有一种杂乱无章的感觉，他的绘画场景没有连续性和逻辑性。而在欧洲传统风俗画中，绘画的各个要素之间都会有一种有机的勾连，有一种戏剧性或者有叙事的逻辑，有一种画面的恰切性。不管是人物和人物的关系、人物和背景的关系还是人物和物质的关系，都有一种事件的自洽。但对马奈的绘画来说，真正核心的东西恰恰是这些理性或者说连续性的崩溃，是叙事的杂乱无章，是故事的不合逻辑，是绘画各要素的相互矛盾；没有任何一个中心性的要素在统治和驾驭画面。在这个意义上，可以说马奈的绘画实际上不表达任何东西，不讲述连贯的故事。

我们看《草地上的午餐》。这在当时是一幅声名狼藉的画，显然是因为画中的女性裸体冒犯了公众。但实际上，裸体画在欧洲历史上屡见不鲜。为什么马奈的这幅画会引起轩然大波呢？因为欧洲历史上的女性裸体画基本上都有一个固定的模式，如果要画一个女人的裸体，最常见的就是以维纳斯作为对象。因为维纳斯就是美神，就是美的化身，而且画维纳斯的时候一定是画得很神圣的，她具有神圣之美，具有抽象的普遍之美。神圣而普遍的裸体能够驱除人们心目中的猥琐感和色情意识，所以在欧洲有大量的维纳斯裸体绘画出现，这样的绘画是为了回避争议。但是马奈画了一幅非常大的一个世俗女子的裸体画，而且这个世俗女子实际上在现实生活中是存在的，这个女子或者说女模特就是马奈当时经常用的一个固定的模特莫兰。这就是我们强调的现代绘画的一个标志：瞬间性和偶然性之美。画中是一个单一具体的身体，而不是普遍化的共同身体之美，这挑战了古典绘画的美的原则，当然也挑衅了当时的道德原则。不仅如此，即便画一个裸体女性，通常的做法是，这个裸体女性应该是在一个密闭的空间里，或者说她应该是孤独一人的，就像委拉斯凯兹的《镜前的维纳斯》和戈雅的《裸体的玛哈》一样，画中的裸体女性都是在一个密闭的房间里面，至少不暴露在周围人的目光中，她们自我沉浸。这样的女性自我打开的裸体，更容易为人所接受。但是在《草地上的午餐》中，马奈用了巨大的画幅来画裸体女性，而且这个女性不仅冲破了密室暴露在大自然中，还暴露在画中的两个男人面前，目光还在向外和观众交流。这个女性没有表现出丝毫的羞耻感，我们可以看她坐的姿态：弓着膝盖，手搁在膝盖上，托住脸部。面对旁边的两个男人，她非常自然，毫无羞愧感。这毫无疑问是一种公然的展示和挑衅，不仅仅是对绘画惯例的挑衅，也是对日常伦理的挑衅，是对艺术法则和社会法则的双重挑衅。

但更重要的是，这幅画的构图也非常奇特。一个女性跟两个男人坐在一块儿，这两个男人看起来非常时尚，穿着当时19世纪欧洲流行的服装。另外，他们的腿和脚非常凌乱，右边男人的两只脚和这个女人的两只脚纠缠在一起，后面的那个男人一条腿显现出来，另一条腿被挡住了。画中的六条腿，非常凌乱地交织在一起，看不出秩序和中心。画面没有节奏感，三个人的身体姿态纠缠不清。右边这个男人身子微微斜躺，他右手的一只指头正处在画面的中间。这个构图显得有些奇怪，实际上马奈的构图有一个来源，是拉斐尔画的一幅版画，这幅版画的右下角也有一个类似的构图，马奈是把拉斐尔这幅画右下角的构图搬过来了，然后进行了改写和构思，这样才形成了一个三人之间复杂的、交叉的、纠缠不清的构图模式。这个构图模式除了腿部非常混乱之外，还有一个非常强烈的对比，即这两个男人衣冠楚楚，都穿着黑色的上衣，包裹得非常严谨，而女性却是赤身裸体的。尽管如此，画面上的两个男人对这个赤裸的女性身体毫无兴趣，或者说他们完全没有被这个赤裸的女性身体触动：坐在中间的男人的目光是看着远方的，没有看着这个女性，右边的男人是斜躺着的，而且他的身体是往右边躺下的，显然并没有表现出向这个女性接近的趋势。也就是说，尽管这个女性是裸体的，但是在旁边的这两个男人好像并没有被这个裸体女性吸引。顺便补充一下，《草地上的午餐》中两个衣冠楚楚的男性在一个裸体女性面前无动于衷，让我想起了杜尚的一个作品。杜尚是国际象棋大师，他跟一个年轻女性下棋，他们是在一座美术馆举办的杜尚回顾展开幕式的早晨下棋。下棋的女性就是赤身裸体的。杜尚非常专注，也是西装革履的，完全无视女性的裸体，全神贯注于棋盘。这张照片因为有强烈的对比、强烈的超现实性而非常流行。画面中的女性身体对画面中的男性来说毫无吸引力，完全被漠视，两个人的注意力完全投入国际象棋中去了。我不确定杜尚这个作品会不会是受到了《草地上的午餐》的影响，但它们确实有相似之处。我们再仔细看马奈的画，中间男人的目光朝着画的右前方看，而这个裸体女性的目光朝着正前方看，也可以说她正在看着我们观看她的那个方位，她的目光和我们观者的目光是相接的。右边男人的目光大概是看着他们两个人，也就是看着左边的一男一女。也就是说，他们三人的目光没有任何交织，他们彼此之间好像并没有什么交流，也不知道他们三个人到底处在什么样的连续性的戏剧场景之中。这就是绘画场景的断裂。尽管他们是三个人，身体非常接近，腿也纠缠在一起，但是他们没有目光的交织，他们的上半身好像都沉浸在各自的世界当中。

如果从古典的绘画法则来看，三个人紧密地待在一起，一定遵循一种理性的、连续的逻辑，但在这幅画里我们找不到绘画的逻辑。尤其是一个女性的裸体，通常会成为男性视觉的中心，一定会有目光的交互或者戏剧性的事件发生。裸体应该是被聚焦的，让目光、剧情、情节、细节聚集在一起，但是在这里却没有，这里的裸体只能说吸引了观众的目光。在画面内部，裸体并没有处于绝对的剧情中心。在这里，目光和目光是彼此游离的、疏远的。而且，男性的黑色衣服和女性的白色裸体之间的对比，让画面有一种强烈的分裂感，也可以说是对照感，但这种对照是以分离的形式出现的。这就是画面本身、画面内部有机性的欠缺，连续的故事性和统一的剧情的欠缺。哪怕画面有最富戏剧性的要素、契机和情节，但是画面恰恰表现得非常分离、零散，这是一个去中心化、去戏剧化的场景。从这个角度来说，这幅画就是用一种最具戏剧性的要素来表达一种强烈的反戏剧性。另外，画后面的那位女性在戏水，她也沉浸在自己的世界当中，她和前面的场景也有距离感，同时也和这三个人没有任何关系。她在这里起着什么样的作用呢？我们可以说，她在画面中是自主的、孤立的，她无法为画面缝补完整的情节，相反，她让整体画面出现断裂和困扰。同时，她还阻断了一条线路。沿着这个画面一直往后、往上看，在后面有一个开口，实际上就是有一个景深，她在中间把前面这三个人通往最后的景深的那条线路拦腰截断了。也就是说，她的存在也是一种疏离化的存在，一种打破总体性的异质性存在。从这个意义上说，这幅画实际是破碎的，是一幅反戏剧性的画作。

如果没有故事焦点的统一性，那它是否存在着一种类型的同一性？西方的绘画传统有一个大体的分类：静物画、风景画、人物画等等。那这幅画是属于哪一种类型的呢？我们注意到，左下角有一个水果篮子，篮子里面有樱桃、苹果等，右边还有面包，篮子下边是女性脱下来的衣服。如果我们专门看左下角这一块的话，这就是欧洲传统绘画中典型的静物画，尤其是水果篮子，这在欧洲的绘画传统中屡见不鲜。但这幅静物画也非常奇怪，它包括衣服、面包、水果和草，而且这些静物本身和欧洲传统绘画也不一样，因为静物之间也没有关系。比如，水果篮子放在衣服上面，而这些衣服是非常凌乱地铺展在地上的，它们之间缺乏一种连续性和整体感。面包和水果，也没有太大的关系。而欧洲传统静物画一定要有一个焦点和中心，通过焦点和中心把不同的静物统摄在一起，这些静物都是人造物，有人的气息在里面，静物之间有人为赋予的整体感。但是在马奈这里，我们看到这些静物非常凌乱，看不到中心，比如说有一个水果篮子，它是歪的，倒下来了，衣服在它面前非常醒目，也很凌乱，同时右边的那个面包也非常突出，它的色彩跟周围静物的色彩截然不同。它们既不是同一类型的实物，也没有很强烈的秩序感和整体感，这是一堆静物，但是没有形成我们所说的那种连续性。我们可以说这里面有一幅静物画，但是这幅静物画跟欧洲传统静物画非常不一样。

如果单独看中间这三个人物的话，我们可以把它看成是一幅肖像画或者风俗画。所以在马奈这幅画里面，首先左下角是一幅静物画，中间是一幅人物画。但是如果把画面里的四个人物都拔掉，把左下角这些静物也拔掉的话，它变成了什么样的画呢？它就变成了一幅非常典型的风景画，里面有树、草地，还有一个透视景深。所以这里既有静物画，也有肖像风俗画，还有风景画，马奈把欧洲绘画的三大种类——静物画、人物画、风景画统一在一起了。这幅作品看起来是一幅画，在某种意义上也可以说是三幅画，或者说是三种类型的画，但是它们各行其是，它们之间也不构成一个连贯关系。这是绘画类型的分裂，绘画类型的去中心化。

最后，特别值得一提的是，画面右边的这棵树非常大，已经胀出了画外。马奈只画了这棵树的一半，没有把它全部画进来，也就是说整个右边的这一块是由这棵树支撑起来的。在这个意义上，我们可以想到福柯所说的绘画的物质性，这棵树就是画的边缘，就是画框本身。它是一棵树，但是在这里，马奈有意识地把这棵树作为画框来表达，它是木头的、是物质的，其整个的呈现方式似乎让我们看到了画框的影子，它是把画布拉扯住的画框的一角。在这一点上，绘画的物质性得以凸显。这是一幅画，同时也是一幅镶嵌在画框里面的画，绘画不是要让一个原原本本的画框消失，而恰恰表现了画框的存在，这契合福柯的看法。我们可以说，绘画的物质性、绘画的材料在画中通过右边的这棵树表达出来了。而且左边这几棵树都是直线形的，虽然它们并不占据画框的边缘位置，但是在某种意义上也对右边的这棵树有一种暗示作用，它们之间有一种呼应关系。

这是我们对《草地上的午餐》的一个简要分析。下面我们再看一幅画——《奥林匹亚》。与《草地上的午餐》相比，这幅画引起了更激烈的轰动，马奈当时报名参加了1865年的沙龙展，这幅画激起了整个巴黎的怒火。有些人认为《奥林匹亚》

是现代绘画的开端。我们如何看待这幅画的现代性呢？实际上我们要把另外一幅历史上非常有名的裸体画——提香的《乌尔比诺的维纳斯》与这幅画进行对照，这幅画显然是脱胎于提香的《乌尔比诺的维纳斯》的。提香这幅画是一个非常典型的文艺复兴时期的作品，也就是福柯说的一个要消除绘画物质性的作品。要消除绘画的客体或者物质性，最主要的就是要制造出三维空间，要有透视和景深，只有这样，绘画才可能达成一个模拟现实而消除自身物质性的效果。《乌尔比诺的维纳斯》完美地运用了透视法。这幅画中有一张占据了画面左半侧的布帘，这张布帘有力地表示出绘画的空间。以布帘为界，空间被划分为两个部分：布帘前面有张床，床上躺着一个裸体女人；布帘后面露出了一个房间，两个女仆在房间里收拾衣物。在房间的后墙上还有一个巨大的窗户，窗台上有花盆，正是这个作为界限的花盆又将我们的目光引向了窗户之外。而前面床上的女人盯着画外的目光又将视点引向了画外的观众，画外观众的位置似乎在画面上也隐现了……我们可以看到，这样一幅平面绘画（它是画在一个二维布面上的），就从前到后出现了四层空间：看不见的画前的观众位置，将床布反复折叠起来的床，通透的房间，以及透过窗户若隐若现的无尽外部。房间中由大到小的方格地砖将这几层空间紧密地串联在一起。在这里，景深造成了层次非常丰富的空间：一个隐藏起来的前景，一个室内的中景，还有一个户外的远景。也就是说，这幅画有一种非常明显的、非常具有纵深的、充满透视的空间感。

但是，《奥林匹亚》对《乌尔比诺的维纳斯》的一个非常大的改造在于，它把空间、透视、景深直接填平了，把幕布直接拉到了前面。这幅画没有景深，它就是一幅平面绘画。也就是说，《乌尔比诺的维纳斯》画的是一个三维空间，而在《奥林匹亚》这里则转化成了一个二维空间。用福柯的话来讲，绘画不是将二维空间处理成一个三维空间，绘画本身就是二维空间，就是平面的东西。这一点对整个文艺复兴以来的透视主义采取了一个非常明确的排斥态度，它打破了透视主义的神话。阿拉斯（Daniel Arasse）认为，这是绘画现代性一个非常重要的特征。"马奈取消了所有的透视效果，画面中没有任何景深，一切都仅存在于画的表面之中。"[1]一旦把透视主义的神话打破了，把三维取消了，让绘画还原为一个平面，那么，《奥林匹亚》这幅画就是一个帷幕或者一张画布，而且它是一张整全的画布。这也意味着，我们作为观众只能看这幅画，没法走进这幅画里。在《乌尔比诺的维纳斯》面前，观众还可以走到画里面去，可以走到房间里，可以走到仆人所在的空洞的空间里。但是，在马奈的画里，我们是走不进去的，帷幕一下子把所有空隙的空间和景深全部挡住了，这里没有空间供人停驻。也就是说，现代绘画对我们来说是只能看的，它只是一个看的对象，只能献给视觉和目光，人不能生活在其中。这是一个非常大的差别。古典绘画基本上都留有空间，我们可以想象自己在画当中，但是现代绘画完全把观众拒斥在画面之外。

《奥林匹亚》画面后面的那块布或者帷幕，如果按照福柯反复强调的绘画的客体性观点，那我们为什么不把这块布想象成画布本身呢？这里的女子、仆人、猫难道不就是画在那块布上的吗？那个帷幕本身不就是画布吗？也就是说，在马奈这里，实际上就是把后面的那个黑暗的阴影或者黑暗的帷幕直接当成

---

[1] 达尼埃尔·阿拉斯：《我们什么也没看见：一部别样的绘画描述集》（第二版），何蒨译，北京大学出版社，2016，第170页。

了画布本身，也就是说绘画画出了画布，就像《草地上的午餐》画面右边的那棵树就是画框。这样，绘画的物质性在《奥林匹亚》当中也出现了。而且大家还应该注意到，《奥林匹亚》这幅画中间在黑暗的幕布之上从上往下有一条比较显眼的线，这条线一直通到了画面中女人的身体上，然后就消失不见了。在这个地方，好像这幅画被一分为二，它似乎是由两幅画拼在一起的，也就是说，像是两个画框、两个画布拼成了这幅画。当我们看到这幅画时，实际上我们不仅仅是看到了一幅画，看到了一幅由一个裸体女人、一个黑人仆人、一只小猫、一张床组成的画，同时我们从中也看到了两幅作为客体的绘画拼在一起，这是由两个画框拼成整体的一幅画。在这个意义上，与其说马奈要再现一个裸女的肖像，不如说他要画出两幅画的拼贴。这就是所谓的实物画，绘画要画出画本身的物质性，要让自己展示为一幅画（在这里，一幅画是由两幅画拼贴成的）。

这幅画在当时之所以激起观众的巨大愤怒，并不是由于这种平面效果，更主要的还是由于裸体本身。在这里，女性裸体充满强烈的亵渎感，这是对 19 世纪以前的美的趣味的一个巨大的挑衅。这幅女性裸体画给我们的直接感受是什么呢？我们首先看她的身体本身，身体是腐烂的、破碎的、干瘪的、枯萎的，有点像尸体，没有任何活力，也没有身体的柔软感。这个身体像是石膏做的，非常僵化，完全是由骨架支撑起来的。另外，这个身体边缘都是由黑线构成的，身体被石墨线条包裹起来了。身体上没有阴影，从上到下遍布一个色彩，它没有那种缓缓的、节奏起伏的、不均匀但又和谐的光的播撒。我们也可以在这一点上将其和《乌尔比诺的维纳斯》进行比较。《乌尔比诺的维纳斯》的光非常柔和，有阴影，有变化，观者可以判断出光是从哪儿来的，但是马奈的《奥林匹亚》让人感觉不到光源在哪个地方，好像就是死硬地画上去的，画面内部似乎不存在一种所谓的光照在这个女人身上。这些同样在不断地提醒我们，这幅画是被画出来的，而且有很多错误的画法。从传统的绘画观点来看的话，这幅画整个是画错了。比如女人的左腿，也就是上面那条腿，和上半身那个地方是脱节的。这条腿好像不是从上面的身体里自然而然地延伸过来的，虽然接触之处被手挡住了，但是可以想象这个身体和腿发生了断裂。女人的两个肩膀也都非常地凸起，非常僵硬，不是圆肩，不是自然的过渡，它们跟脖子也存在着一种断裂。也就是说，马奈把这个身体画垮了、画破了、画碎了，画面里的手和脚好像是很粗暴地和身体焊接在一起，失去了有机感。它们之所以能够成为一个整体，就在于它们在光和色彩方面是统一的，没有过渡、没有阴影，不自然、不真实，但又是单一色彩的光把这个破碎的身体强行结合在了一起。我们从中看到了太多的绘画破绽。尤其是和提香《乌尔比诺的维纳斯》那种充满弹性的、柔和的、性感的、自然过渡的、看起来真实的身体相比，马奈的《奥林匹亚》是一幅错误百出的、粗鲁的裸体画，在欧洲传统绘画史上，女性的裸体画总是为了男人的目光而存在的，而在这里，我们看到这个破碎的身体本身是拒斥男性目光的，也可以说是拒斥观众的目光的。

这种对观众的拒斥还和女性的目光有关。实际上，我们如果站在这幅画的前面，会发现她的视野比观众的视野要高一些，在某种意义上有一点俯视观众的感觉，而且她的眼神根本不是一种诱惑，不是一种迎合，更不是一种服从。旁边的黑人女仆能够体现出对裸体女人的服从，但是这个裸体女人自身的眼神是有点挑衅的，而且是对观众的一种俯视性挑衅。我们可以把她的眼睛和《乌尔比诺的维纳斯》里的人物眼睛进行比较，后者目光要柔和得多，而且在整个画面当中所占的位置是更偏下的，她的目光的高度和观众的目光平齐，没有俯视的姿态，同时绝对没有挑衅和抵抗，这是和观众之间的和谐交流。两种目光流露出来的是跟观众的两种不同的交流：一个是平视，一个是俯视。提香的维纳斯的目光有一种诱惑、勾引或者召唤，而《奥林匹亚》中的目光可以说有一点点嘲讽、拒绝和挑衅，也有一点点对他者的凝视，并展示出了女性目光的权力。对于观众来说，她不是被看的客体，反而是让观众成了她的客体，成了一个丑陋的、画坏了的、带有腐败气息的女人的客体，这才是让观众感到不满、感到被侵犯的原因。实际上，我们把这个女性裸体和同时期安格尔（Jean-Auguste-Dominique Ingres）的《泉》作一番对比，更能看到马奈的激进。

《泉》体现了古典绘画人体之美的极致。安格尔画这幅画大概花了几十年的时间，他对欧洲绘画史上著名的裸体女像进行了反复研究，将她们的各种特征进行总结、比照和归纳，终于绘制出了这幅古典绘画之美的集大成者。这幅画的画面是倾斜的，但它还是强调对称之美。人体上半部的线条在左侧是直的，到了膝盖的地方开始往内弯，画面中除了左侧膝盖弯曲，上半身的右侧也有弯曲，左边膝盖和右边腰部的两段弯曲线呈现出一种对称和呼应。她的手也是对称和平衡的，但如果仔细看，在现实生活中要是抱着这样一个水罐，手实际上是够不着的，安格尔把上面那只手悄悄地画长了，这样做还是为了强调平衡性，强调线条的曲折、流动和回旋。一个弯曲的身体抱着一个罐子，是为了表达身体的柔软和灵活性，表达身体婀娜多姿的一面，安格尔不会把裸女画成一个笔直挺立的形象。我们可以

>> 提香《乌尔比诺的维纳斯》

>> 马奈《奥林匹亚》

安格尔《泉》

马奈《福利·贝热尔的吧台》

想象一下，裸女要是站直的话，画面会显得单调和乏味，而美总是和曲线相关的，古典绘画的美总是托付在曲线、对称和平衡的架构之中。我们再看这个裸女的面孔。她的面孔虔诚、神圣、庄重，彻底驱除了轻佻和亵渎的气质。这种稳重的目光既不像提香的维纳斯那样具有引诱性，更不像《奥林匹亚》那样充满权力的俯瞰式的凝视。同样，《泉》中的女性身体的上半部被光照得非常明亮，但到了下半身就开始出现阴影，也就是说，光和影是自然地过渡的。我们可以想象，光是打在裸女的正中间的，到了腿的下部和上面的脖子处就开始产生阴影，似乎光是自然地照在身体的中间，起伏变化，呈现出自然减弱的态势从而向上和向下派生阴影。实际上，这就是我们所说的古典绘画或古典美的一些基本的特征。这是一幅 19 世纪中期出现的画，也可能是西方世界最后一幅表达古典裸体绘画之美的名作，它最集中、最完善、最卖力地表现了裸体绘画的美的巅峰。就此，马奈的《奥林匹亚》不仅挪用了久远的提香来攻击提香式的传统，也在攻击同时代人的古典趣味。他不仅攻击了三维空间，攻击了男性的凝视，攻击了有关"女性是端庄的和美的"神话，还攻击了美所必需的平衡对称要素：裸体女郎只穿了一只鞋，另外一只脚是没穿鞋子的；她的头部右边孤零零地扎了一朵花，而左边却没有花……

我们再看《福利·贝热尔的吧台》，这是马奈的最后一幅重要画作。当然，这也是马奈最有名的画作之一，也能体现出他一贯的风格。我们刚才已经看到过的一个女性冷漠的目光在这里又出现了。尽管酒吧无比喧嚣，充满了各种戏剧性，尽管这个女招待要和各种客人打交道，但是她还是保持着那种见怪不怪的、漠然的眼神。可以说，这是现代人的面孔，或者说是现代人的知觉的涣散，尽管这个工作要求她有高度集中的注意力。

另外一点就是福柯反复强调的，马奈取消了景深，把绘画的三维空间恢复成二维空间。这幅画的主要场景是一个酒吧女招待将双手搁在吧台的大理石台面上，在她的身后有一面非常大的镶着金边镜框的镜子，镜子里面有各种各样的形象、场景，这些镜像是酒吧实景的镜面反射，就是说，这个女招待的双眼所看到的酒吧大堂里面的情景是通过身后这面镜子反射出来的，而这面镜子基本上把绘画的景深遮挡或者取消了。酒吧辉煌、喧闹和巨大的深度空间，被镜子平面化地映射出来，而这个镜面恰好又构成了绘画的一部分内容。镜子和绘画在这里玩了一个相互指涉、相互呼应同时也相互关闭的游戏：镜子将绘画的景深关闭了，绘画和镜子彼此复制和重叠，它们的表达和再现功能在这里合二为一。这是关于酒吧的绘画，同时也是关于镜子的绘画。

但是，这幅画最具创造性或者最有意义的地方还不在这两个方面（委拉斯凯兹也多次玩过绘画和镜子的游戏），它最有意思的地方在于绘画让观众的视角发生了混乱。我们可以拿古典绘画作对照。古典绘画一般有透视和焦点，这个焦点迫使观众有一个固定的观看位置，要用最恰当的目光去观看和审视作为客体的画，但是马奈的这幅画打破了固定的视角或者固定的观众位置，打破了绘画的观看神话。在观看这幅画的时候，我们应该从哪个视角出发，才能够获得关于这幅画的一个总体化的效果呢？这里出现了一些问题。我们看这个镜子，这个女孩前面的吧台上有几个黑色的酒瓶子，但镜子里反射的几个瓶子跟吧台上的这几个瓶子不是一模一样的。如果我们站在镜子的左前方去看，从这个角度我们无法理解这种失实的镜像关系。但如果我们从正面而不是从左边来看，同样也存在这么一个问题。我们看到镜子里的女招待的背影和她面前的一个男人形象，会发现很难找到合适的观看角度来满足这一视觉形象，很难找到镜像和现实的映射关系。此外，这个正对着我们的女招待的眼睛是稍稍向下看的，但是从镜子当中的背影来分析，男人应该比女招待高，他们如果目光有接触，女招待应该抬头看这个男人，而我们看到她实际上是略低着头的，所以这个镜像也是失真的。也就是说，镜像和现实的关系在这幅画中是失真的，它们不是本该有的一一对照的镜像关系，以至于我们感觉到这是一幅画错了的画。或者说，这让我们意识到这是一幅画，一幅人画出来的画，而不是对一个空间场景的逼真展示。在这里，我们无法找到一个恰当的位置、一个固定的焦点，来让镜子的反射场景和酒吧的现实场景一一对照起来，无法让二者吻合。如果我们试图找到这样一一对应的关系，就要围绕着这幅画不停地踱步，要在这幅画面前反复移动。也就是说，这幅画没有提供一个固定的画外的视角，来让我们对它有一种整体性的和现实性的理解。这幅画动摇了绘画的固定的观看视角和固定的观众位置。这个视角和位置是可以移动的，是必须移动的。如果它可以移动，实际上绘画就是一个物体，就是福柯所讲的实物画。

我们可以将这幅画解释为现代生活的一个场景，一个19世纪的日常生活场景，一个现代性的都市场景。在这个场景中，就像西美尔所讲的，在喧哗的都市中人们却非常冷漠，而且都市越是喧哗，人就越是沉默。当然，这也是马奈的一个绘画游戏，一个镜子、绘画和现实的错位映射游戏，一个突出绘画本身的物质性的游戏。

马奈从这几个方面开始对古典绘画发出挑衅，展示了绘画现代性的几个方面：绘画关乎现代生活和现代场景；绘画关乎现代人的精神状态；绘画关乎绘画本身的客体属性，即绘画是如何画出来的这个问题。那么，我们可以说，马奈开始偏离了古典绘画的基本原则。正是在马奈的启发下，绘画的现代性开始启动了。我再简要提及一下马奈之后的现代主义绘画的兴起。

四

如果说，马奈开始终结古典绘画的话，到 19 世纪末，塞尚（Paul Cézanne）则开启了现代绘画，他是 20 世纪现代绘画的开端。《泉》里的女性身体端庄和谐，《奥林匹亚》里的女性身体显得丑陋和衰败，而在塞尚的《大浴女》中，这样美丑对立式的身体形态基本上被废黜了。我们无法说出这是丑的还是美的身体，我们基本上看不到这些女人的真实内心，看不到她们的灵魂，看不到她们的面孔，人体的内在性和外在性同时消退了。我们甚至也看不出她们的阶层，她们是抽象的符号，是单纯的女性身体符号。更重要的是，这些女性的身体开始发生肢解。在马奈的画里，尽管色彩开始偏离真实和自然，但色彩和光是统一的，而在塞尚的画里，身体是白一块、黄一块、灰一块地拼接起来的，它不再构成一个流畅的整体，更谈不上光和阴影的自然过渡了。人体出现了分解、断裂，无论是体积的断裂还是颜色的断裂。人的身体甚至不是一个正常人的轮廓，就像几个剖面，像被刀不断地切削开来然后又强行地拼合在一起，好像是一个身体的不同侧面——前面和后面——被同时看到。这已经完全离开了透视主义的构图法则了。或者说，一种新的构造模式、一种不顾及总体性的构造模式出现了。在马奈这里，对总体性和连贯性的反对是通过画面场景或者画面叙事来完成的；而对塞尚而言，是通过制造出色彩和结构的断裂来完成的。塞尚在形式的实验上迈出了一大步，绘画开始出现了断裂：既是画面构造的断裂，也是绘画史的断裂。或者说，塞尚的绘画正是通过将一幅总体性的绘画进行碎片化和断裂化，才和整个绘画史发生了断裂。

这是塞尚的绘画和古典绘画最大的差异。我们如何理解这样的断裂和碎片化呢？或许正是在塞尚的时期，现代社会出现了加速运动的趋势。交通技术的改善，尤其是火车的发明，导致了流动性的增加，人们对运动有了真切的感受。人们意识到世界在变化，世界是一个运动过程。如果说古典绘画是要画出静止的世界和客体，要把事物客体凝固化和永恒化，那么，从塞尚开始，就是要把一个静止的客体运动化，要画出一个变化的世界，一个有时间感的运动世界，一个不稳定的世界，一个断断续续的流动的世界。这个流动的世界同时也呈现在知觉中，使得知觉也变成了一个过程。梅洛－庞蒂（Maurice Merleau-Ponty）说，世界在运动和流逝，这是一个过程，同样，知觉也是一个过程。塞尚画的就是这样一个知觉过程，也就是事物体现在知觉中的运动过程，"他不愿把显现于我们眼前的固定物体与它们游移不定的显现方式分离开来，他希望描绘的是正在被赋予形式的物质，是凭借一种自发的组织而诞生的秩序"[1]。"世界的一分钟正在流逝，要画出它实实在在的样子。"[2] 诞生、运动和流逝的过程，也就是生成和变化的过程，是事物正在向知觉显现的过程，这才是塞尚的绘画目标：不是最后的视觉完

---

[1] 莫里斯·梅洛－庞蒂：《意义与无意义》，张颖译，商务印书馆，2018，第10页。
[2] 塞尚语，转引自莫里斯·梅洛－庞蒂：《意义与无意义》，张颖译，商务印书馆，2018，第15页。

成，而是视觉的形成过程。因此塞尚也相应地保留了绘画的笔触、绘画的未完成状态、绘画的进行时，这就是画布上显现出断片色块的原因。画是一笔一笔、一块一块地组成的，它还在画的过程中，还在一步步地坎坷进行，还在一步步地变化。从塞尚这里，绘画开始了对总体性的分解。

当然，我们还可以从另一个角度来理解这样的分解。实际上，在19世纪末期，多层面的分裂开始出现了。首先是人本身开始分裂，人的意志和理性出现了分裂，从叔本华到尼采，一直到弗洛伊德，不再将人看作是一个完整的人格类型，人不再被理性统治，欲望和意志不再像先前那样被彻底地抑制或者说被视而不见，而是得到了正视，并且顽固而持续地对理性产生了冲击，理性与欲望的张力和冲突撕裂了人本身。这是现代人内在的分裂。这种分裂和躁动的现代人眼中不可能出现平静安宁的世界。其次，人和外在世界也发生了分裂：人不再和自然处在一个和谐状态中，人站在了自然的对立面，人甚至在挖掘自然、征服自然、破坏自然和瓦解自然，我们正是在这里看到了塞尚的风景画和静物画对自然对象的破裂的呼应。最后是人和社会的分裂。人被工业主义、被机器生产、被各种制度法则、被社会的加速度过程撕裂成了碎片，人就是工业机器的一个碎片，仿佛塞尚画面中的碎片一样被不断地切割。塞尚的绘画就是这各种各样分裂的寓言。这也是那种流畅和谐的总体性的绘画风格到了20世纪总是让人觉得虚假的原因。对现代社会而言，总体性已经荡然无存。可以说，人的分裂最早是通过塞尚的分裂的绘画方式而得以表达的。

正是在这个意义上，绘画就开始脱离再现世界的范畴。绘画不再是逼真地再现一个客体对象，而是去瓦解对象、分裂对象、扭曲对象，直至抹掉对象，这是20世纪现代绘画的根基。马蒂斯（Henri Matisse）和毕加索（Pablo Picasso）都在塞尚的这条分裂的反再现路上继续推进。在马奈那里，尽管色彩和传统绘画不一样，但画中还有面孔，而到了塞尚这里，面孔也开始模糊。不过，我们看到塞尚的人物身上还有肌肉，或者说，人还有强烈的体积感，面孔也还有轮廓。塞尚强调图像的几何特征，尽管是一种破碎的、无规则的几何特征。但是到马蒂斯这里，比如在他最著名的《舞蹈》中，他完全简化了人体，将人体简化成线条。在这方面，马蒂斯把塞尚的特点往前推进了：绘画中的人物根本就没有面孔、没有体积，只有线条。除了将体积简化为线条之外，马蒂斯还有一个著名的特点，即他特别强调色彩的使用。马蒂斯将色彩完全从对象那里解脱出来，色彩脱离了对象，完全不顾及对象物本身而成为自主的东西，绘画就是色彩的游戏、色彩的舞蹈。《舞蹈》只有非常单调的蓝色、红色、绿色这几种颜色，它们从人体的固有颜色中解放出来，看起来是这些人物在舞蹈，实际上可以看作是线条在自主地舞蹈、色彩在自主地舞蹈。

马蒂斯重新将人的面孔进行简化，就是为了突出线条和色彩，这是马蒂斯从塞尚那里受到的启发：色彩和构图都可以独立自主，都可以摆脱对现实的模仿压力。毕加索则从塞尚那里学到了另一面。在塞尚的《大浴女》中，女性身体被分解为不同的片段，皮肤上的色块相互交织，到了毕加索的《亚威农少女》中，女性身体则完全是由直线构成的不同的几何形拼贴而成，而且是一种不规则的，甚至是扭曲的、变成了硬朗的直线的几何形。塞尚的色块拼贴变成了毕加索多层次的立体拼贴。毕加索对塞尚的推进体现在画面的构造方面，这就诞生了立体主义。塞尚已经开始有些类似的模糊的探索了，他将身体的不同部位折叠在一起，但是，毕加索和波拉克（Georges Braque）把这一特征进行了无比复杂的推进。他们进行了形式多样的、多层面的拼贴、折叠，对画面构图作了激进的处理。从这里开始，一种完全摆脱现实模仿、完全摆脱再现的绘画出现了。立体主义将模仿现实甚至是指涉现实这样一种绘画神话彻底抛弃了，绘画终于获得了绝对的形式解放。

杜尚的《下楼梯的裸女》将立体主义进一步往前推进。如果说立体主义让画面分解了，那么，杜尚则是让立体主义画面运动起来。他不仅采纳了立体主义的分解方式，而且让这种分解同时也依赖运动、通过运动而进行。正是因为这一点，也有人将杜尚看成是未来主义者。未来主义画家巴拉（Giacomo Balla）的画和《下楼梯的裸女》有一个共同特点：它们都有强烈的运动感。而毕加索立体主义的分解是静止的分解，人体越分解，就越叠加、越厚重，因此也越停滞。未来主义和杜尚的共同特点是不仅强调分解，还强调运动感和速度感，好像是运动的速度，是那些慌乱的、不均衡的运动造成了分解和叠加，画面在运动中分解。未来主义者要告别历史，他们期待一种全新的未来，期待快速地抵达未来，他们期待历史的高速剧变。绘画要表达出眼花缭乱的速度，而不是一种静态的稳定形象。

抽象绘画就这样开始出现了。康定斯基（Wassily Kandinsky）的作品中已经没有形象，只有凌乱的线条，只有类似音乐的不可见的节奏感，画面上的痕迹是画家的激情痕迹。而蒙德里安（Piet Cornelies Mondrian）是从另一个方面放弃了任何的形象。这样的绘画和外物没有任何关系。蒙德里安非常理性、冷静，他是在画长方形和正方形，画没有意义暗示的直线，他让这些由直线构成的色块在画面上闪耀。这与其说是在画画，不如说是在制作绘画。这种完全抛弃了意义和形象的绘画的最后结果，是绘画变成了一种单纯的图案、一种纯粹的抽象。但这还不是最后的终点，我们看到马列维奇（Kazimir Malevich）又作了进一步的简化。蒙德里安的作品中还有一种图形之间的关联、图形之间的呼应，但是，马列维奇不过是在白色画布上画一个黑色方块，或者在白色画布上画一个白色方块。蒙德里安的多种多样的直线构型在这里进一步地被简化为单纯的色块。这是一场简化和抽象的绘画竞赛，它最后的终点是极简主义——雷曼（Robert Ryman）的画面上几乎就是一片空白。

现代绘画从塞尚开始出现总体性的分解，这种分解一步步地加速，先是立体主义的折叠式分解，再到未来主义的运动式分解，直到康定斯基和蒙德里安的抽象绘画，以及绝对抽象的至上主义和极简主义。至此，绘画失去了形象，失去了和外物的关联，失去了和意义的关联。绘画似乎来到了一种无法继续下去的终点。在这里多说一句，雷曼原来在纽约现代美术馆做了七年保安，没学过一天绘画，但他天天都在看画，后来就觉得自己也会画那种画。他干脆什么也不画，只打上一些白点，结果他成功了，因为以前没有人这样画过，没有人把绘画画成"无"。也就是从20世纪中期开始，绘画出现了危机。我们可以从这个角度去理解波洛克（Jackson Pollock）。既然画面的图像本身已经没有什么可以尝试的了，那就从怎样画这个方面着手。波洛克的意义就在于他改变了绘画的方式。他把画布直接铺在地上，拿一根棍子或者用笔尖捞出颜料罐子里的颜料往布上甩和滴，这就是所谓的滴画。波洛克就围着画布转，根据情绪、感觉，根据手臂的力量，往画布上滴颜料。这就有强烈的偶发性。在抽象绘画和极简主义那里，画画大都是经过精心算计的，而波洛克的绘画开始信奉偶然性。在画完之前，他根本不知道自己要画的是什么，或者说，他根本无法想象自己会画（滴）成什么样。这样的滴画全凭感觉，一幅画的结束也是凭借感觉。波洛克这样的绘画被称为行动绘画。他不是在画面上斤斤计较，虽然他并不是不处理画面的效果，但对他来说，更重要的问题是要关注如何画画，如何用一种全新的方式去画画，如何和画布建立一种新的身体关系。这是一个开创性的贡献，画画不再是画家手握画笔、对着画架上的画布凝神静思的行为。在波洛克之后的画家丰塔纳（Lucio Fontana）先是在画布上涂满单一颜色，然后直接拿刀在画布上划几道口子，这些被割裂的画布就成为他的作品。这是通过毁坏画布来完成一幅画。一件作品的形成就在于它被切割、被毁坏、被滥用。与丰塔纳相反，劳森伯格（Robert Rauschenberg）是在画布上添加一些东西。他先在画布上画出一幅画，但是，这并没有结束。他像一个拾荒者一样，在纽约街头到处找垃圾，把别人用过的废弃物直接拿来粘贴在画面上。他打破了平面绘画的局限性，把实物、把具体的垃圾物品直接和绘画结合在一起，从而完成一个作品。这是一种亵渎式的拼贴，一种打破二元论的尝试。这是对先前美和艺术作品观念（美总是垃圾的反面）的破除，也是对平面绘画神话的破除。丰塔纳是把画剪掉，而劳森伯格是给画布添加一些赘物和垃圾，他们共同的特点是用行动改变了画布。如果说波洛克离开和改变了传统绘画的方式，但是还没有离开画布本身的话，那么，丰塔纳和劳森伯格则是直接开始质疑画布。所有这些，都是从绘画技术、绘画行为方面而不再是从画面上来改变传统的，这样的绘画都可以称作行动的绘画。在这里，是绘画行动决定了绘画作品，绘画的意义就在于它们的画法本身。

后　记

这本书是根据我的课堂讲稿改写而成的。实际上,"西方现代思想"是一个笼统的说法,任何一种介绍和描述都无法获得它的全貌。每个人都有每个人的认知框架,或者更恰当地说,每个人都有每个人的认知局限。我选取这十三个专题作为这本书的内容,与其说是表明了我知道哪些东西,不如说是表明了我不知道哪些东西——毫无疑问,有关西方现代思想,它有很多遗漏。

课堂讲稿通常是粗略凌乱的——我通常在上课之前的最后一刻还在慌乱地准备讲稿。上一次课和下一次课之间通常只有一周的间隔,如果你厌倦以前讲过的东西而不想在教室再重复一遍的话,你会发现,你很难在几天内准备一篇全新的完整讲义。所以我常常是拿着潦草的讲稿忐忑不安地走进教室的。这些讲稿结结巴巴,只有一个大概的框架,就像一个没有装修过的毛坯房一样。整理出版这些讲稿的过程犹如一次新房装修。我花了大量的时间来修订和完善它们。但其中最繁琐最枯燥的引文核对工作是董克非帮我完成的,没有她如此善意和细心的帮助,我还要在这本书上挣扎很久。我也要感谢北京大学出版社的周志刚先生和张亚如女士,他们严谨而专业的编辑工作修复了这本书表述上的很多疏漏。他们对这本书倾注的热情鼓励了我。这也让我意识到，我并不是唯一对这本书抱有期待的人。最后，我要感谢丹曾文化，如果没有丹曾文化最开始的邀请，就不会有这本书的最后完成。

汪民安
2024 年 8 月 30 日